625 DINGE, DIE EIN MÄDCHEN WISSEN MUSS
UND GETAN HABEN SOLLTE, BEVOR SIE ZUR FRAU WIRD

Katrin Nusshold

625 DINGE,
DIE EIN MÄDCHEN WISSEN MUSS
UND GETAN HABEN SOLLTE,
BEVOR SIE
ZUR FRAU
WIRD

Mit Illustrationen von Jana Moskito

SCHWARZKOPF & SCHWARZKOPF

INHALT

Weil du ein Mädchen bist!

Als Mädchen hat man es nicht immer leicht. Für Jungs ist man die Zicke, für Lehrer die faule Schülerin, für Eltern die pubertäre Göre – und eigentlich sind all diese charakter- und verhaltensbezogenen Etiketten vollkommen unfair. Kannst du denn was dafür, dass alle Jungs so dämlich sind, die Eltern so verständnislos und die Lehrer so ungerecht? Kannst du was dafür, dass regelmäßig deine Emotionen mit dir durchgehen? Ganz und gar nicht. Überhaupt keine Frage. Okay, ab und zu vielleicht schon. Aber meistens nicht. Echt nicht.

Daher ist es schon eine Wahnsinnsleistung, die Teenagerzeit zu überstehen, ohne alle zwei Wochen etwas (oder jemanden) in die Ecke zu pfeffern. Dafür gehörst du grundsätzlich schon mal gelobt: Das machst du super! Klopf dir mal selbst richtig stolz auf die Schulter, denn du machst jeden Tag das Beste aus einer Lebensphase, die für viele alles andere als einfach ist – weil sie unzählige Herausforderungen und erste Male mit sich bringt, während sich auch noch der eigene Körper von oben bis unten verändert. So wirst du langsam, aber sicher vom Mädchen zur Frau.

Um dir diese Reise ins Erwachsensein ein wenig zu erleichtern, habe ich 625 (also 25 mal 25 – ach vergiss es, wer braucht schon diese verdammte Mathematik) Tipps, Tricks, Themen, Fragen, Ratschläge, Hinweise und sonstige mehr oder weniger wissenswerten Dinge zusammengetragen. Denn wer sagt denn, dass du dir all dieses (teils völlig sinnvolle und teilweise absolut sinnlose) Wissen erst selbst im Laufe der Jahre mittels körperlicher, mentaler und emotionaler Schwerstarbeit erkämpfen musst? Nimm lieber gleich die Abkürzung durch dieses Buch.

Beim Lesen kannst du übrigens auch Abkürzungen nehmen. So viele du willst. Manche Kapitel wirst du (hoffentlich) halbwegs interessant finden. Zum Beispiel, weil sie dir was sagen, was du noch nicht wusstest, immer wissen wolltest oder einfach wissen solltest, obwohl du bisher keine Ahnung hattest, dass du den Blödsinn eigentlich wissen solltest. Andere findest du (mit ziemlicher Sicherheit) weniger spannend. Zum Beispiel, weil du den Inhalt ohnehin schon kennst und ich dir damit nichts Neues erzähle oder weil er dich einfach null Komma überhaupt gar nicht – nicht mal in irgendeiner Hinsicht – auch nur annähernd vom Hocker haut. Diese sinnbefreiten Kapitel kannst du ruhig überspringen, das nimmt dir keiner übel.

Im Übrigen sollte dir bewusst sein, dass ich keine Expertin bin. Weder bin ich Wissenschaftlerin noch Ärztin noch Trendsetterin oder sonst eine Art von Expertin, die 100%ig professionelle und von der ganzen Welt unterstützte Ratschläge geben kann. Dafür kriegst du von mir welche, die auf persönlichen Erfahrungen beruhen. Denn ich war selbst einmal (vor gar nicht aaallzu langer Zeit) ein Mädchen, das andere Mädchen kannte und im Laufe ihres Lebens noch viel mehr Mädchen und Frauen kannte – und seit der Jugend vieles gelernt hat, was im Teenageralter echt hilfreich gewesen wäre. Also kriegst du auf den folgenden Seiten hauptsächlich Erfahrungen von echten Menschen präsentiert, und nichts im Elfenbeinturm der Wissenschaften Entstandenes (übrigens ist mir auch ein ungestörter Lesefluss wichtiger als ständiges politisch überkorrektes Gendern). Ob du die Tipps als befolgenswert erachtest oder bereits fünf Minuten später wieder vergessen hast, ist natürlich ganz dir überlassen.

Aber vielleicht hilft dir ja das eine oder andere Kapitel dieses Buches beim Überleben der Teenagerzeit mit all ihren schönen Nebenprodukten – wie Pubertät, Liebesroulette, Freundschaftdramen, Familienkrisen und Selbstbewusstseinsproblemen. Denn du verdienst ein schönes, entspanntes, angenehmes, spaßiges und vor allem glückliches Leben!

Herzlichst, Katrin Nusshold

ZWAR IST JEDER JUNGE INDIVIDUELL – aber gewisse gemeinsame Nenner fallen dennoch auf, wenn man sich unter den Herren der Schöpfung mal ein wenig umhört und Zeit mit ihnen verbringt. Folgende Liste ist natürlich nicht vollständig, fasst aber zumindest einige der unbestreitbaren Tatsachen zusammen, die du im täglichen Leben über das männliche Geschlecht wissen solltest, weil sie dir einiges an schmerzhaftem Kopfzerbrechen ersparen können ...

1. KAPITEL

25 Punkte,

DIE DU

ÜBER

JUNGS

WISSEN SOLLTEST

JUNGS WERDEN SIEBEN ...

1

... DANACH WACHSEN SIE NUR NOCH. Es gibt ja immer wieder die (angeblich sogar statistisch untermauerte) Behauptung, die männliche Spezies würde, was den Reifegrad betrifft, mehrere Jährchen hinter ihrem weiblichen Gegenpol herhinken. Das kann doch einfach nur wahr sein, oder? In jedem Fall versteht man mit diesem Gedanken im Hinterkopf deutlich besser, warum sie manchmal derart anstrengend sein können und sich ihre Aktionen jeglicher Nachvollziehbarkeit entziehen. Das erklärt vielleicht auch, warum bei Pärchen oft der Mann drei Jahre älter ist als die Frau – so gleicht sich der Reifegrad wieder einigermaßen aus.

JUNGS SIND SIMPEL GESTRICKT.

2

MEIST SIND GAR KEINE großartigen Spielchen oder Gedankenlabyrinthe notwendig – ganz zu schweigen davon, dass diese sowieso vollkommen sinnlos sind. Jungs verstehen kein Durch-die-Blume. Sie verstehen auch keinen Wink mit dem Zaunpfahl. Die kennen sich oft erst aus, wenn ihnen der ganze Zaun mit voller Orkanstärke um die Ohren fliegt. Das bedeutet: Du hast die besten Chancen, etwas bei ihnen zu erreichen, wenn du ihnen einfach ganz direkt sagst, was du dir denkst oder wünschst.

VIELE JUNGS LEIDEN UNTER DEM BARBIE-SYNDROM.

3

IHRE VORSTELLUNGEN sind so gegensätzlich, dass jede Realitätsnähe verloren geht. Sie wünschen sich Mädels mit einem großen, sexy Hinterteil in Kombination mit noch größeren Brüsten – und einer Wespentaille. Reality check: Die Tatsache, dass dünne Mädels meistens auch einen kleineren Po und schon gar keinen großen Busen haben (zumindest keinen natürlichen), ist ihnen dabei nicht bewusst. Genauso wenig ist ihnen klar, dass Mädels, welche mit den heiß ersehnten Kurven brillieren, dafür auch mal an anderen Stellen mehr dran haben können. Jungs träumen Widersprüchen hinterher, die in den allerwenigsten Mädels tatsächlich genau so anzufinden sind, wie sie es sich vorstellen.

4 MANCHE JUNGS ACHTEN NICHT NUR AUF DIE FIGUR.

SELBST WENN ES OFT den Eindruck macht, das Barbie-Syndrom würde die Welt erobern, gibt es doch auch hier und da mal einen Lichtblick, was die männliche Mentalität angeht. Es gibt tatsächlich Jungs, die auch Augen für andere Aspekte des weiblichen Gegenübers haben. Manchmal bewerten sie nicht an erster Stelle den Körperbau, sondern zuerst mal das Gesicht, die Augen, die Haare oder auch gern die Hygiene. Ein gepflegtes Auftreten (gewaschene Haare, saubere Klamotten, schöne Nägel) ist nicht nur Mädchen an Jungs wichtig, sondern kann auch umgekehrt sehr schnell den Unterschied zwischen »gefällt mir« und »gefällt mir nicht« ausmachen.

JUNGS SIND OFT GAR NICHT SO OBERFLÄCHLICH, WIE WIR GLAUBEN.

WENNGLEICH SIE IMMER auf den ersten Eindruck achten werden, der nun mal von gar nichts anderem als dem äußeren Erscheinungsbild abhängen *kann* (wie soll man denn die inneren Werte einer Person beurteilen, die man zum ersten Mal sieht?), so ist das Aussehen doch nicht alles, was zählt. Suchen sie eine Partnerin für eine Nacht, dann ja – da ist außer dem körperlichen Aspekt nicht viel von Bedeutung. Doch auf lange Sicht ist den Jungs absolut bewusst, dass Ausstrahlung und Charakter mindestens genauso wichtig sind. Hübsch-Sein allein ist nicht genug. Das muss schon mit einer positiven Ausstrahlung kombiniert werden, um ein Mädel attraktiv zu machen. Sitzt ein Supermodel mit einem Gesichtsausdruck in der Ecke, als würde sie am liebsten alle rund um sich auf den Mond schießen, ist auch ihr perfekter Körper keine große Hilfe. Dahingegen wird ein »normal« aussehendes Mädel mit einer fröhlichen Ausstrahlung deutlich attraktiver wirken. Außerdem wissen Jungs sehr wohl, dass

5

das Aussehen irreführend sein kann – d. h. dass nicht jedes hübsche Mädchen automatisch auch sympathisch ist. Tatsächlich machen sie oft eher die gegenteilige Erfahrung. Daher sind Ausstrahlung und Charakter für Jungs, die eine Freundin und nicht bloß ein einmaliges Abenteuer suchen, mindestens genauso wesentlich wie der erste äußere Eindruck.

JUNGS SIND OFT EINFACH BLÖD.

6

SIE SAGEN ODER TUN DINGE, die ein Mädchen schon mal verwirren, verletzen oder frustrieren können, ohne sich überhaupt etwas dabei zu denken. Zu ihrer Verteidigung: Sie tun das nicht mit Absicht. Sie sind einfach nur anders gestrickt. Vor allem können sie ihr Hirn wie einen Lichtschalter an- und ausknipsen. Für diese Fähigkeit, an absolut gar nichts zu denken – oder wenigstens an nichts Wichtiges (»Haben Fische eigentlich Durst?«) –, könnten wir sie ja fast beneiden. Aber zumindest sollten wir winzige Handlungen ihrerseits nicht überanalysieren. Du tust dir keinen Gefallen, wenn du in jedes Wort und jede Geste etwas hineininterpretierst, was höchstwahrscheinlich gar nicht von ihm gewollt war, und dich damit selber fertig machst. Bloß weil er in einem bestimmten Moment nicht nach deiner Hand greift, bedeutet das nicht, dass er dich nicht mehr mag. Bloß weil er gerade mal nichts zu sagen hat, heißt das nicht, dass er dich für eine schlechte Gesprächspartnerin hält. Und bloß weil er heute noch nicht geschrieben hat, bedeutet das nicht, dass er das Interesse an dir verloren hat.

JUNGS LIEBEN BIER.

**AUCH WENN MÄDELS ES TRIN-
KEN.** Es kann zwar mal vorkommen, dass ein Junge der Meinung ist, Bier trinkende Mädchen würden nicht feminin wirken, aber solche Jungs solltest du ohnehin meiden. Niemand hat das Recht, dir vorzuschreiben, was du trinkst und von wel-chen Tränkchen du die Finger lassen solltest (gut, niemand außer dem Jugendschutzgesetz). Trink doch das, was dir schmeckt! Und wie gesagt: Viele Jungs finden es tatsächlich cool, wenn sie mit Mädels gemeinsam ihren geliebten Hopfenblütentee schlürfen können.

7

JUNGS MÖGEN BIERÖFFNUNGS-IMPROVISATIONSTALENT.

8

DU KANNST EINEN JUNGEN SCHON BEEINDRUCKEN, wenn du es hinkriegst, seine Bierflasche (für die der Vergissmeinnicht den Flaschenöffner vergessen hat) mit anderen Mitteln zu öffnen – sei es eine Tischkante, ein Haustürschlüssel, eine Münze, ein Gehstock oder bloß eine andere Flasche (besser nicht die, die dir gegenübersitzt). Kleiner Tipp am Rande: Geh lieber zuerst sicher, dass es sich um keinen Drehverschluss handelt; sonst könnte dein Angebot, sein Feuerzeug zu ruinieren, dir möglicherweise 10 Sekunden später die Röte ins Gesicht jagen.

JUNGS SPIELEN GERNE CLOWN.

9

SIE WOLLEN, dass man über ihre Witze lacht. Humorvolle, lebensfrohe Mädels kommen daher sehr gut an, weil sie ihnen das Gefühl geben, dass man gemeinsam wirklich viel Spaß haben kann. Natürlich ist das nichts, was frau faken sollte. Wenn der Kerl nicht lustig ist, dann ist es nur bedingt sinnvoll, trotzdem über seine Scherzversuche zu lachen. Zum einen, weil man den Lacher vielleicht zu unglaubwürdig rüberbringt und er sich daraufhin verständlicherweise verarscht fühlt, und zum anderen, weil man ihn vielleicht zu glaubwürdig rüberbringt und den Witzbold dann gar nicht mehr los wird.

IMMER MEHR JUNGS WERDEN MIT STEIGENDEM ALTER HERDAFFIN.

10

OB GRILLMEISTER oder Küchenchef – beeindruckend viele Männer wissen heutzutage, wie man mit Kochlöffel und Pfannen umgeht. Dennoch schätzen sie es, wenn auch die Freundin nicht bei jedem Essenzubereitungsversuch die Küche in Brand setzt. Weibliche Koch- und Grillkünste sind bei unseren männlichen Mitmenschen trotz Emanzipation schon ganz gern gesehen.

JUNGS SIND SPORTLICH.

11

Meistens. Die Definition des Begriffs »sportlich« ist natürlich Auslegungssache. Die einen rennen jeden Tag ins Fitnessstudio oder einem Ball hinterher, während die anderen sich diverse Sportarten eher aus der Ferne zu Gemüte führen. Aber unabhängig davon, ob er selbst Klimmzüge trainiert oder lieber Profisportler im TV anfeuert – ein sportliches Mädchen wird einem Sportliebhaber immer gefallen. Kann sie auf Händen stehen, Fußball spielen oder sonstige körperliche Aktivität vorweisen, macht das in jedem Fall einen guten Eindruck. Auch wenn sie zumindest den einen oder anderen Ausdruck kennt und er ihr nicht zum 17. Mal erklären muss, was »Abseits« oder »MVP« bedeutet.

JUNGS SIND COMPUTERFREAKS. **12**

Die einen zocken, und die anderen nehmen jeden PC auseinander, der ihnen in die Finger kommt. Doch egal, ob sie Bastler sind oder bloß ganz klassische Konsolensüchtler – sie sehen es prinzipiell ganz gerne, wenn sie ihre Liebe für Boxen aus Blech mit ihrem weiblichen Gegenüber teilen können. Technisches Können oder Gaming-Leidenschaft kann ihnen ein Mädchen schon sehr sympathisch machen.

JUNGS BEFOLGEN RATSCHLÄGE.

WENN DU DIR etwas von deinem Freund wünschst, setz doch einfach mal deine beste Freundin auf ihn an. Sie soll ihm beibringen, womit er dir eine Freude machen könnte – ohne zu erwähnen, dass du davon weißt. Du stellst dich dann natürlich blöd, wenn er dir zu Weihnachten genau das Päckchen überreicht, von dem du deiner Freundin Wochen vorher vorgeschwärmt hast, oder wenn er einen romantischen Valentinstag ganz genau nach deinen Vorstellungen plant, um dich zu »überraschen«. So musst du ihm deine Wünsche nicht direkt mitteilen und erreichst trotzdem dein Ziel. Gut, Garantie ist es keine. Es gibt auch Jungs, die trotz Rat der besten Freundin zu blöd sind, das zu tun, was du von ihnen willst – aber bei manchen funktioniert's, denn die sind dankbar für die Hilfe. **13**

JUNGS HALTEN MÄDELS PRINZIPIELL FÜR ZICKEN.

DAFÜR WIRD ihnen die Mädchenwelt schon den einen oder anderen guten Grund liefern; denn es ist relativ egal, um welche Altersgruppe es geht – bei diesem Thema sind sie sich generationenübergreifend einig. In ihren Augen sind ihre weiblichen Artgenossen nervig, zickig, kompliziert, skeptisch, paranoid, reizbar, hysterisch, viel zu schnell beleidigt, viel zu leicht zum Weinen zu bringen, und sie hinterfragen einfach alles. Da bekommt man ja fast das Gefühl, Frauen seien tickende Zeitbomben, die nur darauf warten, überzureagieren. Einen Teil der Schuld für diese Ansichtsweisen können wir auf jeden Fall auf die Pubertät schieben; und wenn wir die überlebt haben, dann eben auf unseren hormonverseuchten Zyklus. Doch eins steht fest: Mädchen, die das Leben gechillter angehen, nicht alles ernst nehmen, und sich vor allem nicht zu schnell beleidigen oder verunsichern lassen, haben es mit der Männerwelt sicherlich leichter.

14

JUNGS HASSEN EIFERSUCHT.

IM GEGENSATZ zu manchen Mädels legen sie es nicht darauf an, ihre Freundin eifersüchtig zu machen. Im Gegenteil: Sie wollen friedliche Beziehungen. Bloß weil dein Freund mit einem anderen Mädchen redet, heißt das nicht, dass er dich mit ihr betrügen will. Bloß weil er lange mit einer Freundin telefoniert, bedeutet das nicht, dass er sie lieber hat als dich. Bloß weil er anderen Mädels auf den Hintern starrt, heißt das nicht, dass ihm deiner nicht gefällt. Und bloß weil er statt eines besten Freundes eine beste Freundin hat, musst du dir noch keine Sorgen darüber machen, dass die Schlange ihn dir ausspannen wird.

15

16 JUNGS BRAUCHEN IHRE FREIHEIT.

»**WO BIST DU?**«, »Was machst du?«, »Warum bist du nicht hier?«, »Wieso bist du mit deinen Freunden unterwegs?«, »Warum bist du nicht bei mir?«, »Und wieso meldest du dich nicht?« – SMS im 10-Minuten-Takt zu verschicken, ihn mit Anrufen zu bombardieren oder uneingeladen bei ihm aufzutauchen sind keine Erfolgsrezepte für eine Beziehung. Jungs wollen zwar von ihrer Freundin geliebt werden, aber Kletten verlieren für sie sehr bald ihren Reiz. Eine Freundin, die klammert, ihnen die Freiheit nimmt, sie einschnürt, paranoid (sprich: übertrieben eifersüchtig) wirkt und einfach zu anhänglich ist, wird nicht lang ihre Freundin bleiben. Selbst wenn der Herr selbst schuld daran ist, dass ihm seine Freundin nicht vertraut – Misstrauen kommt dennoch nicht gut an. Abgesehen davon sollte man sich als Mädchen ohnehin überlegen, ob man überhaupt mit jemandem zusammen sein will, dem man nicht zu 100 % vertrauen kann.

JUNGS MÖGEN FASHIONISTAS.

17

UND DABEI WÄREN WIR wieder bei der männlichen Widersprüchlichkeitstendenz. Einerseits machen sie sich gern darüber lustig, wie viel Zeit Frauen im Shoppingcenter und vor dem Spiegel verbringen. Andererseits sind viele von ihnen durchaus anspruchsvoll, wenn es um die Kleidung geht, in der Selbige sich vor ihnen zeigen. Das bedeutet ja eigentlich, dass sie den Aufwand, den sich Mädels für ihren Look antun, trotz Nörgelei schätzen. Und das, obwohl sie sich selbst nicht annähernd denselben Aufwand antun, wenn es um ihr eigenes Aussehen geht. Jeans, Shirt, Ende.

JUNGS HABEN UNTERSCHIEDLICHE GESCHMÄCKER.

MAN GEHT IN DER MÄDCHENWELT ja oft davon aus, dass man recht genau weiß, welche Art von Klamotten Jungs an Mädels sehen wollen. Dabei sind sie gar nicht so berechenbar, wie wir glauben. Die einen wollen so viel Haut sehen wie möglich; die anderen halten ein halb nacktes Auftreten für unpassend und völlig uninteressant (könnte übrigens auch darauf hinweisen, wer von ihnen Mädchen lediglich als sexy Spielzeug sieht und wer sie respektiert). Die einen wollen Jeans, die anderen kurze Hosen oder Leggings. Die einen achten auf Markenmode, die anderen wollen bloß keinen Schlabberlook. Und dann gibt es noch diejenigen, die behaupten, ihnen sei der weibliche Fashiongeschmack sowieso egal. Tipp: Wenn du dich tatsächlich einmal in einen Kerl verliebst, dem einfach nur wichtig ist, dass du dich mit deinem Look wohlfühlst, und der dir das Gefühl gibt, dass du ihm in absolut jedem Aufzug gefällst – behalt ihn dir! Diese Lebensform ist bedauerlicherweise vom Aussterben bedroht.

18

SELBST WENN ES oft umgekehrt wirkt und die Herren der Schöpfung manchmal keine Experten darin sind, der Frauenwelt den verdienten Respekt zu erweisen, sind sie doch selbst in dieser Hinsicht genauso verletzlich wie wir. Mädchen, die ihnen eingebildet vorkommen und ihnen das Gefühl geben, sie säßen auf einem Thron und sähen auf die Männerwelt herab, werden sehr schnell als »arrogant«, »Angeberin« oder »Besserwisserin« abgestempelt.

JUNGS WOLLEN KONVERSATION.

GRAUE MÄUSLEIN, die sich im Hintergrund verstecken und sich kaum trauen, mal den Mund zu öffnen, geben sich selbst ja gar keine Chance, einen guten Eindruck zu hinterlassen. Wie sollen Jungs sie denn kennenlernen, wenn sie zu schüchtern sind, um sich überhaupt an einem Gespräch zu beteiligen?

20

JUNGS WOLLEN NICHT ZU VIEL KONVERSATION.

21

ZUMINDEST KEINE EINSEITIGE. *Das ist die andere Seite der Münze. Wenngleich Jungs sich mit ihren weiblichen Zeitgenossen gern und gut unterhalten möchten, muss die Gesprächskultur (verständlicherweise) relativ gerecht aufgeteilt sein. Jungs sind, wie gesagt, simpel gestrickt. Sie wollen die Schlagzeilen. Das ausschmückende Rundherum, die Hintergrundinformationen, das Wie-kam-es-überhaupt-dazu? und die Lebensgeschichten der Nebencharaktere gehen ihnen eher am Allerwertesten vorbei. Daher ist generelle Kommunikationsfreude zwar sehr empfehlenswert, doch übertriebene Redseligkeit kann sehr schnell dazu führen, den »Die redet zu viel«-Stempel auf die Stirn geklatscht zu bekommen.*

JUNGS GEFALLEN SCHÖNE BEWEGUNGEN.

SEI ES ein cooler Gang oder seien es richtige Tanzkünste – viele Jungs sind beeindruckt, wenn sich ein Mädchen gut zu bewegen weiß. Alleine ein aufrechter Gang kann schon einen enormen Unterschied machen, wenn es darum geht, wie positiv oder negativ, selbstbewusst oder unsicher, gut gelaunt oder hoch genervt man von jemand anderem wahrgenommen wird.

22

JUNGS WOLLEN VERSTANDEN WERDEN.

23

SIE HABEN OFT DAS GEFÜHL, dass ein Mädchen nicht nachvollziehen kann, warum gewisse Dinge (die Mädchen beispielsweise unnötig, ekelhaft oder respektlos finden) für Jungs vollkommen normal sind. Natürlich kann man den Spieß auch umdrehen, denn Jungs verstehen Mädels und das, was ihnen wichtig ist, mindestens genauso wenig. Vielleicht werden Jungs und Mädchen einander nie wirklich verstehen können ... Wir sind ja doch gewissermaßen wie Mars und Venus – als würden wir von zwei verschiedenen Planeten stammen. Aber wenigstens der Versuch, Verständnis für das andere Geschlecht aufzubringen, kann manchmal Wunder wirken.

JUNGS SIND VERLETZLICH.

SIE WOLLEN genauso wenig kritisiert werden, wie Mädchen scharf auf Beleidigungen oder anders geartete emotionale Attacken sind. Man erreicht bei Jungs deutlich mehr, indem man mit einer fröhlichen Stimmung an eine schwierige Situation rangeht und versucht, das Positive zu sehen, statt das Negative zu suchen. Selbstverständlich ist es manchmal nötig, einem Kerl den einen oder anderen gut gemeinten Ratschlag zu geben – aber ihn aktiv verändern zu wollen ist definitiv kein Erfolg versprechender Weg, ihn als Freund zu behalten. Abgesehen davon sollte man sich sowieso Gedanken darüber machen, ob er wirklich der richtige Freund ist, wenn man mit seinem Charakter, Verhalten oder Aussehen so unzufrieden ist, dass man ihn wiederholt (egal ob subtil oder direkt) darauf hinweisen muss.

24

JUNGS SIND AUCH NUR MENSCHEN.

SIE WIRKEN GROSS. Sie wirken stark. Und sie wirken manchmal gefühllos oder unnahbar. Doch tief im Inneren wollen auch Jungs einfach nur gemocht werden, Liebe erfahren und ihre Freundin glücklich machen. Sie wollen freundlich und höflich behandelt werden. Sie brauchen manchmal Hilfe, Aufmerksamkeit und ein offenes Ohr für ihre Probleme. Sie erwarten, dass man sich Zeit für sie nimmt und sie ohne Vorurteile kennenlernt. Sie erhoffen sich Ehrlichkeit, Vertrauen, Interesse, Offenheit, Zuversicht, Verlässlichkeit, Mitgefühl und Loyalität. Und auch sie schätzen nette Worte, zärtliche Streicheleinheiten, innige Umarmungen, liebevolle Küsse. Selbst die härteste Schale hat einen sehr weichen, verletzlichen Kern, der sich einfach nur wohl und gut aufgehoben fühlen möchte. Jungs sind uns Mädels in den fundamentalen menschlichen Bedürfnissen sehr ähnlich – und das sollte jedem Mädchen bewusst sein.

25

2. KAPITEL

25 Tipps,

UM DIE SCHULE ZU ÜBERSTEHEN,

OHNE DEN DRANG ZU VERSPÜREN,

sie

NIEDERZUBRENNEN

DIE SCHULE KANN SO RICHTIG NERVEN! ERSTENS BEGINNT SIE ZU FRÜH. ZWEITENS MUSS MAN DA IMMER HIN. ALSO *JEDEN* TAG (GUT, FAST JEDEN TAG). DRITTENS GIBT'S DORT LEHRER. VIERTENS WOLLEN DIE, DASS MAN ZUHÖRT, UND ZWAR DIE GANZE ZEIT. FÜNFTENS GEBEN DIE DANN AUCH NOCH HAUSAUFGABEN, REFERATE, SCHULARBEITEN, TESTS, UND UND UND UND UND. DIE ERWARTUNGEN SIND HIMMELHOCH, DER STRESS IST NERVENZEHREND, DER LEIS-TUNGSDRUCK NICHT AUSZUHALTEN, DER STOFF VIEL ZU VIEL UND VIEL ZU ÖDE, UND JEDER LEHRER SCHEINT FEST DAVON ÜBERZEUGT ZU SEIN, DASS SEIN FACH DAS ALLERWICHTIGSTE UND ER DER EINZIGE IST, DER DIE ZEIT DER SCHÜLER BEANSPRUCHT. WENN DER LERNKNAST DANN AUCH NOCH ALLE SCHÜLER IN EINEN TOPF WIRFT UND IHNEN NICHT DAS GEFÜHL GIBT, INDIVIDUELL GEFÖRDERT ZU WERDEN, IST ES JA KEIN WUNDER, DASS IRGENDWANN MAL DIE VERLOCKUNG ANKLOPFT, DAS GANZE IRREN-HAUS EINFACH NUR AUSZURÄUCHERN. INTER-ESSANTERWEISE IST DIE SCHULE ABER NICHT FÜR ALLE SO SCHRECKLICH – MANCHE GEHEN DA SOGAR FREIWILLIG HIN! WORAN DAS LIEGEN KÖNNTE UND WIE DU DIR DEN EIGENEN SCHUL-ALLTAG EIN WENIG VERSCHÖNERN KANNST, UM DIESE ANSTRENGENDEN JAHRE HALBWEGS HEIL ZU ÜBERSTEHEN, ZEIGEN DIR DIE FOLGENDEN ANSÄTZE, DIE SELBSTVERSTÄNDLICH JE NACH PRÄFERENZ, UMSTÄNDEN UND NOTWENDIGKEIT MITEINANDER KOMBINIERT WERDEN KÖNNEN.

1. DER MUND-HALTEN-ANSATZ:

Leg dich nicht mit einem Lehrer an. Auch wenn er noch so nervig, fad oder ungerecht ist. Selbst wenn er die schlimmste Schätzchenwirtschaft aller Zeiten pflegt und dir absolut unberechtigt eine Vier statt der verdienten Zwei ins Zeugnis haut. Auch wenn er dein Prüfungsminus schwerer wiegt als die seiner Lieblingsschüler. Und selbst, wenn er scheinbar nicht die geringste Ahnung hat, wovon er spricht, deine Einwände aber trotzdem nicht gelten lässt. Leider sitzt er am längeren Ast. Es wird sich zwar kurzzeitig genugtuend anfühlen, ihm verbal die Stirn zu bieten, aber im Endeffekt kann er deutlich mehr Schaden anrichten als du. Daher hast du letzten Endes mehr davon, seine Provokationen zu ignorieren und ihn einfach recht haben zu lassen. Denk dir lieber deinen Teil (zum Beispiel: »Der Klügere gibt nach«), während du brav lächelst und nickst, bis die Stunde zu Ende ist.

2. DER BRIEFCHEN-SCHREIBEN-ANSATZ:

Je nachdem, ob du im Unterricht mit der Hand oder am Laptop Notizen machst, solltest du das Konversationsmedium zwischen dir und deinen Freunden entsprechend anpassen. Schreibst du mit der Hand mit, dann besorg dir ein Büchlein, das aussieht wie ein Terminplaner, Notizbuch oder Schulheft. Das fällt im Unterricht vermutlich deutlich weniger auf als klassisches Zettelchen-Schreiben oder ständig am Handy zu hängen (sofern das Handy im Unterricht überhaupt erlaubt ist). Schreibst du am Computer mit, gibt es doch sicher eine digitale Möglichkeit, dich mit den Mädels zu unterhalten, während du eigentlich den lebensverändernden Details der Differenzialrechnung lauschen solltest. Das Risiko des Erwischtwerdens sollte dir dabei natürlich immer bewusst sein; entdeckt der Lehrer deine Kommunikationsversuche mit den Sitznachbarn, kann es ganz schön peinlich werden.

3. DER ABLENKUNGS-ANSATZ:

Manche Lehrer sind Schlaftabletten. Da hilft einfach nichts. Wenn die den Mund aufmachen, hört man im besten Fall einen monotonen Monolog, der als Gutenachtgeschichte durchgehen könnte. Für derartige Stunden – in denen man den Eindruck hat, mehr vom Etikett der eigenen Wasserflasche zu lernen als vom Unterricht – können sich Mitbringsel wie diverse Arten von Lektüre als nützliche Ablenkungs- beziehungsweise Wachbleib-Taktiken erweisen. Empfehlenswert wäre natürlich das tatsächliche Schulbuch, aber wenn das ähnlich langweilig ist wie der Lehrer, kann notfalls auch eine Alternativoption herhalten. Zum Beispiel eine Playlist mit der Lieblingsmusik samt Kopfhörer. Allerdings empfiehlt es sich in diesem Fall, die Kopfhörer so gut unter den Haaren zu verstecken, dass es die Schlaftablette wenigstens nicht mitbekommt.

4. DER EINFACH-DURCHBEISSEN-ANSATZ:

Es gibt Stunden, Tage, Wochen, ja ganze Schuljahre, die man einfach irgendwie überstehen muss, weil sie auf keine erdenkliche Weise genossen werden können. Manche Dinge im Leben sind eben zu 100% unerwünscht, und man hat das Gefühl, man würde lieber in einem echten Knast versauern, als in dieser akademischen Folterkammer zu hocken. In solchen Fällen kann man nur den Ball flach halten und daran denken, dass es bald vorbei ist (selbst wenn dieses »bald« noch fünf Stunden, drei Tage oder ein halbes Semester dauert). Da muss man einfach durch. Also am besten ruhig bleiben, die Sache durchziehen und sich darauf freuen, dass man »bald« nach Hause gehen kann. Dieser Ansatz hilft übrigens auch bei außerschulischen Aktivitäten, wie zum Beispiel Hausaufgaben und der allseits beliebten Lernerei. Erledigt man es sofort, ist es zwar für eine Weile unangenehm, doch danach kann man sich entspannen. Sich dieses Ziel vor Augen zu setzen ist an manchen Tagen eben die einzige Art der Motivation, die man aufbringen kann. Außerdem macht der Tratsch mit der Freundin wesentlich mehr Spaß, wenn die Hausaufgaben bereits erledigt sind und nicht mehr im Hinterkopf rumspuken.

5. DER NOTWENDIGES-ÜBEL-ANSATZ:

Schulnoten mögen an sich nicht sonderlich wichtig (und oft nicht annähernd aussagekräftig) sein, doch sie entscheiden über deine Zukunft. Wenn du dir später mal deine Träume erfüllen und einen Job finden möchtest, der dir Spaß macht, Erfolg bringt und dafür sorgt, dass du keine Geldsorgen hast, wirst du wohl oder übel zuerst durch die Ausbildung durch müssen. Eine Wunschkarriere ist ohne Schule schwierig. Nur, indem du dir Wissen aneignest und gute Zensuren erarbeitest, kannst du dir

MAN MUSS NUN MAL HART ARBEITEN, UM ERFOLGREICH SEIN ZU KÖNNEN.

eine Zukunft sichern, in der du karrieretechnisch glücklich wirst. Man muss nun
mal hart arbeiten, um erfolgreich sein
zu können. Erfahrungsgemäß sind Menschen,
die den ganzen Tag lang mehr oder weniger
gelangweilt rumsitzen, ohne sich körperlich oder mental (je nach Job) anzustren-
gen, nämlich alles andere als zufrieden
mit ihrem Leben.

6. DER KONZENTRIERT-
MITARBEITEN-ANSATZ:

Es ist ein ganz spannendes Phänomen, dass
Konzentration die Uhrzeit beeinflusst ...
Ist dir schon mal aufgefallen, dass die
Zeit wesentlich schneller vergeht, wenn
du konzentriert mitarbeitest, statt dich
ständig ablenken zu lassen oder deine
Augen auf die tickende Uhr zu fixieren?
Allein deshalb sollte man das mit dem
Sich-am-Unterricht-Beteiligen vielleicht
mal ausprobieren, statt unmotiviert dabei
zuzusehen, wie der Uhrzeiger im Zeitlupen-
tempo um die Kurven spaziert. Vielleicht
entdeckt man dann ja im Lernstoff sogar
ein paar Details, die nicht dumm, sinnlos
und langweilig sind.

7. DER LEGITIME GUTE-NOTEN-ANSATZ
AKA DER TATSÄCHLICH-LERNEN-ANSATZ:

Man glaubt es kaum, aber es hilft wirklich,
den Stoff für die nächste Stunde schon im

Vorhinein mal durchzulesen, um im Unterricht bereits zu wissen, worum es geht. So kennt man sich erstens besser aus und kann zweitens gleich das eine oder andere Mitarbeitsplus einheimsen. Hört sich das nach unnötig viel Arbeit an, sollte man wenigstens im Nachhinein das ganze Zeug lernen, das im Unterricht gesagt wurde. Lernen ist im Allgemeinen eine recht nützliche Herangehensweise für die Schulzeit. Zum einen gehört es einfach dazu – und wenn man sich weigert, zu lernen, sitzt man noch mit 80 im Klassenzimmer. Zum anderen bedeutet Lernen im Normalfall gute Noten. Gute Leistungen führen wiederum dazu, dass man mit sich selbst zufrieden ist und von den Lehrern gemocht wird. So schafft man sich hervorragende Bedingungen, um die Schule relativ heil zu überstehen.

8. DER NICHT GANZ SO LEGITIME GUTE-NOTEN-ANSATZ:

Schummeln mag (zumindest unter der Schülerschaft) quasi ein allgemein erwartetes gesellschaftliches Verhalten sein. Erlaubt ist es leider trotzdem nicht. Und wenn du erwischt wirst, kann es für dich ganz schön ungemütlich werden – vor allem, wenn es um mehr als bloß einen regulären Test geht, wie beispielsweise das Abitur. Wenn du nicht nur einen Test wiederholen musst, sondern gleich das ganze Abitur aberkannt bekommst, weil deine Schummelversuche entdeckt worden sind, wirst du dich in Grund und Boden ärgern. Also lass es lieber sein. Im Übrigen wird Schummeln ohnehin immer schwieriger, denn heutzutage sind Lehrer ja schon ganz paranoid. Teilweise werden Schüler vor dem Abitur fast wie am Flughafen gescannt, um sicherzugehen, dass sie keine Smartphones oder digitalen Uhren als Schummelwerkzeuge eingesteckt haben. Ein gewisses Risikopotenzial wird aber selbst bei regulären Tests, Schularbeiten, Prüfungen usw. immer gegeben sein, je nach Verfolgungswahn des Lehrers. Daher ist dieser nicht ganz legitime Gute-Noten-Ansatz leider wirklich nicht zu empfehlen. Hinzu kommt auch noch, dass ein erschummeltes Testergebnis schon beim nächsten Test zum Bumerang werden könnte, weil der Stoff dann doch recht häufig aufbauend ist.

9. DER ETWAS LEGITIMERE GUTE-NOTEN-ANSATZ:

Es gibt eine Methode, die zwar das direkte Hilfspotenzial eines Spickzettels verringert, aber trotzdem sehr hilfreich sein kann und die Gefahr des Entdecktwerdens deutlich reduziert. Es geht ganz einfach: Du schreibst dir dein Zettelchen mit all den Informationen, die du glaubst, nicht im Hirn verankert zu haben, und versteckst es an einem Ort, den ein Lehrer niemals zu Gesicht bekommt.

Dafür eignet sich hauptsächlich dein eigener Körper, denn auf alle anderen Stellen in deinem direkten Umfeld (zum Beispiel Tisch, Schultasche, Sessel oder Toilette) hat der Lehrer direkten Zugriff, wenn er möchte. Der Sinn dieses Zettelchens ist aber gar nicht der, benutzt zu werden. Er soll einfach nur vorhanden sein. Allein das Wissen, dass er da ist, wird deine Nerven beruhigen und es dir erleichtern, dich an all das zu erinnern, was du in den letzten Tagen in dich hineingestrebert und (vermutlich mit nicht weniger Aufwand) auf deinem Spickzettel notiert hast. Hab ihn dabei – aber rühr ihn nicht an. Wahrscheinlich kommst du im Nachhinein drauf, dass du ihn sowieso nicht gebraucht hättest, denn das Schummelzettelschreiben an sich ist ja auch eine gewisse Art von Lernen.

10. DER SPASS-HABEN-ANSATZ:

Der Unterricht kann Spaß machen. Wenn nicht von selbst, dann muss man eben von außen mithelfen. Dafür eignen sich vor allem die Stunden derjenigen Lehrer, die einen gewissen Sinn für Humor haben. Ironische, freche und sarkastische Bemerkungen können den langweiligen Schulalltag sehr effektiv aufpeppen – und zwar für die ganze Klasse. Allerdings nur dann, wenn der Lehrer mitlacht oder ähnlich keck reagiert. Kandidaten, die keinen Sarkasmus vertragen,

könnten im schlimmsten Fall mit unfairen Benotungen zurückschlagen.

11. DER GUTE-GESELLSCHAFT-ANSATZ:

In Wirklichkeit sind liebe Schulkollegen ja der Grund, warum man überhaupt eine Chance hat, die Schule zu überstehen. Man kann mit ihnen quatschen, lachen, lernen, über Lehrer meckern, gemeinsam die Pausen verbringen und voneinander abschreiben. Zusätzlich kann es den Schulalltag ganz schön versüßen, wenn der Schwarm in der eigenen Klasse sitzt oder man zumindest weiß, dass man ihm täglich über den Weg läuft. Mitschüler können zur ersten Liebe oder zu den allerbesten Freunden werden, mit denen man noch 20 Jahre später über die »guten« alten Zeiten plaudert, als man noch zusammen die Schulbank drückte – und es dann doch irgendwie geschafft hat, Jahr für Jahr mehr oder weniger erfolgreich abzusitzen und den Lehrern endlich ein für allemal »Adieu« zu sagen. Das heißt, zumindest bis zur Abi-Jubiläumsfeier; und bei der freut man sich fast schon drauf, gewisse Profs wiederzusehen, denn die richtig unausstehlichen werden sowieso nicht eingeladen.

12. DER AUF-EIN-FACH-KONZENTRIEREN-ANSATZ:

Als Schüler fragt man sich schon oft, ob die Schule eigentlich nur dafür da ist, um einem möglichst lang und möglichst schmerzhaft möglichst unnützes Wissen einzutrichtern. Gewisse Unterrichtsfächer wirken leider alles andere als zukunftsorientiert. Man lernt zwar, wie viele Elektronen in welchem Teil welches Atoms rumschwimmen und wie man in einer alphabetisch verwirrten Gleichung x oder y findet – Kenntnisse, die man im späteren Leben mit absoluter Sicherheit jeden Tag benötigen wird, um zu überleben [Augenrollen ohne Einschränkungen erlaubt]. Dafür wird niemandem beigebracht, wie man später mal seinen Steuerausgleich angehen sollte oder anders geartete praktisch anwendbare Kenntnisse, die man im Erwachsenenleben tatsächlich einmal brauchen könnte. Aus diesem Grund kann es sinnvoll sein, sich auf die Fächer zu konzentrieren, die es schaffen, das persönliche Interesse zu erwecken, und die anderen einfach nebenher mitgleiten zu lassen. Findet man wenigstens ein Fach, für das man sich wirklich zu interessieren beginnt, wirken alle sinnloseren Gegenstände schon wesentlich weniger frustrierend.

13. DER PRAXIS-STATT-THEORIE-ANSATZ:

Wenn du mit dem theoretischen Zeug, das sie dir in den meisten Unterrichtsfächern vorsetzen, nichts anfangen kannst, dann leg doch deinen Fokus auf die praktisch angehauchten Gegenstände – sei es nun Sport (vorausgesetzt, du bist nicht völlig unbeweglich und weißt, wie man mit einem Ball umgeht), Musik (vorausgesetzt, da wird wirklich gesungen, wie es sich für Musik halt gehört), oder Kunst (vorausgesetzt, der Lehrer teilt statt Stiften und Pinseln nicht Kunstgeschichtebücher aus). Wenn du dich auf die Stunden freuen kannst, die zwar meistens unverständlicherweise seltener stattfinden, dafür aber wenigstens Spaß machen, bist du zumindest schon mal halbwegs positiv gestimmt!

14. DER ZUMINDEST-NICHT-NEGATIV-AUFFALLEN-ANSATZ:

Den besten Eindruck hinterlassen logischerweise Schüler, die positiv auffallen – also brav lernen, aufpassen, aufzeigen und mitarbeiten. Dieser Lebensweg ist aber nicht für jeden bestimmt; beispielsweise können schüchterne, verunsicherte, ängstliche oder auch einfach nur unvorbereitete Schüler mit dieser motivierten Herangehensweise an den Schultag herzlich wenig anfangen. Zählst du dich zu dieser Gruppe, wäre eventuell die folgende Überlebensstrategie überlegenswert: Wenn schon nicht positiv auffallen, dann wenigstens auch nicht negativ auffallen. Möglichst keinen Blödsinn machen (zumindest keinen, der dem Lehrer auffällt) und möglichst ruhig sein. Fürs Tratschen gibt es ja die Pause; und an die solltest du dich besser halten, wenn du nicht vom Lehrer ermahnt und vor der ganzen Klasse bloßgestellt werden willst. Unterhalte dich mit deiner Freundin lieber per Briefpost – alternativ könntest du ja auch einfach dem Lehrer lauschen. Könnte dir noch mal zugutekommen.

15. DER GUTES-ESSEN-ANSATZ:

Um den Schultag zu überstehen, ist es hilfreich, auf die Nährstoffzufuhr zu achten. Gutes und möglichst gesundes Essen gibt deinem Hirn deutlich mehr Kraft als kein Essen oder Snacks, die dich bloß zum Einschlafen bringen (Stichwort Obst, Gemüse, Vollkorn – statt Zucker, Wurst, Weißmehl). Überdies hast du mit einer guten Jause im Gepäck in jedem Fall etwas, worauf du dich freuen kannst, wenn der Unterricht nicht unbedingt das ist, was du dir erhoffen würdest. Hast du ein paar Münzen in der Tasche, kannst du stattdessen auch das Schulbuffet plündern oder mal mit deinen Freunden essen gehen (idealerweise in einer längeren Pause statt wäh-

ENERGIERESERVEN WOLLEN GEFÜLLT SEIN, WENN VON DIR ERWARTET WIRD, STUNDENLANG MITZUDENKEN.

rend des Unterrichts). Die Energiereserven wollen gefüllt sein, wenn von dir erwartet wird, stundenlang mitzudenken.

16. DER BELOHNUNGSSYSTEM-ANSATZ:

Hoffentlich wirst du für deine Schularbeit mit entsprechenden Noten belohnt. Bist du mit dieser Art der Belohnung nicht vollkommen zufrieden, nimm das Steuer doch mal selbst in die Hand und gönne dir nach getaner Arbeit das, was du glaubst, verdient zu haben. Wenn du schon den ganzen Nachmittag lang gestrebert hast, ist es vielleicht mal Zeit für etwas Süßes, für ein Telefonat oder Treffen mit Freunden, für eine Episode deiner aktuellen Lieblingsserie (oder eine Staffel; je nachdem, wie viel Schlaf du brauchst), oder für eine halbe Stunde Insta-Süchteln. Sich das, was man gern tut, erst nach getaner Arbeit zu erlauben, fördert nicht nur die Qualität der Arbeit, indem es die Motivation anheizt, sondern auch die Geschwindigkeit – rate mal, wie viel schneller du mit allem fertig wärst und endlich Zeit für dich hättest, wenn du dich nicht alle fünf Minuten von deinem Handy ablenken ließest.

17. DER GUTER-ENGEL-ANSATZ:

Der gute Engel der Klasse zu sein hat zahllose Vorteile. Indem man andere bei Hausübungen und Lernsessions unterstützt (sofern man sich selbst gut genug auskennt) oder sie hier und da mit Mitschriften versorgt (sofern man diese auch unbeschädigt zurück bekommt), macht man sich erstens mal ziemlich beliebt. Zweitens lernt man, indem man anderen hilft, selber mit; wenn man erst mal den Punkt erreicht hat, an dem man das Material für Prüfungen und Tests nicht nur auswendig weiß, sondern Kollegen auch erklären kann, hat man eigentlich den Status »perfekt vorbereitet« erklommen und muss sich über den eigenen Erfolg keine Sorgen mehr machen. Drittens

sammelt man endlose Karma-Punkte, die sich hoffentlich möglichst bald mit entsprechend guten Zensuren revanchieren. Nur ein kleines Wörtchen der Warnung: Bitte nicht ausnutzen lassen. Lieben Schulkollegen zu helfen, ist eine Sache. Sich von solchen einlullen zu lassen, die nur dann nett zu dir sind, wenn sie etwas von dir wollen, ist eine ganz andere Geschichte.

18. DER MIT-ANDEREN-REDEN-ANSATZ:

Gibt es etwas, was dich überfordert oder frustriert – egal, ob es sich dabei um den sozialen oder den akademischen Aspekt deines Schullebens handelt –, friss deinen Frust nicht in dich hinein. Ärger, Verzweiflung oder Traurigkeit hinunterzuschlucken tut nicht das Geringste, um dein Problem zu lösen. Diese Tendenz hat eher den gegenteiligen Effekt, denn irgendwann mal wirst du es nicht mehr aushalten und innerlich explodieren. Hol dir lieber rechtzeitig Unterstützung von außen, indem du mit jemandem darüber redest. Sei es nun eine Freundin, ein Lehrer oder deine Familie. Sprich das aus, was dich Nerven kostet, und lass dir dabei helfen, einen Weg aus dem Schlamassel zu finden.

19. DER EINFACH-COOL-BLEIBEN-ANSATZ:

Man kann sich sein Leben deutlich erleichtern, indem man die persönliche Sich-Dinge-zu-Herzen-nehmen-Schwelle erhöht. In den meisten Fällten nimmt man Kommentare, Fragen oder Blicke viel ernster, als sie eigentlich gemeint sind. Bloß, weil dich ein Lehrer einmal böse ansieht, heißt das noch nicht, dass er dich nicht leiden kann. Und nur, weil dein Klassenkamerad hinter deinem Rücken kichert, bedeutet das noch lange nicht, dass er über dich lacht. Selbstverständlich sollst du dir nicht alles gefallen lassen; schon gar nicht von deinen Mitschülern. Aber du wirst den Schulalltag wesentlich angenehmer erleben, wenn du eine grundsätzliche Lockerheit an den Tag legst und dich nicht von jeder blöden Aussage beleidigen lässt. Quatsch lieber ebenso blöd zurück! Und wenn du dafür nicht schlagfertig genug bist, dann versuch wenigstens, dir nicht zu viel dabei zu denken. Vielleicht macht der Lehrer ja gerade eine Ehekrise durch, oder dein Kollege hat Stress mit seinen Eltern; du bist vermutlich bloß diejenige, an der die Person ihren Ärger über etwas vollkommen anderes auslässt.

20. DER ERWARTUNGEN-ERFÜLLEN-ANSATZ:

Wenn man Jungs fragt, zeigen sich viele sehr beeindruckt von ihren Klassenkameradinnen (auch wenn sie es den Mädels vielleicht nicht direkt ins Gesicht sagen würden). Sie meinen, Mädchen können generell sehr gut im Team arbeiten und toll erzählen, seien nett und hilfsbereit, sozial und freundlich, und einfach gut in der Schule. Das zeigt, welch guten Eindruck Mädchen hinterlassen können und wie sehr ihre hilfsbereite Ader geschätzt wird. Warum also nicht auf diesen schönen Gedanken aufbauen, die eigenen Stärken wahrnehmen und das eigene Potenzial ausschöpfen?

21. DER VORFREUDE-ANSATZ:

Der Countdown läuft! Noch x Stunden, bis der Schultag zu Ende ist. Noch x Tage bis zum Wochenende. Noch x Wochen bis zu den nächsten Ferien. Wenn sich die Schulzeit anfühlt, als würdest du für den Rest deines Lebens hier festsitzen, gestalte dir doch mal einen Kalender, an dem du die Tage runterzählen kannst. Jeder geschaffte Tag wird durch ein großes, fettes X (am besten in Knallrot oder der Neonversion deiner Lieblingsfarbe) durchkreuzt, denn du hast ihn überstanden! So hast du nicht bloß jeden Tag einen kleinen »Yes!«-Erfolgsmoment, sondern kannst auch dabei zusehen, wie die Distanz zwischen dem Heute und der Freiheit immer kleiner wird.

22. DER KOPF-FREI-KRIEGEN-ANSATZ:

Fühlt sich dein Kopf an, als wäre er 10 Tonnen schwer und könne jeden Moment implodieren? Dann ist es an der Zeit, ihn mal ein wenig ausrauchen zu lassen und neue Energien zu sammeln. Geh an die frische Luft! Ein Spaziergang mit deinem Hund, ein Lauf durch den Wald oder einfach nur eine Stunde auf dem Balkon kann für den Zustand deines Köpfchens Wunder wirken. Gegen tatsächliche Kopfschmerzen hilft neben einer Hirnpause im Übrigen auch eine Handypause (ständig auf ein Display zu starren kann ja nur anstrengend für die Augen sein), ein Liter Wasser (trinken oder über den Kopf schütten; hat beides eine erfrischende Wirkung) oder auch einfach mal mehr Schlaf (vorzugsweise früher schlafen gehen statt die erste Unterrichtsstunde verpennen).

23. DER KLAPPE-AUFREISSEN-ANSATZ:

Ab und zu darf man Lehrern auch mal die Meinung sagen. Zumindest dann, wenn man sich absolut sicher ist, dass sie sich irren und dass sie nicht wie sture Böcke auf den Einwand reagieren werden. Ein guter Lehrer wird deinen Einwand respektieren und ernsthaft über deine Worte nachdenken. Er wird mit dir darüber diskutieren und dir eventuell sogar recht geben, statt dir sofort den Mund zu verkleben. Schließlich machen auch Lehrer manchmal Fehler, denn kein Mensch ist perfekt. In solchen Fällen sollte man sie auch auf diese Fehler hinweisen dürfen. Hauptsache man tut es höflich; zum Beispiel in

Form einer so geschickt gestellten Frage, dass man ihnen den Eindruck gibt, man sei selbst schockiert über seine Erkenntnis oder Vermutung, denn man geht ja grundsätzlich davon aus, dass die hervorragend ausgebildeten Ausbildner nur recht haben können. PS: Wenn es um ungerechtfertigte Benotungen geht, kann es manchmal (das heißt, seeehr selten, aber es soll schon vorgekommen sein) sogar Wirkung zeigen, so lange mit dem Lehrer zu diskutieren, bis er irgendwann aufgibt und dem aufmüpfigen Teen die verdiente Drei gibt, bloß um ihn endlich zum Schweigen zu bringen und mit dem Unterricht fortfahren zu können.

24. DER DAS-LEBEN-IST-SCHÖN-ANSATZ:

Denke jeden Morgen, bevor du aufstehst, kurz über die Dinge nach, auf welche du dich am bevorstehenden Tag freust. Was erwartet dich in der Schule, was richtig angenehm sein wird? Welche Fächer werden heute bestimmt interessant? Was möchtest du in der Pause mit deinen Freunden besprechen? Wie hast du vor, den Nachmittag oder Abend zu verbringen? Wenn du jeden Tag mit einer grundsätzlich positiven Einstellung angehst, fängt er schon einmal schön an. Rückschläge gehören auch dazu, gar keine Frage; aber generell fröhliche Menschen kommen auch damit besser zurecht als jene, die den Tag schon vor dem Aufstehen verteufeln und nur darauf warten, dass

er noch grauenvoller wird. Diese Methode
funktioniert abends übrigens auch: Einfach mal vor dem Einschlafen gedanklich
die Dinge durchgehen, die du am vergangenen Tag als angenehm empfunden hast.

25. DER DU-BIST-GROSSARTIG-ANSATZ:

Selbstzweifel bringen dich nicht weiter.
Glaube an dich! Du kannst alles schaffen,
denn du bist ja fleißig (hoffentlich ...
wenn nicht, ist jetzt der Zeitpunkt gekommen, um das zu ändern); du bist klug
(mit absoluter Sicherheit); und du kannst
alles erreichen, was du dir vornimmst (du
musst nur bereit sein, das Nötige dafür zu tun). Tatsache ist, du bist ein
großartiger Mensch, der es verdient hat,
alles zu bekommen, was er sich erträumt.
Folge deinen Zielen. Hör auf deinen Instinkt. Und sei fest davon überzeugt, dass
du alles bewirken kannst, worauf du dich
fest konzentrierst, solange es zumindest
annähernd realistisch ist. Die Macht des
positiven Denkens solltest du nicht unterschätzen, sondern für dich nützen, und
zwar jeden Tag.

3. KAPITEL

25

GANZ GEWICHTIGE

GEDANKEN

ÜBER

Gewicht
&
Figur

Du bist so viel mehr als bloß dein Körper. Du bist ein Mensch mit Gefühlen, Gedanken, Vorlieben, Charaktereigenschaften, Angewohnheiten, Tendenzen und Verhaltensmustern. Du gibst deinen Mitmenschen Liebe, Freundschaft, Hilfe, Unterstützung und Loyalität. Du bist und gibst so viel mehr, als dein Körper allein je verkörpern könnte. Das, was zählt, ist dein gesamtes Ich, nicht dessen körperliche Hülle!

1) Dein Körper ist nicht dafür da, gut auszusehen.

Du hast einen Kopf, um damit zu denken. Ein Gesicht, um damit deine Gefühle auszudrücken und mit deinen Mitmenschen zu kommunizieren. Arme, um damit zu malen, zu schreiben, zu kochen und deine Liebsten zu umarmen. Beine, um zu stehen, zu gehen, zu laufen, von A nach B zu kommen und vor Freude zu tanzen. Einen Hintern, um zu sitzen (heißt ja nicht umsonst »Gesäß«) und es dir gemütlich zu machen. Bauch und Brust, um dein Herz schlagen zu lassen, deine Nahrung zu verdauen und deinen Körper am Laufen zu halten. Dein Körper wurde nicht geschaffen, um ein Ausstellungsstück in einem Model-Museum zu sein, sondern um ganz bestimmte Funktionen zu erfüllen, die dich am Leben halten und dein Leben bereichern sollen.

2) Kalorien sind nicht alles.

Theoretisch hat eine Cola Light null Kalorien und ein Apfel an die 80. Bedeutet das, dass du eher abnimmst, wenn du jeden Tag zwei Liter Cola Light trinkst, als wenn du jeden Tag zwei Äpfel isst? Wohl kaum. Die Cola Light mag, objektiv betrachtet, weniger Kalorien haben. Aber gesünder ist sie deshalb nicht. Schau dir doch mal an, was da so alles drin rumschwimmt. Außer purer Chemie und diversen (nicht weniger bedenklichen) Zuckerersatzinventionen wirst du unter den Zutaten nicht sonderlich viel finden. Dreimal darfst du raten, was das Zeug mit deinem Körper anstellt – im Vergleich zu einem kalorienreicheren, doch dafür auch nährstoffreichen Apfel. Naturprodukt versus Industrieprodukt. Das eine isst du so, wie es vom Baum gefallen ist. Beim anderen ist nicht mal erkennbar, was die Zutaten ursprünglich mal waren. Hochraffinierte Produkte können noch so wenige Kalorien haben – deshalb sind sie noch lange nicht empfehlenswert. Kalorienarm ist nicht gleich gesund!

NATURPRODUKT VERSUS INDUSTRIEPRODUKT

3) Fett ist nicht gleich Fett.

Fett auf dem Teller ist nicht gleich Fett auf den Hüften. Du hast sicher schon mal gehört, dass es gute und schlechte Fette gibt. So macht es beispielsweise einen gehörigen Unterschied, ob du dein Essen mit billiger Butter (tierischen Fetten) oder mit hochqualitativem, kalt gepresstem Olivenöl (pflanzlichen Fetten) geschmacklich verstärkst. Fette, die du durch gute Öle, Nüsse, Avocados und andere pflanzliche Produkte zu dir nimmst, stellen mit deinem Körper nicht annähernd das Gleiche an wie Frittiertes, Gebackenes oder sonstige menschengemachte Mutationen von ursprünglich nahrhaftem Essen.

4) Kohlenhydrate sind nicht gleich Kohlenhydrate.

Brot ist nicht gleich Brot, und Kartoffeln sind nicht gleich Kartoffeln. Achte darauf, wie und woraus deine Kohlenhydratzufuhr gemacht ist. Ist es nährstoffarmes, helles Weizenmehl in deiner Semmel oder deinem Burger (vielleicht auch noch gezuckert) – oder sättigendes, nährstoffreiches Vollkornmehl in deinem Brot? Isst du die Kartoffeln in Form von frittierten Curlies oder Chips – oder als Teil einer Gemüsepfanne? Und wann isst du sie überhaupt? Vormittags und mittags werden sie dir vermutlich weniger ausmachen als spätabends. Du kannst daher nicht alle Kohlenhydrate in einen Topf werfen und kategorisch verteufeln. Überleg dir lieber gesündere Wege, sie zu essen.

5) Eine Essstörung ist so in etwa das Schlimmste, was du dir selbst antun kannst!

Jede Art des krankhaft erzwungenen Abnehmens – Stichwort Anorexie, Bulimie, Abführmittel – kann dir einfach nur schaden, langfristig wie kurzfristig gesehen. Die kurzfristigen Schäden sollten eigentlich schon Grund genug sein, die Finger davon zu lassen. Wenn du dich einfach weigerst, zu essen oder dein Essen angemessen zu verdauen, bekommt dein Körper nicht die Nahrung oder die Nährstoffe, die er braucht, um zu funktionieren. Du fühlst dich schwach, kannst dich nicht konzentrieren, und irgendwann wirst du zusammenklappen. Deine Speiseröhre wird verletzt. Auch deine Haut kann Schaden nehmen, deine Haare können dir ausgehen. Selbst deine Nägel und Zähne kannst du damit zerstören. Das kann bis zu schwerwiegenden Herz- und Magenproblemen führen. Spaß mit deinen Freunden hast du so auch nicht, denn es gibt kein gemeinsames Essen mehr, und beim Feiern wirst du nach dem ersten halben Getränk kaum mehr gerade stehen können. Du setzt dich selbst so sehr unter Druck, dass du überhaupt nichts mehr genießen kannst und alles, einfach alles, durch die Brille des Abnehmens siehst. Dadurch nimmst du dir jede Fröhlichkeit und Lebenslust. Und später einmal wirst du deine Essstörungsanwandlungen zutiefst bereuen.

Denn leider bemerkst du die langfristigen (möglicherweise dauerhaften) Schäden für deine Gesundheit beziehungsweise deinen Körper erst dann, wenn es bereits viel zu spät ist. Wenn du nämlich einmal eine Essstörung hattest, kannst du dir viele viele Jahre lang sehr schwer damit tun, abzunehmen. Dein Körper kennt sich nicht mehr aus; er weiß nicht, wann er auf Sparmodus umschalten soll und wann nicht. Auch deine Haare können dauerhaften Schaden nehmen. Wenn du deinen Körper halbwegs unter Kontrolle haben willst, dann schick ihn gar nicht erst in die Essstörungshölle, die ihn für seeehr lange Zeit ruinieren wird.

6) Die Waage ist der Feind.

Wenn du draufblickst und dir denkst, »Du Drecks-
ding!«, dann verbann das Teufelszeug doch in die Ecke
(oder gleich in den Mülleimer). Immerhin wird es sich
für seine Beleidigungen unwahrscheinlich entschuldigen, wenn du dich wie besessen jeden Tag draufstellst.
Gewicht variiert von Tag zu Tag, von Stunde zu Stunde. Sich jeden Tag zu wiegen ist daher fatal, weil
du bei geringen Schwankungen schon ein schlechtes
Gewissen haben wirst. Wenn du unbedingt einen Überblick über dein Gewicht haben möchtest, weil dir die
BMI-Methode oder sonstiges Äquivalent nicht gut
genug ist, dann stell dich wenigstens nur einmal im
Monat drauf. Oder noch seltener. Die Waage ist eine
Erfindung, die es praktisch darauf abgesehen hat,
Frauen zu frustrieren. Nimm ihr die Macht! Wirf sie
aus dem Fenster und hol sie erst wieder rein, wenn du
das Gefühl hast, du kannst mit dem Ergebnis, das sie
dir zeigt, auch umgehen.

7) Alle Jungs wollen etwas anderes.

Glaub nicht, dass du nur dann einen Freund finden wirst, wenn du aussiehst wie ein Model, das wirkt, als wäre es gerade noch drei Stunden vom Hungertod entfernt. Genauso wenig solltest du glauben, dass du nur dann Erfolg haben wirst, wenn du genau die richtigen Rundungen hast. Deine Freundinnen und du, ihr steht doch sicher auch nicht alle auf dieselben Jungs, oder? Andersrum ist es nicht anders. Manchen Jungs gefallen sehr dünne Mädchen, anderen gefallen sehr runde Mädchen. Wieder andere bewegen sich eher in der Mitte; denen gefallen genau die Mädchen, die sich selbst für zu dick halten, aber in Wirklichkeit absolute Normalbereichsmaße haben. Und dann gibt es noch Jungs, denen die Körpergröße der Auserwählten relativ egal ist, weil ihnen die inneren Werte wichtiger sind als die äußeren. Der Punkt ist: Deine Körpermaße, deine Kleidergröße und dein Körpergewicht sind absolut irrelevant. Denn jeder steht auf etwas anderes. Bist du dünn gebaut, wirst du Jungs gefallen. Bist du rund gebaut, wirst du Jungs gefallen. Die einen werden eher deine Freundin attraktiv finden, die anderen werden sich eher auf dich stürzen. Das bedeutet nicht, dass eine von euch hübscher ist. Bloß, dass ihr verschiedene Geschmäcker erfüllt. Und so soll es ja auch sein, oder? Wie fad wäre es denn, wenn wir alle gleich aussähen und alle denselben Geschmack hätten? Abgesehen davon solltest du wissen, dass auch Jungs körperliche Komplexe haben. Nicht annähernd so viele wie Mädels, aber auch Jungs machen sich Gedanken darüber, ob ihr Körper der Angebeteten gefallen wird oder nicht. Also denk nicht zu viel darüber nach – steh zu dir und zu allem, was du bist!

8) Die Ausstrahlung ist viel wichtiger als das Aussehen.

Wenn zwei Mädels miteinander unterwegs sind, treffen Jungs ihre Auswahl nicht rein nach dem Körper oder Outfit, sondern eher nach der Ausstrahlung. Einem Mädchen, das aussieht, als wäre es eben einem Magazin-Cover entsprungen, bringen seine Modelmaße kaum etwas, wenn es sich charakterlich unbeliebt macht. Hingegen wird ein Mädchen, das nicht wie ein Supermodel, sondern vollkommen normal und natürlich aussieht, aber freundlich dreinblickt und offensichtlich Spaß an dem Abend hat, einen wesentlich besseren Eindruck auf Fremde machen.

9) Models und Stars sind gar nicht so schön, wie sie scheinen.

Vergleiche dich nicht mit Supermodels und Hollywoodprinzessinnen. Weißt du, wie viel Nachbearbeitung notwendig ist, um das Foto eines Models in ein brauchbares Coverfoto zu verwandeln? Hier wird ein Fleck verdeckt, dort eine Kurve weggeschnitten, hier die Haut grafisch verjüngt und dort ein Doppelkinn versteckt. Die Mädels, wie du sie am Cover oder in der Werbung siehst, sehen in Wirklichkeit nicht annähernd so schön aus, wie sie auf diesem mehrfach überarbeiteten Bild wirken. Dasselbe geschieht, wenn sie ihre traumhafte Figur in allen erdenklichen Posen auf Instagram posten, nachdem sie schwerstens von ihnen selbst retuschiert worden ist. Und was das Fernsehen angeht, perfektioniert die Maske die Gesichtszüge, die Haare und weiß Gott was noch alles, damit die Stars auf der Leinwand auch so perfekt wie möglich aussehen. Vergleich dich nicht mit diesen unrealistischen, weichgezeichneten, im perfekten Licht und Winkel aufgenommenen und nachbearbeiteten Bildern anderer Frauen. Perfekte Menschen gibt es nicht!

10) Auch deine wunderschöne Freundin ist nicht perfekt.

Kennst du dieses schreckliche Gefühl des Neides, den du manchmal mehr und manchmal weniger erfolgreich in sein dunkles Loch zurückquetschst, der aber doch immer wieder mal hochkommt, wenn du deine Freundin ansiehst und dir denkst: »Sie ist so viel hübscher als ich. Warum kann ich nicht so hübsch sein?« Diesen Gedanken kannst du für immer und ewig in hohem Bogen aus deinem Unterbewusstsein schleudern. Erstens stimmt er nicht. Du bist genauso schön wie deine

SIE IST SO VIEL HÜBSCHER ALS ICH. WARUM KANN ICH NICHT SO HÜBSCH SEIN?

Freundin, bloß vielleicht auf andere Art und Weise. Sie hat vielleicht dichteres Haar, dafür hast du schönere Augen. Sie hat vielleicht eine schmalere Taille, dafür hast du längere Beine. Sie hat vielleicht größere Brüste, dafür hast du einen weiblicheren Hintern. Richte deinen Blick nicht nur auf die Dinge, die dir an ihr besser gefallen, sondern richte ihn mal auf die Dinge, die dir an dir besser gefallen! Zweitens findet sich deine Freundin mit Sicherheit nicht so toll, wie du sie findest. Auch sie hat ihre Macken, mit denen sie kämpft. Auf dich mag sie perfekt wirken, weil sie genau den Körperbau hat, den du auch gern hättest. Aber vor ihrem eigenen Spiegel bemängelt sie das Fett an ihren Schenkeln (das du gar nie zu sehen bekommst), die Ungleichheiten ihrer Brüste (die dir noch nie auf-gefallen wären) oder auch gern die Form ihrer Nase, die Narbe auf ihren Knien oder die Tatsache, dass sie für ihren flachen Hintern keine Jeans oder für ihren Monsterbusen keine Kleider findet. Jeder Mensch hat auf irgendeine Weise mit sich und seinem Körper zu kämpfen. Jedes Mädel hat Unsicherheiten. Also mach nicht den Fehler, zu glauben, andere seien perfekt und du seist es nicht. Fakt ist (noch mal): Niemand ist perfekt. Und das ist gut so!

11) Große Mädels wiegen mehr.

Wenn deine Freundin 10 Kilo weniger auf die Waage bringt, aber zwei Köpfe kleiner ist als du, dann mach dich nicht selbst fertig. Natürlich wirst du mehr wiegen, wenn dein Körper größer ist. Das ist natürlich nichts Neues und vollkommen logisch. Dennoch lässt man sich als Mädchen viel zu leicht von Vergleichen mit anderen verunsichern. Von Regeln, die uns die Welt einhämmern will, wie beispielsweise: »Dein Freund muss dich problemlos hochheben können.« Erstens ist es doch völlig unwichtig, ob dich dein Freund durch die Gegend schleppen kann oder nicht – du bist ja kein Kind. Zweitens kann jemand, der eine gewisse Größe hat, selbstverständlich nicht mehr so leicht von einem Mann getragen werden wie jemand, der vielleicht mehr auf den Knochen hat, aber einfach kleiner ist und alleine deshalb weniger wiegt.

12) Nulldiäten sind effektiv – aber nur kurz.

Sehr kurz. Selbstverständlich wirst du Gewicht verlieren, wenn du deinem Körper nicht genügend Kalorien zuführst. Aber rate mal was? Irgendwann gewöhnt sich dein Körper an die neue Kalorienanzahl und – Abrakadabra – er braucht plötzlich gar nicht mehr mehr! Es ist wie bösartige Magie: Du wirst nicht stetig abnehmen, sondern irgendwann ein frustrierendes Plateau erreichen. Und dann hast du wirklich ein Problem. Denn wenn du dann wieder anfängst, mehr zu essen, wirst du fast so schnell (wenn nicht schneller) wieder zunehmen, wie du vorher abgenommen hast. Um dein Gewicht halbwegs zu halten, musst du weiterhin bei der geringen Kalorienanzahl bleiben, die du dir angewöhnt hast. Und wenn du noch weiter abnehmen willst, musst du die Kalorienzufuhr ein weiteres Mal senken, damit dein Körper ein erneutes Aha-Erlebnis hat und aufgrund der drastisch verringerten Kalorienanzahl weiteres Gewicht verliert. Das ist die Spirale des Teufels! Kein Mensch hält es lange aus, immer weniger und weniger zu essen. Irgendwann wird dich zwangsläufig dein Verstand einholen – oder der Hunger – und du wirst wieder beginnen, normal zu essen. Und dann, ja dann grüßt der Jojo-Effekt: »Danke, es war mir eine Freude. Und PS: Alles umsonst.«

13) Glaub keiner Wunderpille oder Zauberdiät.

Werbung lügt. So ziemlich immer. Diäten ohne Jojo-Effekt gibt es nicht. Pillen, die dir angeblich den Hunger nehmen, sind einfach nur sauteuer, und die Wirkung sei mehr als dahingestellt. Auch kleine Fläschchen mit magischer Flüssigkeit wirken nur insofern, als die Anleitung deine Nahrungszufuhr auf 500 Kalorien pro Tag beschränkt. Und wer wird nicht abnehmen, wenn er bloß ein Viertel von dem isst, was der Körper verbraucht? Die magische Flüssigkeit, die du zusätzlich schlucken musst, ist wahrscheinlich um Hunderte Euro verkauftes Leitungswasser. Egal, welche Diät dir angepriesen wird – ob sie Kohlenhydrate verteufelt und Eiweiße anbetet, ob sie feste Nahrung verbietet und dir einreden will, Tees und Säfte würden die Welt retten, oder ob sie dir ganz genaue Rezepte mit ganz bestimmten Zutaten und ganz ausgeklügelten Kalorienzahlen vorschreibt – alles Schwachsinn. Alles kann wirken (vorausgesetzt du hast keine Essstörung in deiner bisherigen Ernährungsgeschichte, die dir sowieso schon jegliche Körperfunktionen durcheinandergehauen hat), aber höchstens kurzfristig. Zum einen, weil du keine Diät dein ganzes Leben lang beibehalten kannst (das ist ein Ding der Unmöglichkeit). Zum anderen, weil irgendwann der Erfolg nachlassen wird, da sich der Körper an die neue Ernährungsweise gewöhnt. Vor allem Diäten, die diverse Hilfsmittelchen anpreisen – wie Pillen, Shakes, Riegel, Suppen, Spritzen oder sonstige Zauberformeln –, sind im Endeffekt bloß darauf aus, dir falsche Hoffnungen zu machen und dadurch das Geld aus der Tasche zu ziehen.

14) 20 Kilo in 3 Wochen, ja genau!

Schnell abnehmen ist grundsätzlich der falsche Vorsatz. Denn genau das ist der allerallerallerallerallerbeste Freund von Mr Jojo. Um tatsächlich eine Chance zu haben, den Jojo-Effekt zu vermeiden, hast du nur eine Möglichkeit: langsam abnehmen. Nimm dir alle Zeit der Welt. Das kann Monate oder Jahre dauern. Dafür ist es dann viel wahrscheinlicher ein langfristiger Erfolg. Statt dich in die Klauen einer Crash-Diät zu begeben, weil du in viel zu kurzer Zeit viel zu viel Gewicht verlieren möchtest, überleg dir doch lieber, ob du nicht deine Ernährung generell umstellen möchtest. Es geht nicht so sehr darum, zu viel zu essen, wie darum, das Richtige zu essen! Dazu idealerweise noch ein bisschen Bewegung, und du wirst sehen, der Erfolg wird sich einstellen – er braucht nur länger. Und das nicht mal zwangsläufig. Aber der Punkt ist, dass du dich für eine Ernährungsweise entscheidest, die du auch durchziehen kannst, und zwar länger als bloß ein paar Wochen oder Monate. Es muss eine Ernährungsweise sein, die dich sättigt, die dir keine Schmerzen bereitet, die dich befriedigt. Denn alles, was du ungern tust, wirst du nicht dauerhaft durchstehen. Möchtest du nun generell auf Fleisch verzichten, oder auf Weizen, oder auf Schokolade, oder auf alle Tierprodukte, sehen die Erfolgschancen deutlich besser aus. Solange die Umstellung deine Ernährung verbessert und für dich nicht unerträgliche Abstriche in deiner alltäglichen Kost bedeutet, ist es eine gute, durchhaltbare Entscheidung. Und für deinen Körper selbst ist langsames Abnehmen sowieso deutlich gesünder als hektische »Oh-mein-Gott-nur-noch-zwei-Monate-bis-zur-Bikini-Saison«-Experimente.

15) Gewicht ist nicht gleich Fett.

Gewicht ist Muskel. Gewicht ist Wasser. Gewicht ist Knochen. Dein Gewicht setzt sich aus so vielen Dingen zusammen, dass du es unmöglich auf Fett reduzieren kannst. Daher solltest du dich auch nicht wundern, wenn du trotz viel Sport an Gewicht gewinnst; denn es ist gut möglich, dass du Muskeln aufbaust und daher nicht trotz viel Sport, sondern wegen viel Sport plötzlich mehr auf die Waage bringst. Du kannst deinen Fortschritt wesentlich besser messen, indem du deinen Umfang mit dem Maßband beziehungsweise anhand deiner Kleidung misst. Selbst wenn sich dein Gewicht nicht verringert, kann durchaus deine Figur dank dem Sport nach einiger Zeit merklich straffer und geschmeidiger aussehen.

16) Du musst aber nicht ins Fitnesscenter.

Ständig heißt es »Sport Sport Sport!« Und ja klar, Bewegung ist wichtig. Aber lass dich von dem Fitnessstudio-Hype nicht in den Wahnsinn treiben. Nicht jeder Mensch ist ein Fitnesscenter-Mensch. Für manche Leute ist es einfach nicht die Erfüllung aller Träume, sich in nach Schweiß stinkende Räume voller fremder Leute zu begeben, um dort eine halbe Stunde lang auf mehr oder weniger hygienisch gereinigte Maschinen zu warten, die hoffentlich nicht jegliche Körperflüssigkeiten der Vorbenutzer bis in alle Ewigkeit in sich aufgesaugt haben. Wenn du das Fitnessstudio liebst, toll! Es gibt ja auch eigens auf Frauen ausgerichtete und klein gehaltene Center, die wesentlich angenehmer sein können als ihre großen Brüder, und wo du nicht zwangsläufig das Gefühl hast, alle anderen seien fitter und besser aussehend als du. Aber wenn du Studios (egal in welcher Ausführung) einfach abgrundtief hasst, ist das auch okay! Auch wenn es Fitnessfreaks nicht glauben können: Das Fitnesscenter ist nicht die Lösung aller irdischen Probleme. Manche fühlen sich bei Sit-ups zu Hause oder einer Laufrunde in der freien Natur wohler. So kommst du an die frische Luft, musst nicht erst jedes Mal deine Sachen packen und irgendwo hinfahren, und billiger ist es auch. Die Natur verlangt erfahrungsgemäß nichts für deine Trainingseinheiten. Dein Wohnzimmer hoffentlich auch nicht. So ersparst du dir auf jeden Fall die Kopfschmerzen, wenn du draufkommst, dass du dein Erspartes in ein Fitnesscenter-Abo gesteckt hast, das gerade irgendwo versauert, weil du schon seit Monaten nicht mehr dort aufgetaucht bist.

17) You can't outrun your fork.

Selbst wenn du noch so viel Sport treibst – wenn deine Ernährung für die Hunde ist, wird auch der Sport nicht allzu viel bringen. Sport ist besser als kein Sport, gar keine Frage. Aber wirklich etwas bringen wird er erst, wenn du abends nicht in Chips und Cola wieder das rauffutterst, was du tagsüber runtertrainiert hast. Wenn du wirklich gesund und fit sein willst, solltest du Bewegung mit gesunder Ernährung kombinieren – zumindest bis zu dem Grad, der für dich angenehm ist. Ja nichts übertreiben, sonst wirst du es ohnehin nicht durchhalten. Lieber alles mit Maß und Ziel. Du sollst es gerne und nicht unfreiwillig tun.

18) Lass dich nicht von der Regel beunruhigen.

Wenn die Erdbeertante zu Besuch kommt, fühlen sich viele Mädels von heute auf morgen abgrundtief schrecklich. Breiter, dicker, schwerer, von oben bis unten. Das ist völlig normal. Diese verkorkste Selbstwahrnehmung ist zum Teil vermutlich eingebildet, aber zum Teil liegt dieses Nilpferdgefühl einfach an temporären Wassereinlagerungen, die sich nach Abreise der Tante genauso schnell wieder vertschüssen wie sie gekommen sind. Mach dir nichts draus. Diese paar Tage im Monat sagen nichts über deine Figur aus.

19) Oberschenkel dürfen sich berühren.

Lass dich ja nicht auf den Thigh-Gap-Wahnsinn oder sonstige idiotische Einfälle der Social-Media-Hungerhaken ein. Nur weil sich jemand einbildet, seine 10-cm-Taille mit einem DIN-A4-Blatt vergleichen zu müssen, oder auf andere kranke Art und Weise den Mädels, die nicht wie Solettisticks aussehen, aktiv eine reinwürgen zu wollen, solltest du dich davon keinesfalls beeinflussen lassen. Die Mädels, die sich so präsentieren, haben offensichtlich der ganzen Welt etwas zu beweisen. Doch das hast du nicht. Du musst überhaupt niemandem irgendetwas beweisen.

20) Orangenhaut ist normal.

Im Laufe des Lebens verändert sich der Körper. Man wird größer, breiter, dünner, dann vielleicht wieder mal breiter und wieder mal dünner. So können sich schon mal Dehnungsstreifen auf Hüften oder Schenkeln zeigen. Und jeder, der nicht komplett durchtrainiert ist, wird mal Cellulite irgendwo an seinem Körper finden. Na und? Steh dazu. Dein Körper hat schon viel mitgemacht, und daran ist überhaupt nichts Verwerfliches. Sieh deinen Körper als etwas, was zu dir gehört, was deine Aufs und Abs miterlebt hat und auch weiterhin miterleben wird, und was sich an vieles erinnert. Vollkommen straffe Haut geht ohnehin spätestens in einigen Jahren verloren, wenn das Alter (ob du es willst oder nicht) irgendwann Besitz von deinem Körper nimmt.

ZELLULITE. NA UND?

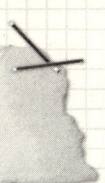

21) Es gibt keine Faustregel beim Abnehmen.

Es ist einfach unglaublich, mit wie vielen verschiedenen Ansichten, Statistiken, Experimenten und Ultimativlösungen man heutzutage konfrontiert wird. Ständig gibt es einen neuen Hype – eine neue wundersame Erkenntnis, welche die vorangegangene wundersame Erkenntnis verteufelt und ersetzt, bis die nächste wundersame Erkenntnis daherkommt. Erst heißt es, Fett ist schlecht, iss nie mehr Fett. Dann heißt es, Fett ist toll, aber Zucker ist schlecht, iss nie mehr Zucker. Dann sind plötzlich die Kohlenhydrate das Problem und müssen unbedingt durch Eiweiß ersetzt werden. Dann heißt es, zu viel Eiweiß ist schlecht für den Körper, man braucht Kohlenhydrate. Aber nur ganz bestimmte Kohlenhydrate. Oder man hört, viel Obst sei wichtig. Aber Obst hat auch viel Zucker, also doch nicht mehr so gut. Oder sollten wir überhaupt zum Thema Trennkost zurückkehren? Inzwischen sind wir so weit, dass man sich überhaupt nicht mehr auskennt in dem Dschungel unterschiedlicher Expertenmeinungen, in dem die einen Fett verteufeln, die anderen Kohlenhydrate, die nächsten sowieso alles, und man nicht mehr annähernd weiß, welcher Bestandteil des Essens jetzt eigentlich der Feind und wer der Freund ist. Daher vergiss das alles. Jeder YouTuber, jeder Magazinartikel, jede Werbung, jeder Arzt, jede Studie und jede Doku wird dir etwas anderes erzählen – basierend auf persönlichen Erfahrungswerten und Überzeugungen genauso wie konkurrierenden, wissenschaftlich »bewiesenen« Tatsachen, finanziellen Unterstützern und wirtschaftlichen Interessen. Das »Welche Ernährungsweise ist die beste für Gewichtsverlust?«-Spielchen wird nun schon seit vielen Jahrzehnten gespielt und dreht sich inzwischen wie ein Wirbelwind im Kreis, bei dem man als Nicht-Wissenschaftler (doch vermutlich selbst als Wissenschaftler) gar keine Chance mehr hat, den Überblick zu behalten.

22) Es gibt kaum Faustregeln bei Superprodukten.

Die »Was ist gesund und was nicht?«-Debatte ist oft frustrierend für jemanden, der sich einfach nur möglichst gesund ernähren möchte und von allen Seiten mit widersprüchlichen Informationen bombardiert wird. Oder mit Superprodukten, die ein Jahr lang als allmächtige Götter aufs Podest gehoben und ein Jahr später von diversen wissenschaftlichen Artikeln untergraben werden. Erst ist Stevia die perfekte Zuckeralternative. Dann ist sie doch absoluter Schwachsinn. Erst ist Soja eine Superbohne. Dann ist sie genvergiftet. Erst ist die Avocado der schlank machende Alleskönner, dann hat sie auf einmal viel zu viel Fett. Erst ist »bio« alles, worauf man achten muss. Dann kann man nicht mal mehr »bio«-Aufdrucken vertrauen. Da soll sich noch irgendeiner auskennen! Egal, was es ist – du wirst immer Pros und Cons zu hören bekommen, je nach Quelle und (möglicherweise finanziellem) Motivationsursprung jener Quelle.

23) Dein Körper weiß, was er braucht.

Lass dich nicht verwirren. Weder von Influencern noch von Wissenschaftlern noch von Zeitungsartikeln noch von deinen Freunden, Bekannten oder Verwandten. Hör auf deinen Körper. Nicht jeder Körper braucht das Gleiche, um auf die gleiche Art zu funktionieren. Die einen brauchen viele Fette, die ihnen daher nicht das Geringste anhaben werden. Die anderen brauchen mehr Kohlenhydrate, während zu viel Fett für sie eher gefährlich wird. Die einen brauchen viele Kalorien, die anderen weniger. Die einen können endlos Schokolade futtern, während die anderen schon zunehmen, wenn sie die Packung nur ansehen. Jeder Körper reagiert anders, jeder Körper braucht etwas anderes. Also probier's doch einfach aus! Wenn du Blähungen, Bauchschmerzen, Übelkeit, Sodbrennen, Hautausschläge, Müdigkeit oder andere Unannehmlichkeiten erlebst, nachdem du etwas gegessen hast, ist das vermutlich ein Zeichen dafür, dass es das Falsche – oder zu viel vom Richtigen und deshalb das Falsche – war. Wenn du dich nach dem Essen satt, befriedigt und energiegeladen fühlst, dann war es wohl das Richtige. So kannst du dich ja langsam rantasten an das, was deinem Körper guttut und daher täglich gegessen werden will, und was du ihm eher nur in Ausnahmefällen oder zumindest nur in geringen Mengen antun solltest.

24) Man fühlt sich nicht jeden Tag gleich.

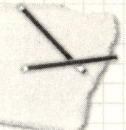

An manchen Tagen wirst du in den Spiegel sehen und dir vorkommen wie ein Walross – und manchmal wirst du nicht mal wissen warum. Es gibt Phasen, in denen du scheinbar grundlos zunimmst und nicht die geringste Ahnung hast, was du denn falsch gemacht haben könntest. In anderen Phasen wirst du auf einmal merken, dass du sichtbar abgenommen hast, ohne auch nur im Mindesten zu wissen warum. Fakt ist: Irgendeinen Grund wird es schon geben. Manchmal ist er nur einfach nicht nachvollziehbar. Also mach dir keinen Kopf. Akzeptier deinen Körper so, wie er gerade ist. Wer weiß, in ein paar Wochen könnte die Welt schon ganz anders aussehen. Und viel davon spielt sich ohnehin in deinem Kopf ab. Dasselbe Bild, das du heute im Spiegel verabscheust, könntest du morgen lieben! Hast du also wirklich einfach einen schlechten Tag, an dem du tun kannst, was du willst, und jeder Versuch, positiv zu denken, überhaupt nichts bringt – dann blick einfach nicht nackt in den Spiegel. Setz dich dem ungeliebten Bild gar nicht erst aus. Versuchs morgen früh wieder, da kann dein Spiegelbild schon einen ganz anderen Eindruck machen.

25) Du bist wunderschön –
ganz genau so, wie du bist.

Du bist nicht weniger hübsch, sexy oder anziehend, weil deine Schenkel sich berühren, weil deine Hüfte breiter ist als dein Gesäß, weil deine Arme Fleisch auf den Knochen haben oder weil dein Bauch nicht waschbrettflach ist. Ganz im Gegenteil. Lass dir da von keiner Waage, keiner Kleidergröße, keinem Modemagazin, keiner Fernsehserie, keinen Influencern und schon gar nicht von nachbearbeiteten Supermodels irgendetwas anderes einreden. Dein Körper ist schön, wie er ist! Schätze ihn für das, was er kann, und für das, was dir an ihm gefällt. Denn er gehört zu dir. Und nur, wenn du deinen Körper magst, wird er dich auch zurückmögen.

4. KAPITEL

25

KLEINIGKEITEN,

DIE DU STETS IN DEINER

Handtasche

rumtragen solltest

Handtaschen machen Männern Angst – etwas dramatisch ausgedrückt. Sie verstehen schon mal nicht, warum wir überhaupt mindestens fünf davon zu Hause haben müssen, weshalb wir viel Geld dafür ausgeben oder sie uns zu Anlässen wünschen, und wieso wir sie einfach immer und überall mit uns herumschleppen. Doch vor allem haben sie nicht die geringste Ahnung, wie wir in unserer Handtasche auch nur irgendetwas finden. Sie selbst kramen zwei Stunden lang darin herum und finden immer noch nicht das, was die Besitzerin aus der Handtasche innerhalb von zwei Sekunden mit einem einzigen Griff und vielleicht noch mit geschlossenen Augen hervorzieht. Taschen wirken auf unsere männlichen Mitmenschen wie ein schwarzes Loch, in dem Dinge verschwinden, die nie wieder das Licht der Welt erblicken werden. Außerdem sind sie ihrer Ansicht nach sowieso unnötig; zumindest so lange, bis ihnen klar wird, dass sie in der Tasche der Freundin ja auch ihren eigenen Schlüssel, ihre Geldtasche, ihr Handy oder ihren Regenschirm unterbringen könnten – dann wird die Tasche plötzlich interessant (und auf einmal wirkt sie auch nicht mehr ganz so bedrohlich). Aber wie dem auch sei und egal, ob die Männer dieser Welt unsere Handtaschenaffinität verstehen wollen oder nicht – Fakt ist, sie sind unheimlich praktisch. Eine Handtasche ist wie eine stylishe Schatztruhe, aus der man im Mary-Poppins-Stil Dinge hervorzaubern kann, die einem in gewissen Situationen das Leben retten (oder zumindest deutlich erleichtern) können …

1. HANDY MIT POWERBANK ODER LADEGERÄT:

Und zwar, um in Notfällen erreichbar zu sein beziehungsweise jemanden erreichen zu können – falls du den letzten Bus verpasst und ein (familiäres oder offizielles) Taxi brauchst oder dir etwas zustößt. Da du dein Handy aber vermutlich eher aus unterhaltungstechnischen Gründen mit dir rumträgst, kannst du genauso gut gleich die dazu passenden Kopfhörer mit einstecken. Die können gute Dienste erweisen, wenn du während längerer Wartezeiten mal ein bisschen Musik hören und die Umstehenden nicht mit deinem für andere vielleicht fragwürdigen Musikgeschmack belästigen möchtest.

2. NOTFALL-APOTHEKE:

Pflaster, Blasenpflaster, Bepanthen, im Sommer Fenistil, Aspirin Direkt und Diclobene oder was auch immer du gegen die Erdbeertante einnimmst, wenn sie unerträglich wird. Es passiert oft unerwartet, dass sich jemand die Zehen aufschlitzt, die Füße aufreibt, die Finger abfackelt, von Gelsen attackiert wird oder die Regel plötzlich mit schweren Geschützen auffährt.

Jaja, völlig unnötig, denn du hast ja dein Handy, und dein Handy ist spitze und cool und super und eigentlich sowieso das Einzige, was du im Leben brauchst. Aber was, wenn das Handy mal abschmiert oder du dir einfach nur auf die gute alte Methode einen Notizzettel schreiben willst, der nicht digitalisiert ist? Oder wenn du jemandem was erklären und aufzeichnen willst, weil er so bekloppt ist, dass er es sonst einfach nicht kapiert? Oder wenn du und deine Freundin alle Jungsthemen bereits zum 100. Mal durch habt und ihr zur Abwechslung gern mal Hangman spielen würdet? Oder Tic Tac Toe? Klar, für all das kann das Smartphone einberufen werden. Aber manchmal ist es doch ganz nett, ein Stückchen alte Welt mit sich herumzutragen und hier und da mal darauf zurückzugreifen.

3. TAMPONS:

Wenn deine Periode nicht exakt nach einem regelmäßigen Zyklus kommt und geht und du nicht ganz sicher bist, dass du jeden Monat rechtzeitig Präventivmaßnahmen treffen wirst, solltest du für den Notfall immer ein paar Tampons in der Tasche haben. Und zwar in jeder Tasche. 1–3 reichen da völlig für den Notfall. Wird sonst noch eine blutige Angelegenheit.

4. MINI-BLOCK:

5. KUGELSCHREIBER:

Ein Block ohne Kuli bringt dir nicht gerade viel; es sei denn, du kannst mit einem freundlichen Lächeln den Barkeeper dazu überreden, dir sein Schreibgerät zu leihen. Ist natürlich wesentlich blöder, wenn du an einem Ort unterwegs bist, wo gerade niemand rumläuft, der dir seinen Kugelschreiber borgen könnte.

Daher ist es immer ganz praktisch, seinen eigenen dabeizuhaben. Außerdem werden dich alle dankbar ansehen, wenn sie selbst mal einen brauchen und du überraschenderweise einen aus der Handtasche zauberst.

6. MINI-KAMM:

Oder Haarbürste (wobei der Kamm deutlich weniger Platz braucht). Gerade wenn du deine Haare offen trägst, ist nicht viel nötig, um daraus ein Vogelnest für Spatzen, Tauben, Adler und Co zu machen. Starker Wind, Regen, Hitze, Knutschsession, Tanzen, Mopedhelm ... Es gibt zahlreiche Dinge, die für dein Haar alles andere als förderlich sind. Und so ein Mini-Kamm nimmt weder Platz weg, noch wiegt er mehr als ein paar Gramm.

7. HAARGUMMI:

Du wolltest dein Haar heute unbedingt offen tragen, weil ja der Schwarm um 11:53 Uhr auf seinem Weg vom Chemiesaal zum Biosaal für genau zwei Sekunden an dir vorbeilaufen wird? Aber dann hat es plötzlich gefühlte 127 Grad, weil der Wetterfrosch wieder mal gelogen hat, oder dir wird vom Klassenvorstand so unerwartet wie unerwünscht irgendeine körperliche Arbeit aufgebrummt. Schon wirst du erleichtert sein, spontan deinen Nacken freizukriegen.

Am besten so ein Mini-Knäuel, das nicht mehr als fünf Zentimeter Durchmesser hat und in Sekundenschnelle geöffnet oder zusammengeknüllt werden kann. Gibt's normalerweise in jedem Drogeriemarkt. Das spart dir Geld für Papier- oder Plastiktüten, wenn du heute spontan deine Schminksammlung erweitern musst oder Mom dir in der letzten Stunde ihre Einkaufsliste simst, weil du auf dem Heimweg ja eh noch dort vorbeikommst und sowieso und überhaupt ... Außerdem ist so ein Mini-Knäuel im Vergleich zu den Wegwerftüten auch noch halbwegs umweltfreundlich.

8. EINKAUFSSÄCKCHEN:

9. ABDECKSTIFT:

Es kann innerhalb von Minuten gehen, dass deine verdammte Teenagerhaut genau dort einen Pickel auffahren lässt, wo du ihn ausgerechnet heute ganz und gar nicht brauchen kannst. Die anderen sehen dich ja genau in dem Winkel, der das Monster auf deiner Wange höchstens noch mit Scheinwerfern und Neonpfeilen ausleuchtet! Da ist definitiv erste Hilfe gefragt – schnell reagieren und abdecken, schon fällt das Mistding kaum noch auf.

10. PUDER:

Wenn du zu spontanem Hautglanz tendierst, pack ein sogenanntes »Mattifying Powder« in deine Handtasche. Das muss nicht mal getönt sein. Es ist sogar besser für deine Haut, wenn du einfach ein ungetöntes (also weißes) nimmst, das deine Stirn nicht einbräunen, sondern ihr einfach nur ihren dämlichen Glanz nehmen soll. Drei Sekunden, und schon sieht deine Haut wieder so aus, wie sie aussehen soll.

Du patzt dich beim Essen an oder setzt dich auf eine Bank, auf die du dich mit deiner weißen Hose niemals setzen hättest sollen. 10-Minuten-Waschmaschine findest du in der Schule nirgendwo eine, den stinkenden Turnbeutel willst du auch nicht plündern, und es dauert noch ein Weilchen, bis du nach Hause kommst und dich umziehen kannst? Für solche Fälle ist es immer gut, einen stiftgroßen Fleckenentferner dabeizuhaben. Wenn du ihn im Drogeriemarkt nicht anfindest, probier's mal online.

11. FLECKENENTFERNER-STIFT:

12. VERSTECKTE KOHLE:

Such dir ein Fach in deiner Handtasche oder Geldbörse, das du im Alltag nie verwendest. Dort steckst du einen 20-Euro-Schein hinein. In der nächsten Notfallsituation, in der du nach dem Fortgehen ein Taxi bezahlen musst und völlig blank bist (weil du nicht schlau genug warst, die Jungs, die dich abschleppen wollten, für deine Getränke zahlen zu lassen), wirst du dich wie ein kleines Kind freuen, in deinem Notfallfächlein die rettenden Euros zu finden.

13. BUCH BZW. E-BOOK-READER:

Stecke doch ein gutes Buch in deine Handtasche. Vielleicht nicht unbedingt einen 700-Seiten-Hardcover-Schinken, denn der wird ganz schön schwer. Aber wenn du mal in der Straßenbahn sitzt, auf den Bus wartest, eine Freistunde hast oder aus sonst einem Grund einfach nichts zu tun hast und dich dabei erwischst, wie du automatisch nach deinem Smartphone greifst ... dann tu doch mal etwas Sinnvolleres, Lehrreicheres, Spannenderes und Bereicherndes und steck die Nase in ein gutes Buch, statt deine Hirnzellen aktiv dahinschmelzen zu lassen.

14. SELBSTVERTEIDIGUNGS-INSTRUMENT:

Pfefferspray, laute Tröte, Steinschleuder, was auch immer dich reizt. Du solltest dich jederzeit und überall zu verteidigen wissen, wenn ein Verrückter auftaucht, der dich mit Süßigkeiten in eine dunkle Höhle locken will.

Vor allem im Winter sind sie ein wohl nicht erklärungsnötiges Objekt in absolut jeder Tasche, die du besitzt. Schultasche, Handtasche, Jackentasche, Hosentasche – du glaubst gar nicht, wie schnell und unerwartet so eine Nase zu rinnen beginnt. Doch auch im Sommer kann dir eine kleine Taschentuchpackung das Leben retten. Zum Beispiel, wenn dich irgendein Irrer zum Wandern in den Wald zerrt, weil es ja soooooo viele schöne Pilze zu finden gibt, und plötzlich die Natur ruft.

15. TASCHENTÜCHER:

16. MINZBONBONS:

Gerade einen Kaffee getrunken, eine Banane gegessen oder auf einer rohen Zwiebel rumgekaut, und dann kommt ohne jede Vorwarnung der Schwarm daherspaziert? Es ist zumindest nicht der absolute Weltuntergang, wenn du schnell was gegen die Fäulnis in deiner Mundhöhle unternehmen kannst. Notfalls geht auch Kaugummi, aber der hat sich wissenschaftlich gesehen als ziemlich schädlich erwiesen. Und wenn du ihn schluckst, bleibt er angeblich in deinem Bauch kleben – bis in alle Ewigkeit.

17. HAUSTÜRSCHLÜSSEL:

Könnte ganz nützlich werden, wenn du nach Hause kommst und Haus oder Wohnung auch gern betreten würdest. Vor allem, wenn keiner daheim ist. Oder auch mal, wenn jemand zwar (dem Licht und Auto nach zu urteilen) anwesend, aber mit viel zu wichtigen Dingen beschäftigt ist, um die Klingel zu hören. Oder sie hören zu wollen. Speziell kleine Geschwister haben diese Ignoranztaktik ganz gut perfektioniert.

18. NAGELFEILE:

Sie ist klein und braucht nicht viel Platz. Dafür rettet sie dir das Leben, wenn du dir unerwartet und höchstwahrscheinlich unabsichtlich einen Nagel ein- oder abreißt. Einmal kurz drüber gefeilt, und schon bemerkt keiner mehr, dass du einen Tollpatschigkeitsanfall hattest beziehungsweise deine Aggressionen oder Nervosität an deinen eigenen Fingernägeln ausgelassen hast.

19. MOPED- ODER AUTOSCHLÜSSEL:

Wenn du noch kein eigenes Moped oder Auto hast, nimm ruhig den Schlüssel des Elternfahrzeugs. Das heißt, sofern du bereits deinen Führerschein in der Tasche hast, sonst nützt dir der Türöffner dann doch eher wenig. Aber wenn du schon fahren darfst, kann es manchmal ganz nützlich sein, auf den elterlichen fahrbaren Untersitz Zugriff zu haben, wenn die grade mal nicht in der Nähe sind. PS: Wenn die dann ewig ihren Schlüssel suchen und du lang genug behauptest, ihn nirgendwo gesehen zu haben, werden sie irgendwann einfach einen weiteren nachmachen lassen. Schon gehört der Schlüssel dir.

20. ECHTER AUSWEIS:

Das ist selbsterklärend. Dennoch gibt es immer noch Mädels, die ohne Ausweis unterwegs sind. Ist sogar egal, welcher. Schulausweis, Mopedfahrerlaubnis, Lastwagenführerschein ... Hauptsache dein Name, Foto und Geburtsdatum stehen drauf – und idealerweise ist er legal. Dann bist du für jede Ausweiskontrolle sowie für Unter-Alter-XY-/ oder Nur-für-Schüler-Rabatte im Kino, am Skilift oder sonst wo ausgestattet. Zusätzlich kann ein weniger echter Ausweis auch ab und zu ganz gute Dienste erweisen. Der ist beim Fortgehen sehr praktisch, wenn du in ein Lokal willst, das dich erst ab einem bestimmten Alter reinlassen will und dessen Türsteher einfach nicht akzeptiert, dass du mit deinen High Heels und deinem perfekt aufgetragenen Erwachsener-Mensch-Make-up ja eh wie 21 aussiehst.

21. HANDCREME:

Vor allem in den Wintermonaten tendieren Hände nervigerweise ständig dazu, auszutrocknen. Daher wirst du froh sein, ein kleines Cremetübchen dabeizuhaben, wenn dir dein Handrücken das Gefühl gibt, aufgrund welcher äußerlicher oder innerlicher Einflüsse auch immer langsam abblättern zu müssen. Ähnliches gilt übrigens auch für die Lippen.

22. MINI-NÄHSET:

So was findest du bald mal in einem Hotelbadezimmer. Dort gibt es sowieso das volle Luxussortiment in Miniausgabe, das du als Hotelgast einheimsen kannst. Shampoo, Duschgel, Bodylotion, Zahnbürste (außer die gehört schon wem, dann lass sie lieber da), Nagelfeile, Duschhaube, Nähset, das volle Programm. Übertreib's nur nicht, sonst machst du dich noch beim Hotelpersonal unbeliebt. Aber es ist einfach so: Diese Mini-Varianten sind extrem nützlich. Wenn du unterwegs bist und dir auf einmal dein Shirt aufreißt oder du für sonst was unerwartet eine Nadel brauchst (zum Beispiel zum Lebkuchenhausbauen), wirst du dich freuen, vorausgedacht zu haben.

23. FREIFAHRTSCHEIN:

Na ja gut, frei ist die Fahrt mit den Öffis meistens nicht, aber du musst zumindest nicht jedes Mal erneut nach Münzen kramen, wenn du einfach deinen Busausweis zücken kannst.

24. BRILLE:

Die reguläre, wenn du ohne Glas vor den Augen einfach nichts lesen kannst, was mehr als zwei Meter von dir entfernt ist. Alternativ Linsen und Linsendöschen mit Notfalllösung, falls die Dinger unerwartet zu brennen beginnen, dir eine lebensmüde Mücke ins Auge fliegt oder falls dir die Gegenwart deiner Linsen auf einmal viel zu deutlich bewusst wird und du sie einfach nur loswerden willst. Doch unabhängig davon, ob du Augenheilbehelfträgerin bist oder nicht, kann es nicht schaden, im Sommer die stylishere Version des Augenschutzes dabeizuhaben – und sei es nur, um cool auszusehen oder dein Augenrollen hinter deiner Sonnenbrille zu verstecken.

25. DIE PERSÖN-LICHE DUFTNOTE:

Angefangen mit einem möglichst klein gehaltenen Deo, das nicht viel Platz braucht – das jedoch dein Selbstbewusstsein, deinen Wohlfühlfaktor und gegebenenfalls deine sozialen Kontakte retten wird, wenn der Tag überraschend lang, anstrengend und schweißdrüsenmotivierend werden sollte. Zusätzlich können sich Parfümproben als sinnvoll erweisen, wenn du unbedingt plötzlich nach Zitrone oder Kokos oder Holunderblüten riechen willst. Du solltest dich zwar vorher vergewissern, dass du den Duft magst und nicht in Sekundenschnelle bereuen wirst, ihn aufgetragen zu haben; aber grundsätzlich sind Parfümproben einfach aufgrund ihrer kaum wahrnehmbaren Größe unheimlich praktisch für solche Notfallbeduftungsaktionen.

5. KAPITEL

25

Filme,

die du unbedingt

gesehen

haben musst!

1. DIRTY DANCING:

Patrick Swayze tanzt, als ob es kein Morgen gäbe, und verdreht allen Zuschauerinnen mit den Worten »Mein Baby gehört zu mir, ist das klar?« gehörig den Kopf.

2. BRIDGET JONES:

Die tollpatschige, liebenswerte Bridget ist endlich mal eine Hauptdarstellerin, die nicht mit Supermodelmaßen brilliert – während die Achterbahnfahrt ihres Liebeslebens ansatzweise an Jane Austens *Stolz und Vorurteil* erinnert.

3. HACKED – KEIN LEBEN IST SICHER:

Der spannende Cyber-Thriller zeigt überdeutlich auf, wozu moderne Technologien fähig sind, weshalb du dich auf dein Smart-Zeug nicht unbedingt verlassen kannst, und warum du dich auf keinen Fall mit IT-Menschen anlegen solltest.

4. CASABLANCA:

Der klassische Schwarz-Weiß-Film mit Humphrey Bogart und Ingrid Bergman handelt von einer verworrenen Dreiecksbeziehung Anfang der 40er, verflochten mit Flucht vor den Nazis, und zeigt auf herzzerreißende Art und Weise, dass man die Liebe manchmal über die eigenen Interessen stellt.

5. TITANIC:

Der berühmte Film aus den 90ern, beruhend auf wahren Begebenheiten, erzählt von der großen Schiffskatastrophe aus dem Jahr 1912, als die RMS Titanic mit einem Eisberg kollidierte – selbstverständlich, ganz im Hollywood-Stil, verfeinert mit einer schmalzigen und Herzen brechenden Liebesgeschichte.

6. DER HERR DER RINGE:

Ein unschuldiger kleiner Hobbit wird von einem uralten Zauberer auf die lebensbedrohliche Mission geschickt, den Ring eines größenwahnsinnigen Tyrannen zu vernichten, der aus nicht viel mehr als einem Auge besteht (zugegeben, ein ziemlich großes Auge) – epic fantasy at its best!

7. DER SCHUH DES MANITU:

»Indianer!!! – Servus.« »Jeden zweiten Tag san wir zwa irgendwo gfesselt!« »Langsamer, Jacqueline, sonst kotzt du wieder!« »Sie haben den Klappstuhl ausgegraben!« »Jetzt gehen alle noch einmal aufs Klo und dann reiten wir los.« Muss man noch mehr sagen? Einfach traumhafter bayrischer Western-Humor.

8. DIE SCHÖNE UND DAS BIEST, DER GLÖCKNER VON NOTRE DAME & DAS PHANTOM DER OPER:

Eigentlich erzählen alle drei dieselbe Geschichte: Deformierter Mann, verkriecht sich hinter Mauern (der eine im Schloss, der andere im Glockenturm, der dritte in der Oper), verliebt sich in ein hübsches Mädchen – und hat aufgrund seines Äußeren (und teilweise aufgrund seines Inneren) relativ wenig Aussicht auf Erfolg.

9. THE SOUND OF MUSIC:

Aus irgendeinem Grund ist dieser Film ziemlich beliebt bei Amerikanern, die seitdem wohl den Eindruck haben, alle Österreicher würden in ihrer Freizeit in Lederhosen singend auf den Bergen rumhüpfen – jedenfalls ein unvergessliches Werk mit Julie Andrews, das Musik, Nonnen, Kinder und Nazis auf extrem spannende Weise kombiniert.

10. TED:

Ted mag ein Teddy sein, doch ein Kinderfilm ist die Geschichte bei Weitem nicht – wie oft hat man denn schon die Chance, einen lebenden, kindergroßen Teddybären saufen, rauchen und fluchen zu sehen?

11. HANGOVER:

Was in Vegas passiert, bleibt in Vegas ... oder auch nicht. Eine Junggesellenparty mit verlorenem Bräutigam, dafür mit Tiger im Bad und Baby im Schrank – muss man einfach gesehen haben, am besten gleich die ganze Trilogie.

12. MARY POPPINS:

Das singende Kindermädchen fliegt mit ihrem Regenschirm durch die Gegend und erzieht die Kinder dort, wo es die Eltern nicht tun – selbstverständlich mit einem Haufen Magie, tanzenden Pinguinen und einem Löffelchen voll Zucker.

13. ALICE PAUL – DER WEG INS LICHT:

Was für Frauen heute selbstverständlich ist, war vor hundert Jahren das absolute Gegenteil; so erzählt dieser mitreißende Film die Geschichte zweier unaufhaltsamer Kämpferinnen für das Frauenwahlrecht in den USA Anfang des letzten Jahrhunderts. (Und was wäre ein Film ohne wen zum Anhimmeln? In diesem Fall ein kess grinsender Patrick Dempsey.)

14. INDIANA JONES:

Ein Archäologieprofessor ist nicht zwangsläufig alt und fad, sondern in diesem Fall ein Peitsche schwingender Harrison Ford, der auf der actionreichen Suche nach diversen Schätzen (einschließlich des heiligen Grals) eine verdammt gute Figur macht.

15. STAR WARS:

George Lucas berühmte Science-Fiction Filmreihe über Jedi-Ritter, welche die Galaxie gegen die dunkle Seite der Macht verteidigen, hat in den 70ern gleich mit dem vierten Teil begonnen - gefolgt von diversen Prequels und Sequels, sodass sich irgendwann mal keiner mehr auskennen wird; trotzdem muss man sie einfach einmal (oder auch 10 Mal) gesehen haben.

16. JAMES BOND:

Der Geheimagent »im Dienste Ihrer Majestät« mit der »Lizenz zu töten« treibt sich im »Casino Royale« herum, findet das »Golden Eye« und meint: »Tomorrow never dies.« Im Wesentlichen geht es um einen mehr oder weniger heißen Mann im Anzug, der regelmäßig die Welt vor coolen Bösewichten rettet und alle paar Filme ein neues Gesicht bekommt.

17. KEVIN ALLEIN ZU HAUS:

Ein klassischer Weihnachtsfilm, der zeigt, was passieren kann, wenn man ein Kind allein zu Hause lässt, das sich infolge mit ein paar Kriminellen anlegt (auch Teil 2 und Teil 3 sind sehr empfehlenswert).

18. DAS SCHWEIGEN DER LÄMMER:

Die Hannibal-Lecter-Reihe handelt von einem kannibalistisch veranlagten Irren, gespielt vom hervorragenden Anthony Hopkins, und könnte möglicherweise dazu führen, dass man daraufhin zum Vegetarier wird – oder zumindest beim nächsten Besuch der Tiefkühltruhe etwas genauer hinsieht, was da eigentlich so alles eingefroren ist.

19. DER ZAUBERER VON OZ:

Der Musicalfilm aus dem Jahr 1939 birgt ganz viele wichtige Lektionen! Erstens: Es ist nirgends so schön wie zu Hause. Zweitens: Metall gehört geölt. Drittens: Nicht alle Zauberer können wirklich zaubern. Viertens: Man killt Hexen, indem man ein Haus auf sie fallen lässt.

20. DAS LEBEN IST SCHÖN:

Dieser Film spielt zur Zeit des Nationalsozialismus; und zwar in einem der vielen Konzentrationslager, die während des Zweiten Weltkriegs unzählige Juden auf unvorstellbar brutale Weise das Leben kosteten. Um seinen Sohn vor der schrecklichen Wahrheit und Realität zu bewahren, nützt der jüdische Vater in dieser Geschichte seine Fantasie und überzeugt das Kind davon, dass alles nur ein Spiel sei. Sehr ernst, sehr traurig, aber auch sehr empfehlenswert.

21. FLUCH DER KARIBIK:

Der dauerbetrunkene Pirat Captain Jack Sparrow, gespielt von Johnny Depp, segelt (beziehungsweise torkelt) von einem Problem ins nächste – umgeben von einem toten Affen und einer toten Crew auf einem unzerstörbaren Schiff. Ach ja: Ein Schönling (Orlando Bloom) samt schnulziger Nebenhandlung darf natürlich nicht fehlen.

22. GREASE:

John Travolta at his best! Die Geschichte vom singenden Mauerblümchen, das zum Sexy Hexy wird, muss man einfach gesehen haben.

23. COWSPIRACY:

Diese Dokumentation deutet mit erhobenem Finger auf die Umweltsünden der Lebensmittelindustrie und stellt sehr deutlich klar, dass die Herstellung von Fleisch, Milch und anderen Tierprodukten einen ernst zu nehmenden (und dennoch zu oft stillgeschwiegenen) Einfluss auf die Erderwärmung hat.

24. DER PATE:

Dieses klassische Mafiaepos in drei Teilen, mit Marlon Brando und Al Pacino in ihren unvergesslichen Rollen als Vater und Sohn Corleone, hat einfach Legendenstatus.

25. ALLE DISNEYFILME:

Sich unter Disneyfilmen zu entscheiden, ist ein Ding der Unmöglichkeit; von Märchenklassikern wie *Schneewittchen*, *Dornröschen* und *Cinderella* über Erfolgswerke wie *Der König der Löwen*, *Arielle die Meerjungfrau* und *Aladdin*, bis hin zu Animationsfilmen wie *Findet Nemo*, *Rapunzel* oder *Die Eiskönigin* – wenn man Disneys Meisterwerke nicht kennt, dann hat man einfach sehr sehr sehr sehr sehr sehr viel verpasst.

6. KAPITEL

25

Fragen

und Aussagen,

die Jungs

EXTREM UNGERN

hören

Generell ist jedem Mädchen, das jemanden beeindrucken möchte (und zwar völlig egal, ob es sich dabei um einen Jungen oder um ein Mädchen handelt, auch wenn sich dieses Kapitel mit Ersterem befasst), zu raten, einfach sie selbst zu sein – das heißt, selbstbewusst und lebensfroh zu sich zu stehen. Wenn man mit einem anderen Menschen eine ehrliche Beziehung – sei es nun eine romantische oder eine rein freundschaftliche – aufbauen möchte, bringt es überhaupt nichts, sich zu verstellen, um dem anderen zu gefallen. Früher oder später kommt das wahre Gesicht ja doch ans Licht. Außerdem sollte dich dein Gegenüber ja so mögen, wie du bist, oder? Dennoch gibt es ein paar Dinge, die du im Umgang mit Jungs beachten solltest – wenigstens, um dir dein eigenes Leben zu erleichtern und keine Stirnrunzler oder Augenroller zu kassieren. Dazu gehören gewisse Phrasen, Fragen und Sätze, die du besser für dich behalten solltest, wenn du einem Jungen nicht so richtig auf den Keks gehen oder ihn zutiefst verletzen willst …

1. »BIN ICH ZU DICK?«
2. »BEI WEM BIST DU?«
3. »FINDEST DU MEINE FREUNDIN ATTRAKTIV?«

11. »DU BIST NERVIG.«

12. »DU BIST EIN FEIGLING.«

13. »DEIN HOBBY IST DOOF.«

14. »DU DARFST NICHT (UNBELIEBTE TÄTIGKEIT NACH WAHL EINFÜGEN).«

19.
»WER IST SIE?«

20.
»WARUM HAST DU MEINEN POST NICHT GELIKED?«

21. »DU SOLLTEST MEHR SPORT MACHEN. DU BRAUCHST EINEN SIXPACK.«

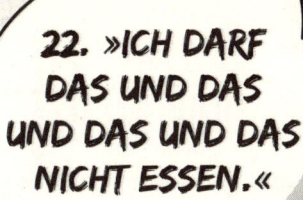

7. KAPITEL

25

Wege,

UM BEI MAMAS, PAPAS, OMAS, TANTEN UND SONSTIGEN VERWANDTEN

EINDRUCK ZU SCHINDEN

Eltern können ganz schön anstrengend sein, wenn sie es darauf anlegen. Mal geht es um die Hausarbeit und/oder Unordnung, mal um die Geschwister oder den zu auffälligen Kleidungsstil, dann wieder um die akademischen Erfolge (oder deren Nichtvorhandensein) und die damit verbundenen Jobchancen in der ohnehin noch weit entfernten Zukunft, und am allerliebsten meckern sie sowieso über die Vormachtstellung des Handys im Leben ihrer Kinder. Das wird vor allem dann amüsant, wenn sie sich einerseits darüber beschweren, dass man zu oft am Handy klebt, und sich andererseits beklagen, wenn man für sie nicht erreichbar ist. Da könnte es eventuell helfen, das Handy eher mal in ihrer Gegenwart wegzulegen als ausgerechnet dann, wenn sie diese Heldentat gar nicht entsprechend würdigen können. Hier kommen ein paar kleine Tipps, um genervte Augenroller, stundenlange Standpauken und existenzbedrohende Verbote (wie z.B. Handyverbot) schon von vorneherein zu vermeiden und sich generell mit den verwandten Vertretern der älteren Generation gut zu stellen. Das kann das eigene Leben ganz schön erleichtern!

1. DIE SCHUHE IM VORZIMMER AUSZIEHEN.

Und die Jacke schön aufhängen. Kleiderbügel hängen dort nicht ohne Grund herum. Dasselbe gilt für deinen Kleiderschrank und überhaupt dein Zimmer. Interessante Tatsache: Wenn du von vornherein Ordnung hältst, musst du plötzlich nie mehr aufräumen!

2. DAS HANDY AUF LAUTLOS SCHALTEN.

Dann in der Tasche lassen und mal einen ganzen Abend lang ignorieren. Die Entzugserscheinungen kannst du mit tatsächlicher Gesprächsbeteiligung überspielen.

3. BEIM TISCHABRÄUMEN HELFEN.

Stell die Teller und Gläser zumindest in der Küche ab. Das zeigt, dass du hilfsbereit bist. Dadurch befreit es dich im Idealfall gleich von der Erwartung, nach dieser schweren körperlichen Anstrengung auch noch den Abwasch übernehmen zu müssen.

4. MAL WAS ANGREIFEN.

So ganz im Allgemeinen. Trag den Müll raus oder räum den Geschirrspüler aus, ohne erst 10 Mal darum gebeten werden zu müssen. Deine Eltern werden plötzlich ein ganz anderes Bild von dir haben und dich mehr loben als kritisieren. Außerdem werden sie dir deutlich mehr durchgehen lassen, wenn sie das Gefühl haben, du bist bemüht, hilfsbereit und umsichtig.

5. AUTO SAUGEN.

Nicht nur deines (falls du so ein Glückspilz bist, der von Eltern, Großeltern, Patenonkel, Postboten oder sonst wem eins geschenkt bekommen hat). Auch das deiner Eltern. Und zwar freiwillig. Gut, wenn nicht freiwillig, dann zumindest nach mehrmaliger Aufforderung. Je weniger Aufforderungen nötig sind, je freiwilliger du dich dran machst, und je gründlicher du die verhasste Arbeit verrichtest, desto höher wird das Podest sein, auf das dich Papa stellt.

6. UM REZEPTE BITTEN.

Wenn dir etwas besonders gut schmeckt (oder du zumindest so tun kannst, als würde es dir schmecken), machst du dich undenkbar beliebt, indem du wissen willst, wie das wunderbare, herrliche, beste Gericht, das du in deinem Leben je gegessen hast, denn eigentlich gemacht wird. Du kannst sowieso auch allgemein um Kochratschläge oder Tutorials bitten. Damit zeigst du den älteren Damen, dass du ihre Erfahrung, ihr Können und ihr Wissen zu schätzen weißt. Zugleich zeigst du dich lernwillig und bescheiden. Die fühlen sich so geschätzt und nützlich (also hast du etwas für das Wohl der Gesellschaft getan) und du bist eine Heilige.

7. NACH FLECKENENTFERNUNGS-TIPPS FRAGEN.

Das hat einen doppelten Vorteil. Erstens fühlen sich Frau Mama und Frau Oma gebraucht und wissen, dass du gerne etwas von ihnen lernen würdest. Zweitens haben sie echt gute Ratschläge parat. Du glaubst ja gar nicht, mit welchen Hausmittelchen die daherkommen werden, von denen du noch nie in deinem Leben was gehört hast – und die dein weißes Shirt oder deine bekleckerte Jeans fast magischerweise wie neu erstrahlen lassen. Zum Beispiel, indem sie bei einem Rotweinmassaker mit dem Salzstreuer aufmarschieren oder deine kaugummiverklebten Shorts in die Tiefkühltruhe stecken.

8. SELBST IN DER KÜCHE ZAUBERN.

Du könntest ja mal zu einer Familienfeier einen selbst gebackenen Kuchen mitbringen. Wenn zu schwer, gehen auch Muffins oder Kekse. Da gibt's sogar Rezepte, die in einer halben Stunde fertig sind. Ist gar nicht so viel Arbeit. Wenn du's noch weiter treiben willst, könntest du deine Eltern ja sogar einmal bekochen. Die werden ihre Augen vor Staunen nicht mehr zukriegen! Und du kannst dir vermutlich für die nächste Woche alles leisten, was du willst. Gut, vielleicht nicht für die ganze Woche. Aber zumindest für drei Tage. Oder einen. Den Tag, an dem du gekocht hast. Vergiss nur nicht, danach die Küche wieder artgerecht zu reinigen. Sonst kriegt deine Mom, wenn du Pech hast, trotz aller Dankbarkeit für deine Kocherei – je nach Größe und Schwere der Küchenexplosion – einen standesgemäßen Wutanfall mitsamt hochrotem Kopf.

9. KNÖPFE ANNÄHEN.

Schnellsuche im Internet, und schon kannst du deine abgerissenen Knöpfe selbst wieder annähen. Alternativ kannst du auch hierfür immer gerne Mama oder Oma fragen, damit sie ihr jahrelang zusammengesammeltes Wissen euphorisch an die nächste oder übernächste Generation weitergeben können. In beiden Fällen werden alle staunen, wenn sie mitkriegen, dass du das kannst (obwohl es ja eigentlich echt keine Wissenschaft ist). Und du musst nicht rumwarten, bis jemand anderes Zeit hat, dein Shirt wieder hinzukriegen, sodass du es am selben Abend noch anziehen kannst.

10. VERSTÄNDNIS FÜR ANDERE PERSPEKTIVEN AUFBRINGEN.

Schon klar: Du bist in einem Alter, in dem du sowieso immer und überall recht hast. Lasse dir gesagt sein (auch auf die Gefahr hin, dass jetzt deine wunderschön pink angemalte Seifenblase zerplatzt und du das Buch beleidigt zuschlägst): In Wirklichkeit hast du nicht ganz so oft recht, wie du glaubst. Geh davon aus, dass die älteren Generationen so ganz grundsätzlich schon wissen, wovon sie sprechen. Also, das heißt, meistens jedenfalls.

11. RUHIG BLEIBEN.

Schrei deine Mom nicht an, wenn sie dir nichts getan hat. Sie kann nichts dafür, dass du Stimmungsschwankungen hast, die beste Freundin spinnt oder dein Freund dich verlassen hat. Bist du frustriert, erreichst du wesentlich mehr bei deiner Mom, wenn du auf die Tränendrüse drückst. Du musst dann zwar mit ihr darüber reden (ein notwendiges Übel für manche, eine wunderbare Chance für andere – kommt ganz auf das Verständnis an, das Mom dir entgegenbringt), aber es ist schon deutlich angenehmer, von ihr bemitleidet und beratschlagt als im Notwehrreflex zurück angebrüllt zu werden.

12. SCHULD EINSEHEN.

Und dich entschuldigen. Am besten immer. Auch wenn du fest davon überzeugt bist, im Recht zu sein. Wenn deine Mutter wutentbrannt mit den Türen klescht, sodass sie fast (oder echt) aus dem Rahmen fallen, oder dein Vater diesen strengen Blick draufhat, der keinen Widerspruch duldet, und dich am liebsten fressen würde, dann wäre es vielleicht an der Zeit. Entschuldige dich einfach für das, was du getan oder gesagt, nicht getan oder nicht gesagt hast. Es wird deinen Stolz ein bisschen kränken, aber eine (zumindest scheinbar) ehrlich gemeinte Entschuldigung wird die ganze Situation entschärfen und den Haussegen wieder geradebiegen. Und in der nächsten halben Stunde bekommst du dann wahrscheinlich fast alles, was sonst nicht geht.

13. AUS FEHLERN LERNEN.

Jeder macht Fehler, das ist völlig normal. Einen Fehler zu machen ist nichts, wofür du dich genieren musst. Alle machen Fehler, und zwar ständig. Toleriert werden diese Fehler aber viel eher, wenn man sie als Lektion sieht. Denk darüber nach, was du falsch gemacht hast, und geh die Sache beim nächsten Mal anders an. Achte einfach darauf, dass du jeden Fehler nur einmal machst.

14. VERSPRECHEN HALTEN.

Vorwürfe wie »Du hast es mir versprochen!« mit »Da hab ich mich versprochen« zu beantworten kommt meistens nicht so gut an, wie es sich im Kopf anhört. Hast du versprochen, heute Abend zu Hause zu bleiben, weil die Familie einen Spieleabend machen will, während du viel lieber deinem Schwarm aus der Ferne auf den Hintern starren würdest, dann bleib doch um Himmels willen einfach zu Hause. Erspart dir einiges an unnötigem Krach.

15. ELTERN NICHT GEGEN-EINANDER AUSSPIELEN.

Auch nicht Eltern gegen Großeltern. Egal welche Konstellation – wenn einer »nein« gesagt hat, versuch's nicht beim nächsten, so als würde der erste nicht existieren. Vor allem bei deinen Eltern. Spiel Papa nicht gegen Mama aus. Umgekehrt auch nicht. Das führt meistens eher dazu, dass »du« eine auf den Deckel bekommst. Und Papa auch. Der ja gar nichts dafür kann.

16. LIEB ZU DEN GESCHWISTERN SEIN.

Manchmal (okay, meistens) können Schwestern und Brüder eeeeecht nervig sein. Aber vor der Familie zu streiten führt im Normalfall eher dazu, dass dem Teenager die Schuld gegeben wird. Und dann ist erst recht Feuer am Dach, weil du verständlicherweise auszucken wirst. Wenn dann auch noch Großeltern oder sonstige Verwandte anwesend sind, kann das schon zu einer ganz unangenehmen Situation für alle (Beteiligten wie nicht Beteiligten) führen. Also versuch doch, deine Geschwister erst dann zu beschimpfen, wenn der Besuch weg ist. Oder sie in einem anderen Zimmer zu beschimpfen, sodass zumindest nicht alle eure Säbelhiebe mitbekommen.

17. ZUSAMMENHALTEN.

Nichts beeindruckt Eltern, Großeltern und andere Verwandte sowie Freunde der älteren Generationen mehr als Geschwister, die »nicht« streiten. Und das ist ja auch gar nicht mal so schwer, wenn dir erst mal bewusst geworden ist, dass dein Leben viel einfacher wird, wenn du mit deiner Schwester oder deinem Bruder an einem Strang ziehst. Nütze deine Geschwister, statt sie dir zu Feinden zu machen. Die können sehr nützlich sein fürs Geheimnisse-Hüten oder Alibi-Erfinden. Nicht unwahrscheinlich können sie sogar zu deinen allerbesten Freunden und engsten Vertrauten werden. Und wenn du sie gerade mal überhaupt nicht ausstehen kannst, denk einfach an den altbewährten Spruch: »Keep your friends close and your enemies closer.«

18. GELD SPAREN.

Väter sind Töchter gewohnt, die ständig nach mehr Taschengeld betteln. Zugegeben, Alkopops mit Haribogeschmack, Primark-Klamotten und Gummihandtaschen sind absolut lebensnotwendig. Aber vielleicht nicht ganz so lebensnotwendig, dass sie jede Woche oder jeden Monat neu gekauft werden müssen. Meistens halten Handtaschen zumindest ein paar Monate lang, solange du nicht täglich deine Aggressionen an ihnen auslässt. Primark-Zeug sollte zumindest ein bis zwei Wochen durchhalten. Und auf Alkopops solltest du dich ohnehin von den Jungs einladen lassen, die sich im Flirten verwirklichen wollen.

19. OLDIE-MUSIK LAUFEN LASSEN.

Ohne zu meckern oder umzuschalten. Im Auto zum Beispiel, oder auch mal im Wohnzimmer. Es mag schwer zu glauben sein, aber die älteren Verwandten stehen wirklich auf Geigengedudel, Operngesang, Uraltschlager und Seniorenradio. Wenn deine Eltern jünger sind, wird ihr Musikgeschmack nicht ganz so grauenvoll für dich sein, und dann kannst du dich glücklich schätzen. Aber direkt mit deinem überschneiden wird er sich vermutlich auch nicht. Daher: Tu ihnen doch mal den Gefallen. Zumindest an ihrem Geburtstag. Oder am Muttertag. Wenigstens alle zwei oder drei Jahre.

20. AUTOFAHREN LERNEN.

Stell dich bei deinen ersten Ausfahrten mit deinen Eltern halbwegs gut an. Das heißt, bemüh dich und sei vorsichtig. Speziell, wenn du ein Glückspilz bist, dessen Eltern sich bereit erklärt haben, ihm verfrüht selbst das Fahren beizubringen. Sie haben die Verantwortung, und sie tun dir einen Gefallen. Sie opfern sowohl ihre Zeit als auch ihre Nerven dafür, dass du ihr Auto lenken darfst, bevor du die magischen 18 erreicht hast. Das darfst du ruhig zu schätzen wissen. Außerdem ist es beim Fahren ja so, dass dir die Eltern ständig auf die Finger schauen. Also halt dich an die Geschwindigkeitslimits, halt die Spur, fang nicht während des Fahrens zu simsen oder YouTuben oder Instagramen an, und fahr bitte keinen Randstein an. Und schon gar kein anderes Auto. Menschen, Tiere und Bäume sind übrigens auch tabu. Dafür darfst du dann, wenn du Glück hast, vielleicht ab und zu mit dem Auto deiner Eltern in die Schule fahren, was wirklich praktisch und (für noch nicht so mobile Freunde) ganz beeindruckend sein kann.

21. SICHER UNTERWEGS SEIN.

Deine Eltern werden dir wesentlich lieber ihr Auto überlassen oder ein Moped kaufen, wenn sie wissen, dass du eine gute Fahrerin bist. Dazu zählt auch, zu wissen, wann du »nicht« selbst fahren solltest. Offensichtlich, aber trotzdem notwendig zu erwähnen: Fahr niemals betrunken. Du könntest dich selbst oder andere schwerstens verletzen und wirst dieses Wissen dein Leben lang mit dir herumtragen, bloß weil du einmal in der falschen Situation die Entscheidung getroffen hast, kein Taxi zu nehmen. Außerdem musst du nur in eine zufällige Polizeikontrolle geraten oder von einem Fremden angezeigt werden, weil du in Schlangenlinien vor ihm herfährst. Der Führerschein ist schneller weg, als du bremsen kannst. Ein psychologischer Test wartet dann vielleicht auch auf dich – zusätzlich zu der Scham, die du jedes Mal über dich ergehen lassen darfst, wenn du jemanden bitten musst, dich dort- oder dahin zu fahren, weil du ja gerade keinen Führerschein hast. Und das Auto deiner Eltern kriegst du nach so einer Aktion sicher dein Leben lang nicht mehr in die Finger.

22. GUTE NOTEN HEIMBRINGEN.

Nichts beeindruckt Eltern, Großeltern und andere Verwandte mehr als akademische Exzellenz. Dass nicht jedes Fach dein Lieblingsfach sein kann, ist vollkommen klar. Denn wirklich, für was ist Chemie denn überhaupt gut? Integralrechnung wirst du in deinem späteren Leben sicher nie wieder brauchen. Und die Geschichte von Bienen und Blüten ist höchstens so lange interessant, bis du die menschliche Variante kennst. Aber selbst für nicht unbedingt der ganzen Verwandtschaft zumutbare Prüfungsergebnisse werden dich deine Eltern kaum martern können, wenn sie wissen, dass du dich zumindest bemüht hast. Lass sie sehen, dass du lernst. Dass dir die Noten nicht egal sind. Und dass du am liebsten eine Einserschülerin wärst. Du glaubst gar nicht, welchen Unterschied eine motivierte Schuleinstellung im Verhalten deiner Eltern dir gegenüber macht. Es ist schon deutlich angenehmer, für schlechte Noten nicht angemeckert zu werden, sondern Mitgefühl und die Telefonnummer eines Nachhilfelehrers zu erhalten.

23. BEI DER PLANUNG UND/ODER VORBEREITUNG DER NÄCHSTEN FAMILIENFEIER MITHELFEN.

Ganz egal, ob Oma zum runden Geburtstag in die Kirche will, ob die ungeliebte Tante alle im Landgasthaus ihrer Wahl zum langweiligsten Nachmittag aller Zeiten verpflichtet oder ob es sich um eine Familienfeier handelt, auf die du dich ehrlich freust (mit Geschwistern, Cousins und Cousinen kann ja selbst das lästigste Familienevent zu einem richtigen Spaßmacher werden) – indem du dich im Vorhinein einbringst und deine Hilfe anbietest, kannst du enormen Eindruck schinden. Ein Lied dichten, hundert Luftballons aufblasen, ein Spiel gestalten, die Gäste durchtelefonieren, das Geschenk einpacken oder den Tischschmuck vorbereiten – Hauptsache mitmachen, Motivation zeigen und idealerweise sichtlich Spaß dabei haben. Mit solch enthusiastischer Beteiligung sammelst du wertvolle Pluspunkte unter all deinen Verwandten. Außerdem wird doch jeder gern gelobt und als Vorbild auf ein Podest gestellt, oder?

24. DOKUS ANSEHEN.

Wenigstens ab und zu. Serien, Filme und Reality Shows machen zwar viel mehr Spaß, aber du könntest dein Fernsehprogramm ja zwischendurch mal mit ein bisschen etwas Sinnvollerem alternieren. Erstens sind Dokus oft überraschend interessant und lehren dich viele neue Dinge. Zweitens schindet es enormen Eindruck, wenn du deinen Verwandten von der wahnsinnig spannenden Dokumentation erzählst, die du dir kürzlich absolut freiwillig sowie aus purem Spaß und reinem, ungetrübtem Interesse angesehen hast.

25. BÜCHER LESEN.

Du weißt schon, Bücher. Das sind die Dinger mit den Buchstaben und mit den Seiten aus Papier, die man umblättern kann (ähnlich wie das Ding, das du gerade in der Hand hältst). Notfalls auch in Form von E-Books, wenn dir das lieber ist. Lesen ist ein herrlicher Zeitvertreib und eine hervorragende Entspannungstechnik, weil dich dieses Hobby in ferne Welten entführt, in deren Geschichten du dich so vertiefen kannst, dass du rund um dich gar nichts anderes mehr wahrnimmst. Und was glaubst du, wie groß die Augen deiner Eltern und Großeltern werden, wenn sie dich mit einem Buch statt mit deinem Handy in einer Ecke erblicken!

8. KAPITEL

25

WILLKÜRLICH GEWÄHLTE

THEMEN,

ÜBER DIE DU ZUMINDEST SCHON MAL IRGENDWAS

gehört

haben solltest

Vermutlich bist du mit jedem einzelnen dieser Themen schon mal in Berührung gekommen. Vielleicht hast du es mal im Unterricht gehört und innerhalb desselben Semesters wieder vergessen. Vielleicht hast du es von deinen Eltern erklärt bekommen und innerhalb von zwei Sekunden wieder vergessen. Oder vielleicht hast du es aus reinem – vorbildhaftestem! – Interesse selbst in Erfahrung gebracht und aus diesem Grund möglicherweise noch nicht vergessen. Falls du über all diese Dinge ohnehin schon mehr weißt, als dir lieb ist, kannst du dieses Kapitel also getrost überspringen. Ansonsten: Such dir einfach die Überschriften aus, die dich interessieren, und lies dir das Zeug durch, das drunter steht. Oder du belässt es einfach nur bei den Überschriften. In Wirklichkeit reicht es ja eigentlich aus, zu wissen, dass es so was wie Kontinente, Kunst, Elektrizität oder eine Zeitrechnung überhaupt gibt.

1 ⟩ LÄNDER DER WELT:

Auf der Welt gibt es ungefähr 200 Staaten. Europa besteht aus etwa 50. Davon gehört mehr oder weniger die Hälfte zur EU. Es gibt sogar Staaten innerhalb von Staaten, wie zum Beispiel Vatikan, Monaco und San Marino. Auf der ganzen Kugel leben außerdem ca. 7,7 Milliarden Menschen – die meisten in Asien (Indien und China haben jeweils mehr als eine Milliarde!). Zum Vergleich: Europa hat insgesamt nur an die 750 Millionen Einwohner.

2 ⟩ KONTINENTE:

Es gibt sieben. Oder sechs. Oder fünf. Je nachdem, ob man Amerika entzwei teilt und Antarktika (auch bekannt als Südpol) als eigenen Kontinent betitelt. Die Arktis zählt übrigens nicht als Kontinent, da der Nordpol – im Gegensatz zu seinen Kollegen – nicht auf Landmasse basiert und in den kommenden Jahren vermutlich sowieso im Meer versinken wird. Geht es nach dem Olympischen Komitee, gibt es fünf Ringe, die genau fünf Kontinente symbolisieren. Aber früher mal gab es überhaupt nur einen – den sogenannten Urkontinent Pangaea, der vor einigen Millionen Jahren auseinandergebrochen und -gedriftet ist, bis seine Bruchstücke in Europa, Amerika, Asien, Afrika und Australien (genau genommen Ozeanien) umbenannt wurden. Apropos, die kontinentale Wanderung ist keineswegs abgeschlossen; selbst wenn es die meisten von uns kaum erleben werden, wird es früher oder später wohl dazu kommen, dass Amerika gegen Asien knallt. Stichwort Plattentektonik.

ZEITALTER:

Es gibt viel zu viele Epochen in viel zu vielen Kategorien: Kunst, Musik, Architektur, Literatur – die Liste scheint endlos und reicht von der Klassik über die Renaissance und die Romantik bis hin zu Barock und Moderne. Einfach auseinanderzuhalten sind die Stilrichtungen nicht gerade. So gibt es in der Architektur die Romanik, in der Literatur die Romantik; in der Musik auch die Romantik, aber keine Romanik. Und noch interessanter wird es, wenn gewisse Bezeichnungen dazu unterschiedlichste Bedeutungen bekommen. Denn Klassik ist ja nicht gleich Klassik, da sich die Definition je nach Kultur, Jahrhundert und Bezug unterscheidet. Die klassische Architektur (auch bekannt als klassische Antike) gab es ca. 400 Jahre vor Christus in Griechenland, wo beispielsweise die Akropolis in diesem Stil erbaut wurde. Die klassische Musik hingegen gab es erst im 18. und 19. Jahrhundert nach Christus, als Leute wie Mozart, Vivaldi und Schubert am Werkeln waren. Während sich die Klassik also quasi über die letzten zweieinhalbtausend Jahre zieht, weil immer irgendwo irgendjemand irgendetwas in die Rubrik »Klassik« eingeordnet hat, ist man sich dafür beim Barock vollkommen einig – der wird sowohl in der Malerei als auch in der Architektur und Musik im 17. bis 18. Jahrhundert angesiedelt. Da soll sich noch irgendjemand auskennen? Am leichtesten ist es vielleicht noch, sich die Rubrik »moderne Kunst« zu merken, denn das ist immer dasselbe: Irgendein Punkt oder Strich auf weißem Hintergrund (alternativ: eine Banane mit Klebeband auf die Wand geklatscht), dessen Symbolik entweder überhaupt nicht vorhanden ist oder nur vom Künstler selbst verstanden wird. Übersetzt: Sobald du jemanden findest, der für deine komplett bescheuerte Idee viel zu viel Geld hinblättert, zählst du als moderne Künstlerin.

MAßEINHEITEN:

Schon mal vom SI-System (internationales Einheitensystem) gehört? Darauf haben sich ein paar kluge Köpfe irgendwann mal geeinigt, um die wichtigsten Maße zu vereinheitlichen. Das bedeutet wohl, dass seit diesem Zeitpunkt drei Meter in China gleich lang sind wie drei Meter in Deutschland.

UMRECHNUNGEN:

Die englischsprachige Weltbevölkerung hat sich irgendwann dafür entschieden, gegen den Strom zu schwimmen. Vielleicht nicht jedes betroffene Land im selben Ausmaß, doch ein gewisses rebellisches Muster lässt sich nicht abstreiten. So haben sich die Herrschaften nicht nur für ihr Geld, sondern auch gleich für Gewicht, Temperatur und wer weiß was noch alles eigene Einheiten ausgedacht. Sein Gewicht von einem Kilo in zwei Pfund umzurechnen ist noch relativ einfach (wenngleich nicht gerade wünschenswert, nachdem du auf der amerikanischen Waage sehr schnell dreistellig wirst). 130 Kilometer pro Stunde in 80 Meilen pro Stunde zu konvertieren macht dein Auto zwar gefühlt langsamer, ist aber auch noch recht leicht machbar, denn 1 Meile ist ca. 1,5 (also eigentlich 1,6) Kilometer. Das mit der Temperatur hingegen bleibt selbst nach jahrelangem Kopfzerbrechen noch rätselhaft (»Wie war das noch mal? 40 Grad Celsius sind ca. 100 Grad Fahrenheit … aber 0 Grad Celsius sind ca. 30 Grad Fahrenheit?!«). Falls du eine der Glücklichen bist, die bei diesen Zahlenspielchen nicht das Bedürfnis hat, ihren Taschenrechner im nächsten Gully zu versenken, hier die Formel: Grad Celsius mal 1,8, dann das Ganze plus 32.

6 ▷ OZONLOCH:

Ohne Sonne geht es nicht – mit zu viel Sonne auch nicht. Die Ozonschicht ist eine Schicht in der Erdatmosphäre, die eigentlich den gleichen Zweck hat wie deine Sonnencreme. Anders gesagt: Wärme ist gut, ultraviolette Strahlen sind böse. Das Problem ist nur, dass es seit vielen Jahren in unserer atmosphärischen Schutzschicht ein Loch gibt. Deswegen erkranken in Australien besonders viele Leute an Hautkrebs. Schuld daran? Wie immer die Treibhausgase.

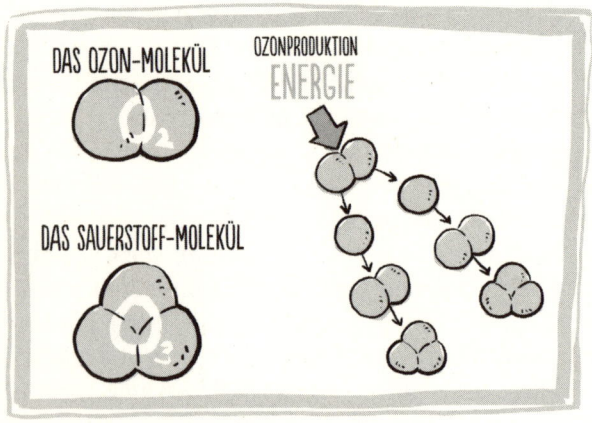

7 ▷ GLOBALE ERDERWÄRMUNG:

Fragt man politische Selbstdarsteller, ist sie reiner Humbug. Fragt man diejenigen, die sich tatsächlich auskennen, ist es mehr als allerhöchste Zeit, etwas dagegen zu unternehmen, ehe die Eisbären ertrunken sind, die Küstenstädte versunken sind und Naturkatastrophen wie Hurrikans oder Buschbrände ein Land nach dem anderen zerstört haben. Tatsache ist: Wir haben gerade das wärmste Jahrzehnt der Geschichte erlebt, und in 20–30 Jahren wird das Klima Roms in den Alpen angekommen sein. Was man dagegen tun kann? Unter anderem auf Fortbewegungsmaßnahmen umsteigen, die keinen Motor benötigen beziehungsweise nicht derart viele Abgase produzieren (z.B. Rad statt Auto, Zug statt Flugzeug). Die Luft verpestende Transportwege verringern kannst du auch, indem du dir angewöhnst, Obst und Gemüse regional zu kaufen, statt dir die Äpfel oder Tomaten zu schnappen, die erst aus zigtausend Kilometern Entfernung herangekarrt werden mussten. Was übrigens mindestens gleich viele Treibhausgase verursacht wie die Transportindustrie ist die tierproduktreiche Ernährungsweise. D.h., wenn du im Alltag etwas für die Umwelt tun möchtest, könntest du dir ja unter anderem einfach die drei Fs merken, deren Nutzung du etwas (oder deutlich) herunterschrauben solltest – Fahrzeug, Flugzeug, Fleischzeug.

RECHTSCHREIBUNG & GRAMMATIK: 8

So cool es auch sein mag, auf Rechtschreibung und Grammatik zu kacken, Wörter abzukürzen oder sie überhaupt gleich durch englische Kürzel zu ersetzen – schreib wenigstens einigermaßen korrekt, wenn du mit Erwachsenen kommunizierst. Die legen nämlich noch Wert auf Konjugation, komplette Sätze sowie Groß- und Kleinschreibung. Wobei das Thema natürlich nicht ganz einfach ist. Es gibt alle paar Jahre irgendwelche Anpassungen; abgesehen davon schreiben die einen zu viel groß, die anderen schreiben zu viel klein; die einen teilen jedes noch so kurze Wort, die anderen bilden endlose Wortschlangen; und eigentlich schreibt sowieso jeder irgendwie nach seinen eigenen Regeln. Und das ist auch in

Ordnung. Das Wichtigste ist, dass die wesentlichen grammatikalischen Regeln beachtet werden. Strasse (mit doppel-s statt scharfem ß geschrieben) ist beispielsweise deutlich leichter zu verzeihen als »dass«/»das«- oder »dem«/»den«-Verwechslungen, die jedem Lehrer, Autor oder Korrekturleser nicht nur Kopfschmerzen bereiten, sondern beinahe das Herz brechen. Ähnlicherweise ist ein Beistrichüberfluss zwar lästig, aber Beistrichmangel kann lebensgefährlich sein (Beispiel: »Wir essen, Opa!« versus »Wir essen Opa!«). Im Übrigen ist ein gewisser Grundgedanke sehr hilfreich: Wenn du dir rechtschreibtechnisch mal nicht sicher bist und gerade kein Wörterbuch zu Rate ziehen kannst, achte wenigstens darauf, konsequent bei einem Stil zu bleiben. Hast du »zuhause« im ersten Satz als ein zusammenhängendes Wort geschrieben (statt als »zu Hause«), dann schreib es nicht zwei Absätze später getrennt. Änderst du deinen Stil im letzten Satz, dann ändere ihn lieber überall.

9 ⟩ »ALLE WEGE FÜHREN NACH ROM.«

Denn vor 2000 Jahren zog sich das Römische Reich von Großbritannien bis nach Afrika! Ein amüsanteres Zitat ist allerdings: »Die spinnen, die Römer.« – der Lieblingsausspruch unseres Lieblingswildschweinfressers, auch bekannt unter dem Namen Obelix. Weiteres merkenswertes Zitat, diesmal von unserem Lieblingslorbeerkranzträger aus dem 1. Jahrhundert vor Christus: »Alea iacta est.« – meist falsch übersetzt, denn grammatikalisch gesehen sind die Würfel nicht gefallen; *der* Würfel *ist* gefallen. Gaius Julius Caesar, der im Alleingang halb Europa und Großbritannien erobert hat, ist natürlich noch bekannter für die Worte »Veni vidi vici« (»Ich kam, ich sah, ich siegte.«). Ähnlich bekannt ist die Shakespeare-formulierte Reaktion »Et tu, Brute?« (»Auch du, Brutus?«), nachdem Caesar von seinen engen Vertrauten, einschließlich Brutus (der vielleicht oder vielleicht auch nicht sein Sohn war), erstochen wurde. Etwa 100 Jahre später ließ sich Kaiser Nero ein goldenes Haus bauen und zündete Rom an – wobei er höchstwahrscheinlich nicht höchstpersönlich das Zündholz entzündet hat – weil er die Stadt für nicht hübsch genug befand. Apropos Rom und lateinische Sprüche: Einer, den du bald mal wo anbringen kannst, um Eindruck zu schinden, ist »Carpe diem« (»Nütze den Tag«), der vom Schriftsteller Horaz ins Leben gerufen wurde – wobei vielleicht eher die Abwandlung »Carpe noctem« (»Nütze die Nacht«) passend wäre, wenn du gerade mit deinen Freunden unterwegs bist.

MUSIKER:

Mozart, Bach, Schubert, Strauss, Beethoven, etc. haben alle eins gemeinsam: Sie machten klassische Musik. Oder anders gesagt: die Musik, die du nicht in der Disco hörst, die du (wahrscheinlich) nicht auf deinem Handy findest und die du auch kaum im Radio hören wirst (es sei denn, du bist bei Oma zum Essen eingeladen oder ein Werbespot hat sich im Archiv der Musikgeschichte bedient). Die sogenannte klassische Musik zieht sich, wie bereits erwähnt, über mehrere Jahrhunderte und unzählige Künstler. Daher lässt sich eigentlich gar nicht so genau festnageln, was die klassische Musik eigentlich ist. Meistens wird sie aber mit Klavier, Komponisten und Opern in Zusammenhang gebracht.

11 ▷ RELIGION VERSUS EVOLUTION:

Der ewige Streit über die Entstehung der Welt und den Sinn des Lebens. Am Anfang war das Nichts. Bis hierhin gleichen sich Theologie und Evolution noch. Zugegeben, das ist nicht besonders weit. Dann gehen die Erzählungen diametral auseinander. Die Wissenschaft hat durch Charles Darwins Evolutionstheorie aus dem 19. Jahrhundert erkannt, dass der Mensch vom Affen abstammt und die Erde schon sehr viel älter ist als der Mensch. Die Theologen hingegen sind davon überzeugt, dass ein allmächtiges Wesen uns und die Welt in vergleichsweise kurzer Zeit (Zeitraum variiert je nach Religion) erschaffen hat. Was das Ende des Lebens angeht, ist die Evolution sehr eindeutig: Du verrottest. Die Religionen sind da schon weniger eindeutig, und einig sind sie sich schon gar nicht – abgesehen von der Vorhersage, dass du das Leben nach deinem Tod alles andere als genießen wirst, wenn du nicht an den jeweiligen Gott / Allah / Buddha / Shiva / Ra / Zeus / Jupiter (und wie sie sonst noch alle heißen) glaubst. Nachdem die Wahrscheinlichkeit, dass du an alle diese Götter zugleich glaubst, dann doch relativ gering ist, kannst du dir deine religiöse Zukunft ziemlich leicht ausrechnen. Damit hätten wir also auch schon den Sinn des Lebens: Genieß lieber das Hier und Jetzt.

12 ▷ PHILOSOPHEN:

Die drei großen findet man vor sehr sehr langer Zeit in Griechenland: Sokrates, Platon, Aristoteles. Sokrates war der mit den Worten: »Ich weiß, dass ich nichts weiß.« Außerdem hat er schon damals, vor 3000 Jahren, behauptet, die Jugend sei außer Rand und Band. Das bietet sich doch als Argument an, wenn das nächste Mal jemand behauptet, die Jugend sei heutzutage außer Rand und Band, oder? Mit Sokrates zu kontern macht dich in einer solchen Situation bestimmt beliebt. Platon war der mit dem Höhlengleichnis, im Zuge dessen er Gefangene bei Schattenspielen in eine Höhle fesselte. Aristoteles – an den erinnern sich eigentlich die wenigsten. Dafür ist wiederum Diogenes eine recht spannende Persönlichkeit. Man sagt, er schlief in einem Fass; im Übrigen sagte er, statt (wie alle anderen) Alexander dem Großen brav zu huldigen, zum großen König, er solle ihm doch bitte aus der Sonne gehen.

ELEKTRIZITÄT:

13

Am Anfang war das Licht. Oder auch erst später. Jedenfalls erfand Thomas Edison gegen Ende des 19. Jahrhunderts die Glühbirne und löste damit Gaslampen und Kerzen als Lichtquelle ab. Diese Erfindung könnte möglicherweise dafür verantwortlich sein, dass die Anzahl der Brände in Privathaushalten seitdem drastisch zurückgegangen ist – und sich inzwischen nur noch auf ausartende romantische Abende, vergessenes Essen am Herd oder gelegentliche Christbaumbrände beschränkt.

NATURWISSENSCHAFTLER:

14

Kopernikus, Kepler, Galilei, … Welcher war jetzt welcher? Wie passt der Typ mit dem Mittelpunkt des Universums rein? Und wer hat jetzt behauptet, wenn man Richtung Amerika fährt, fällt man einen großen Wasserfall hinunter in ein tiefes schwarzes Loch? Gut, das mit der Erde als Scheibe war früher angeblich Allgemeinwissen. Aber die drei genannten Wissenschaftler haben vor ein paar Hundert Jahren unser Verständnis von Erde und Sonnensystem ziemlich auf den Kopf gestellt. Nikolaus Kopernikus war nämlich der Meinung, dass die Erde nicht von der Sonne umrundet wird, sondern ihrerseits im Karussellstil um die Sonne rotiert. Galileo Galilei stellte das geozentrische Weltbild – »alles dreht sich um die Erde« – weiter infrage und setzte ebenfalls die Sonne in den Mittelpunkt. Gern gehört waren diese Ansichten bei der Kirche natürlich nicht. Erst im 20. Jahrhundert schaffte es die Kirche, ihren Fehler endlich einzugestehen. Tja, und Johannes Kepler erkannte die elliptische Form der Planetenbahnen, seither bekannt als Kepler-Ellipsen.

15 ▷ PSYCHOLOGIE:

In dieser Geisteswissenschaft war Sigmund Freud eine extreeem wichtige Person (also eigentlich eh die einzige, die man kennen muss). Er war ein bedeutender Psychologe, Begründer der Psychoanalyse und Ursprung des Freud'schen Versprechers. Seine wichtigsten Konzepte sind wohl das Es (nicht zu verwechseln mit mordlustigen Clowns), das Ich und das Über-Ich. Szenario: Du sitzt im Psycho-Unterricht. Auf einmal meldet sich dein Es: »Ich muss aufs Klo.« Darauf dein Über-Ich: »Du bist im Unterricht. Dort hast du auch zu bleiben.« Nun ist dein Ich an der Reihe, zwischen den unbewussten Trieben deines Es und den sozialen Konventionen, vertreten durch dein Über-Ich, zu vermitteln. Schließlich findet es (also Ich) einen Kompromiss: Um deinen inneren Trieb nicht zu ignorieren, aber dennoch die Etikette der Ausbildungsstätte zu wahren, verschwindest du *nicht* einfach wortlos aus dem Klassenzimmer oder lässt einfach rinnen.

Stattdessen zeigst du brav auf und wartest geduldig, bis du aufgerufen wirst. »Frau Professor, mein Es muss aufs Klo.« Resultat: Du darfst hoffentlich die Toilette aufsuchen; und deine Professorin ist glücklich, weil sie glaubt, dass du verstanden hast, was sie dir gerade beibringen will.

E = MC²:

16

Einstein hat die Menschheit mit der oftmals zitierten Relativitätstheorie belehrt. Was die genau besagt? Schwer zu erklären und noch schwieriger zu verstehen. Wenn dir das Ganze viel zu kompliziert ist, merk dir einfach die Eckpfeiler – also den Namen »Einstein« in Kombination mit dem Wort »Relativitätstheorie«. Im Normalfall wird dich keiner über die genauen Inhalte der Theorie löchern, es sei denn, es ist dein Physikprofessor; und dann hast du sowieso keine andere Wahl, als zu versuchen, dir zumindest irgendwas davon zu merken. Was eigentlich viel spannender ist: Einstein spielte eine entscheidende, wenn auch indirekte Rolle in der Entwicklung der Atombombe.

NIBELUNGENLIED:

17

Über dieses große Epos hat Richard Wagner eine Oper geschrieben, dessen antisemitische Tendenzen ein paar Jahrzehnte später angeblich mehr oder weniger direkt von Hitler übernommen wurden. In der Geschichte gibt es Siegfried, dessen Unbesiegbarkeit an Achilles erinnert. Dann gibt es Brünhild. Oder Kriemhild. Irgendeine Hild auf jeden Fall. Wahrscheinlich beide. Falls du dir das ganze Stück nicht zu Gemüte führen willst, schau dir stattdessen vielleicht mal den Angriff der Klonkrieger an; dann weißt du zumindest, was gemeint ist, wenn vom Walküren-Ritt die Rede ist – da sich George Lucas den als Soundtrack für seine berühmte *Star Wars*-Szene ausgeliehen hat.

18 ▷ RASSENGLEICHHEIT:

Martin Luther King ist wohl der berühmteste Bürgerrechtler: Nicht zu verwechseln mit Martin Luther, der die 95 Thesen an die Kirche genagelt hat. Martin Luther King kämpfte in den 50ern und 60ern in Amerika für die Rechte der Schwarzen im Zuge des Civil Rights Movements. Bekannt wurde er vor allem für seine »I have a dream«-Rede, die seinen Traum der Gleichheit zwischen Schwarzen und Weißen in Worte fasste. Für seine Anstrengungen erhielt er noch den Friedensnobelpreis, ehe er von einem Rassisten erschossen wurde.

HABSBURGER-MONARCHIE:

Habsburger, nicht zu verwechseln mit der Frage: »Habts Burger?« Ebenfalls nicht zu verwechseln mit der Hamburger-Monarchie aka McDreck oder gelbes M mit Clown. Die Habsburger sollte man kennen, weil sie Europa etwa ein halbes Jahrtausend lang beherrscht haben. Interessante Zitate von Habsburgern: »In meinem Reich geht die Sonne nie unter.« »AEIOU: Alles Erdreich ist Österreich untertan.« »Tu felix Austria nube.« (»Du glückliches Österreich, heirate.«). Stichwort Heiratspolitik: Die wurde praktisch von den Habsburgern erfunden. Statt Kriege zu führen, um ihr Reich zu vergrößern, haben sie ihre Kinder einfach mit den Herrschern der auserwählten Länder (oder deren Nachkommen) verheiratet. Nennenswerte Habsburger waren beispielsweise Franz Josef, Maria Theresia, Elisabeth vulgo Sisi (oder Sissi), dazu noch einige Karls, Friedrichs, Leopolds, Ferdinands, Rudolphs ,... – bei der Namensgebung waren die Herrschaften nicht die Einfallsreichsten.

YIN UND YANG:

Wenn zwei Einheiten nicht viel gemeinsam haben, sich jedoch perfekt ergänzen, kann sich daraus eine sehr harmonische Beziehung ergeben. Wasser besteht beispielsweise aus zwei unterschiedlichen Elementen (unter Chemikern bekannt als Wasserstoff und Sauerstoff), die aber ausgezeichnet zusammenspielen (Ergebnis: H_2O). Um ein zwischenmenschlicheres Beispiel zu nennen: Gibt es in deinem Bekanntenkreis vielleicht ein Pärchen, das auf den ersten Blick kaum Gemeinsamkeiten hat, aber dennoch wunderbar zusammenpasst? Dann hast du ein lebendes Beispiel für Yin und Yang.

21 ▷ PERIODENSYSTEM:

Dabei handelt es sich um eine große Tabelle der Elemente mit vielen Spalten und Zeilen, gefüllt mit scheinbar willkürlich gewählten Buchstaben und noch willkürlicher gewählten Zahlen pro willkürlich gewählter Buchstabenkombi – mit dem man angeblich die Welt erklären kann. Chemiker behaupten sogar, dass ein logisch nachvollziehbares System dahintersteckt. Beispiel: H_2O ist die Formel (also einfach ein anderer Ausdruck) für Wasser und bedeutet nichts weiter als 2 x Wasserstoff + 1 x Sauerstoff = Wasser. Wofür ist das wichtig? Alles besteht aus Elementen. Von festen über flüssige bis zu gasförmigen Stoffen, aus denen das Universum zusammengesetzt ist. Auf simplere oder komplexere Art und Weise kann alles, was existiert, in eine chemische Formel zersetzt werden. Übrigens: Derjenige, der dafür verantwortlich ist, dass Schüler seit vielen Jahren im Chemieunterricht mit Buchstaben- und Zahlenkombinationen gequält werden, die sie wahrscheinlich ihr Leben lang nie wieder brauchen, hieß Dmitri Iwanowitsch Mendelejew (er lebte im 19. Jahrhundert).

22 ▷ ZEITRECHNUNG:

Das Universum gibt es seit 13,8 Milliarden Jahren (Stichwort Urknall). Die Erde ist etwa 4,5 Milliarden Jahre alt. Der Maya-Kalender endete 2012. Also eigentlich ist die Welt längst untergegangen. Laut jüdischem Kalender befinden wir uns gerade irgendwo im sechsten Jahrtausend. Die Chinesen platzieren uns wieder woanders. Im Allgemeinen hat man sich darauf geeinigt, die christliche Zeitrechnung weltweit zu übernehmen, damit man zwischen den verschiedenen Kontinenten und Ländern mit ihren unterschiedlichen Zeitzonen und Maßeinheiten und Währungen und umgekehrten Jahreszeiten nicht auch noch jahrtausendtechnisch mitrechnen muss und irgendwann komplett irre wird.

ASTROLOGIE VERSUS ASTRONOMIE:

Hat beides mit Sternen zu tun, allerdings auf sehr unterschiedliche Art und Weise. In der Astrologie geht es darum, welcher Planet in welchem Haus (wie ein Planet in ein Haus kommen soll, verstehen wahrscheinlich nur Star-Astrologen) zu welchem Zeitpunkt im diagonalen Verhältnis zu welchem anderen Planeten steht (steht der im selben Haus? In einem anderen Haus? Vermutlich zumindest in derselben Stadt …), welcher Aszendent sich aus deinem Geburtsort und exak-

ten Geburtszeitpunkt ergibt – und wie die entsprechende Konstellation deine Zukunft vorhersagt. Im Gegensatz dazu befasst sich die Astronomie damit, wie sich die Planeten bewegen, woraus sie bestehen, wie viele es gibt und auf welchen Planeten wir auswandern können, wenn wir die Erde endgültig in eine Sauna verwandelt haben.

24 ▷ KUNST:

Sprechen wir vom Universalgenie und den Top-Performern in ihren Kategorien. Leonardo da Vinci malte Anfang des 16. Jahrhunderts die Mona Lisa, beschäftigte sich mit Anatomie und entwarf den ersten Hubschrauber. So viele Talente in einem Menschen gab es seither wohl nicht mehr. Dafür gibt es viele einzelne Nachfolger, die ebenfalls künstlerisch bemerkenswert sind. Picasso hatte verschiedene Phasen (z.B. eine blaue und eine rosarote). Gaudí drückte einer ganzen Stadt seinen Stempel auf, der sich von der Sagrada Família bis zum Park Güell durch ganz Barcelona zieht. Wenn du richtig beeindruckende Bilder sehen willst, schau dir mal folgende Werke an: die *Sternennacht* von van Gogh (das war der, der sich das Ohr abgeschnitten hat), die *Seerosen* von Monet (die Natur hat seit dem berühmten Impressionisten wohl keiner mehr so beeindruckend auf die Leinwand gebracht) sowie die *Beständigkeit der Erinnerung* von Dalí, den *Kuss* von Klimt, den *Schrei* von Munch, *Das letzte Abendmahl* von Michelangelo und *Les Demoiselles d'Avignon* von Picasso.

REGIERUNGSFORMEN:

Monarchie bedeutet, dass einer oder eine mit einer normaler-weise geerbten Krone auf dem Kopf alles bestimmt (hoffent-lich zum Wohl des Volkes). Diktatur (manchmal verwechsel-bar mit Tyrannei) bedeutet, dass er oder sie keine Krone hat, aber trotzdem alles bestimmt, nachdem er oder sie mit mehr oder weniger legalen beziehungsweise mehr oder weniger moralisch vertretbaren Mitteln an die Macht gekommen ist. Demokratie bedeutet, dass offiziell das Volk regiert (Demo-kratie heißt übersetzt, dass die Macht vom Volk ausgeht). Je nachdem, wie viele Parteien es gibt, ist die Demokratie mehr oder weniger ausgeprägt. Welche Regierungsform die beste ist, hängt immer davon ab, wen man gerade fragt. Zitat des ehemaligen britischen Premierministers Winston Churchill: »Demokratie ist die schlechteste aller Regierungsformen – abgesehen von all den anderen Formen, die von Zeit zu Zeit ausprobiert worden sind.«

9. KAPITEL

25

DINGE,

DIE DU DEINEM KÖRPER

NIEMALS

oder

UNBEDINGT

ANTUN SOLLTEST

1. NIMM DIR DEN SCHLAF, DEN DU BRAUCHST.

Manche behaupten, sie bräuchten bloß sechs oder fünf oder überhaupt nur vier Stunden Schlaf. Das sei mal so dahingestellt. Ob Blödsinn oder nicht, im Allgemeinen werden täglich acht Stündchen im Träumeland empfohlen, wenn man seinen Körper nicht massakrieren will. Reduzierte Schlummerzeit kann zwar in Ausnahmefällen eine effektive Methode sein, um sich (je nach Priorität) mehr Lern- oder Partyzeit zu ergattern, doch wenn man dieses Spiel zu häufig spielt, wird der Körper irgendwann sauer. Das heißt müde, erschöpft, ausgelaugt; außerdem steigt die Reizbarkeit und die Nerven liegen blank. In extremeren Fällen wirst du auch noch von Kopfschmerzen geplagt oder landest gleich krank im Bett, denn das Immunsystem jauchzt nicht gerade, wenn die wohlverdiente Regenerationsphase regelmäßig verkürzt wird. Sei lieb zu deinem Körper und gönne dir den Schlaf, den du wirklich brauchst, um tagsüber gut funktionieren zu können. PS: Koffein ist wirksam, wenn du dich mal kurzfristig zum Wachbleiben zwingen musst, doch auf Dauer kein adäquater Ersatz für die notwendige Nachtruhe. PPS: Wenn du mal gar keine andere Wahl hast, als mit Augenringen aufzustehen, dann hol dir wenigstens später ein kurzes Powernap – 15 bis 30 Minuten mützeln können Wunder wirken.

2. SEI LIEB ZU DEINEN NÄGELN.

Kein Kauen. Kein Rumzupfen. Auch nicht, wenn du nervös bist. Dir die Fingernägel abzureißen fühlt sich für einen millisekundenlangen Moment herrlich machtvoll und aggressionsbewältigend an, aber bereits zwei Minuten später wirst du es bereuen. Außer vielleicht im Winter. Da ist es ziemlich egal, denn da sehen deine Nägel vermutlich schon von vorneherein weniger hübsch aus als im Sommer. Dass deine Fingernägel im Winter brüchig werden, ist keine große Überraschung. Die Luft wird kühler und trocknet die Nägel aus, dadurch werden sie rissig und brechen ab. Um dem Effekt der Wintermonate ein bisschen entgegenzuwirken, kannst du ja versuchen, mehr Hirse zu essen; angeblich ist dieses glutenfreie Getreide wahnsinnig gut für Haare und Nägel. Alternativ könntest du täglich Nagelöl verwenden oder deine Nägel lackieren, denn lackiert sind sie stärker und halten mehr aus. Es muss ja kein farbiger Nagellack sein, wenn die Fingernägel noch nicht lang genug sind, um sie fehler- und klecksfrei bemalen zu können. Nimm einfach einen durchsichtigen Lack – der tut's auch, und deine Nägel haben einen schönen Schimmer. Zur perfekten Maniküre gehört unbedingt auch ein Nagelhautschneider! Du kannst dir ja mal eine professionelle Maniküre gönnen und den Damen dabei zusehen, wie sie mit deinen Nägeln umgehen. Dann machst du es ihnen einfach so gut wie möglich nach.

3. ENTMÜLLE DEINE AUGENBRAUEN.

Augenbrauen gehören ab einem gewissen Alter gezupft, wenn man nicht negativ hervorstechen möchte. Den Zeitpunkt kannst du dir natürlich selbst aussuchen, denn der hängt hauptsächlich davon ab, wie wohl oder unwohl du dich mit deiner Gesichtsbehaarung fühlst. Sieh dir deine Brauen einfach einmal ganz genau an. Ergeben sie eine annähernd schöne, geschwungene Linie, die sich in Richtung Ohren zusammenspitzt? Oder stehen links und rechts, oben und unten kleine Härchen in alle Richtungen, sodass sie bei genauerer Betrachtung eher wie ein kleines Vogelnest wirken? Sind deine beiden Brauen vielleicht sogar durch ein paar Härchen über dem Nasenbereich miteinander verbunden? Dann heißt es ab in den nächsten Drogeriemarkt und eine möglichst feine Pinzette besorgen; idealerweise mit abgerundeten Kanten, sonst spießt du dich während des ohnehin schmerzhaften Brauenzupfens auch noch regelmäßig auf. Wenn du dich beim ersten Mal noch nicht selbst traust, lass es dir mal von einer Freundin oder deiner älteren Schwester zeigen oder vom Friseur erledigen. Keine Sorge; es wird dir mit jedem Mal leichter fallen, mit der Pinzette vor dem Spiegel herumzuhantieren und die Härchen zu entfernen, die aus der Reihe tanzen. Übrigens ist es nicht das Ende der Welt, wenn mal etwas danebengeht; wir reden immerhin von Härchen – die wachsen sowieso immer an den Stellen extraschnell nach, wo man sie eigentlich nicht haben will.

4. BEHALTE DEINE AUGENBRAUEN.

Augenbrauen gehören gezupft. Nicht »ausgezupft«. Du solltest schon genügend Härchen übrig lassen, damit sie auch tatsächlich noch als Brauen zählen können. Klar könntest du sie dir theoretisch komplett abrasieren und entweder auftätowieren lassen oder jeden Tag neu aufmalen, so wie es die eine oder andere Dame im Laufe der Jahre schon getan hat. Aber weniger Arbeit ist das vermutlich auch nicht. Im Übrigen wird man durch solche Aktionen recht schnell zu der Art Mädchen, über die sich andere ins Fäustchen lachen. Potenzielle Partner haben meist auch nicht die allergrößte Freude, wenn sie ein Mädchen mit Augenbrauen kennenlernen und bei der ersten Übernachtung den Aha-Moment des Schreckens erleben, wenn morgens auf einmal die Brauen fehlen.

5. RESPEKTIERE DEIN NASENFAHRRAD.

Ärgere dich nicht zu sehr, wenn dir vom Optiker eine Brille verschrieben wird. Zum einen kannst du ja mal nachfragen, ob Linsen möglicherweise eine Option wären. Die sind zwar auch lästig, da du jeden Tag mit einem oder mehreren Fingern in dein Auge greifen musst, aber zumindest sind sie nicht sichtbar. Zum anderen kann eine Brille ganz schön hübsch aussehen. Such dir einen Rahmen aus, der zu deiner Gesichtsform, deiner Augenfarbe, deinem Hautton sowie selbstverständlich zu deinem

Geschmack und Stil passt. Du wirst sehen, anderen wird dein Look gefallen, sofern sie mental nicht in den Kinderschuhen stecken geblieben sind. Wenn dir das alles nicht dabei hilft, dich mit deiner Brille anzufreunden, bleibt dir nur noch eins übrig: dich aus dem simplen Grund, dass es nun mal nicht anders geht, einfach mit dem unerwünschten Plastik- oder Drahtgestell abzufinden – oder dich einer teuren und risikobehafteten Laseroperation zu unterziehen.

6. TOLERIERE DEINE ZAHNSPANGE.

Dass du sie akzeptieren oder gar mögen sollst, kann dir kein Mensch der Welt einreden. Schließlich sind diese Gestelle nicht nur unangenehm zu tragen und unpraktisch für die Nahrungsaufnahme, sondern in vielen Fällen auch noch wesentlich sichtbarer, als man es sich wünschen würde (wobei es heutzutage ja schon annähernd unsichtbare Zahnspangen geben soll). Aber es gibt leider keinen Ausweg – schon gar nicht, wenn das Ding erst mal in deinem Mund drin ist. Die Sache ist die: Wenn der Zahnarzt deine Zähne in ein Mordgerät steckt, dann hat das

einen guten Grund. Leider. Irgendwann wirst du dem Arzt für die Tortur, die du einst mitgemacht hast, dankbar sein. Sieh es mal so: Du wirst ein paar Monate oder Jahre leiden, um dann für den Rest deines Lebens für dein wunderschönes Lächeln bewundert zu werden. Abgesehen davon bist du in guter Gesellschaft, denn du bist bei Weitem nicht die Einzige, die sich temporär fühlt, als hätte sie ihr eigener Zahnarzt verraten und verkauft.

7. HETZ DEINE BRÜSTE NICHT.

Fühlst du dich zu flachbrüstig, weil du eine Spätentwicklerin bist und vielleicht auch noch zu den kleinsten und am jüngsten aussehenden in deiner Klasse gehörst, mach dir keine Sorgen. Die Damen werden schon noch heranwachsen – spätestens, wenn du die Pubertät hinter dir hast. Das kann bei manchen Mädels schon mal etwas länger dauern. Mach dir nichts draus. Dafür wirst du noch mit 40 wie 30 aussehen und letztendlich froh darüber sein, dass sich dein Entwicklungsprozess etwas länger gezogen hat. Hast du allerdings deshalb eher kleiner geratene Brüste, weil du von Natur aus dünn gebaut bist, dann wird sich daran wahrscheinlich nicht allzu viel ändern. Deswegen musst du dir auch keinen Kopf machen. Busen sind völlig individuell, das ist komplett normal – die einen haben kleine, die anderen große, die einen symmetrische, die anderen ungleiche, die einen feste, die anderen weiche. Klar könntest du sie dir chirurgisch verändern lassen, wenn du die finanziellen Mittel dafür besitzt; aber sei dir einer Tatsache bewusst: Andere merken, ob ein Busen real ist oder fake. Das Tussenimage ist jedenfalls sehr schwer wieder loszuwerden, wenn du mal übertrieben aufgeblasene Brüste hast. Warte doch lieber erst mal ab. Wer weiß, was die nächsten Jahre noch für deine Körbchengröße bereithalten und ob nicht sogar die Pille, wenn du dafür bereit bist, deine Ladys wie Ballons ranreifen lässt, sodass du von einer Woche zur nächsten neue BHs kaufen gehen kannst. Wenn du als Erwachsene immer noch unglücklich mit deinen Brüsten bist, kannst du dir einen chirurgischen Eingriff ja immer noch überlegen (man muss ja nicht in der Größe übertreiben).

8. SCHRITTE SAMMELN.

Bewegung ist gut. Doch man merke an: Bewegung ist nicht gleich Sport. Du musst dich nicht ins Fitnesscenter quälen, um deinen Kreislauf anzuregen und deine Muskeln nicht verkümmern zu lassen. Schülerinnen haben oft sowieso den enormen Vorteil, regelmäßigen Turn- oder Sportunterricht vorgeschrieben zu bekommen und somit gar keine Wahl zu haben, ob sie sich bewegen oder nicht. Abgesehen von der Zwangsverpflichtung zum Turnen kommt noch der tägliche Schulweg dazu. Sofern du nicht vom Bett direkt in den Bus fällst und erst in deinem Klassenzimmer wieder aussteigst, sammelst du schon zwischen Zuhause und Schule einiges an Schritten. Dazu kommt der Weg zwischen deinem Sitzplatz und dem Klo, der Weg zwischen deinem Platz und dem deiner Freunde (idealerweise nur in Unterrichtspausen zu begehen) sowie gegebenenfalls der Weg zum Physiksaal, Biologiesaal oder diversen anderen Klassenzimmern, auf die deine Unterrichtsfächer aufgeteilt sind. Wenn du auch noch zwischen verschiedenen Stockwerken hin und her hüpfst, zählen deine Schritte sowieso gleich sechsfach (na gut, zumindest doppelt), denn die Bergwertung muss schon berücksichtigt werden. Lass mal auf deinem Smartphone den Schrittzähler mitlaufen, und du wirst überrascht sein, wie viel Bewegung du eigentlich machst, ohne es überhaupt mitzubekommen. Anmerkung: Ein ausreichendes Herz-Kreislauf-Training ist der Einfach-Schritte-sammeln-Ansatz natürlich nicht. Aber ein bisschen Bewegung ist immer besser als keine Bewegung. Wenn du nun trotz aller aufgezählten Schrittsammelmechanismen auch noch regelmäßig weniger als ein paar Tausend Schritte pro Tag zustande bringst, solltest du dir wirklich mal überlegen, ein paar zusätzliche Wege zu Fuß zu gehen oder deinen Körper auf andere Art und Weise in Bewegung zu bringen.

9. HOL DEINEN TAMPON RECHTZEITIG RAUS.

Tampons sind für ein paar Stunden gedacht, nicht für den ganzen Tag. Lass das Knäuel nicht in dir verrotten, sondern sorge dafür, dass du während deiner Tage immer und überall deine Hygiene-artikel wechseln kannst. Meist wird ein Tampon ohnehin irgendwann unangenehm. Er beginnt, zu zwicken und zu zwacken. Wenn er sich mal bis zum Limit vollgesaugt hat, hält er dich auch nicht mehr dicht. Doch das ist noch der harmloseste Ausgang eines Tampon-im-Körper-vergessen-Szenarios. Ein zu lange im Körper gelassener Tampon kann noch zu ganz anderen und richtig grauenvollen Dingen führen, die deiner Gesundheit ernsthaft schaden können. Recherchier das Thema lieber nicht zu ausführlich, sonst wird dir noch übel – es sei denn, du ertappst dich selbst manchmal dabei, wie du erst viel zu spät auf die Toilette verschwindest. In dem Fall kann es dir vielleicht nicht schaden, dir mal ein paar Horrorgeschichten von unschuldigen Mädchen und fatalen Tampons vor Augen zu führen ...

10. BESCHÜTZE DEINE LIPPEN.

Verfalle nicht den Lippen-Tyrannen, die deine Lippen für zwei Sekunden befeuchten und danach austrocknen. Wenn du einmal mit den duftenden Stiften anfängst, hörst du lang nicht mehr damit auf. Egal, ob du dich für den Erdbeerhelden oder die Vanillequeen entschieden hast – die reden deinen Lippen bloß ein, dass sie ohne sie nicht leben können. Sind die Lippen im Winter wirklich trocken, weil in den kalten Monaten einfach alles viel zu trocken ist, gib etwas anderes drauf. Irgendetwas anderes. Einen Lippenbalsam ohne Farb- und Duftnote. Lotion. Bienenwachs. Komplett egal, was. Hauptsache keinen Süchtigmacher, der viel verspricht und letztendlich kontraproduktiv wirkt.

11. WÄHLE DIE RICHTIGE HAUTCREME.

Nicht jede Haut verträgt dieselben Pasten. Wenn du unter Hautproblemen leidest, solltest du dir am besten mal von einer Kosmetikerin sagen lassen, ob du eigentlich trockene Haut, fettige Haut, Mischhaut oder sonst einen irgendwo auf der Welt auftauchenden Hauttyp hast. Entsprechend wird sie dir – sofern sie halbwegs kompetent ist – eine ganz bestimmte Art von Creme empfehlen, die für deine individuelle Haut perfekt geeignet ist. Zum Beispiel eine feuchtigkeitsspendende oder fettige Creme, denn das ist nicht zwangsläufig dasselbe. Schmierst du dir täglich die falsche Creme ins Gesicht, kann das schon mal zu unerwünschten Hautunreinheiten und Mitessern führen; dagegen sollte dir das richtige Produkt das Gefühl geben, deine Haut sei rein, geschmeidig und vollkommen entspannt. Falls du nun so schlimme Hautprobleme hast, dass sie sich einfach nicht eliminieren lassen, obwohl du bereits das gesamte Sortiment an Pflegeprodukten durch hast, probier lieber mal einen anderen Ansatz: Versuch doch, ein paar Wochen lang die Schokolade wegzulassen oder ganz auf vegane Kost umzusteigen (aber bitte die gesunde Variante, nicht die Chips-und-Ketchup-sind-ja-auch-vegan-Variante), und sieh dir an, wie dein Körper reagiert. Tut es dir (unwahrscheinlicherweise, aber man weiß ja nie) doch nicht gut, kannst du das Experiment ja jederzeit wieder abbrechen.

12. LASS DIR ABER KEINE UNNÖTIGEN KOSMETIKA EINREDEN.

Keine, die du nicht wirklich brauchst. Kosmetiktanten wollen oft einfach nur Kohle mit ihren Kundinnen verdienen. Gut, das kann man ihnen grundsätzlich ja nicht verdenken. Aber manchmal tendieren sie leicht zur Übertreibung – gerade dann, wenn sie jemanden vor sich haben, von dem sie glauben, ihm alles Mögliche einreden zu können. Dann machen sie dir eine Gesichtspflege, und plötzlich brauchst du morgens dieses Fläschchen, abends jenes Döschen, dazu am besten noch ein Tübchen für jeden zweiten Dienstag, eine Paste gegen die fettige Haut und natürlich noch eine Lösung gegen die Mitesser (die du ohne die unzähligen Produkte wahrscheinlich gar nicht hättest). Also hinterfrage lieber, warum und weshalb sie dir dieses und jenes Fläschchen und Tübchen vorschreibt – vor allem dann, wenn du die verschriebenen Produkte auch noch direkt bei ihr einkaufen sollst. Wenn du das Gefühl hast, dir wird eine viel zu große Menge Kosmetika für einen viel zu großen Haufen Kohle angedreht, geh mal zu einer anderen Kosmetikerin. Tipp: Wenn du eine Kosmetikerin danach fragst, ob deine Haut nicht vielleicht dieses oder jenes Produkt brauchen könnte, das sie im Sortiment hat, und die Dame verneint (beispielsweise, weil deine Haut dafür einfach noch zu jung ist und/oder du deiner Haut damit mehr schadest als hilfst), dann stehst du einer deutlich vertrauenswürdigeren Person gegenüber. Macht sie den Eindruck, als liege ihr dein Wohlergehen und nicht dein Geldbeutel am Herzen, solltest du dort bleiben.

13. SAUNA GUT, SOLARIUM WENIGER.

Magst du es heiß und hast keine Scheu, dich ohne Klamotten zu zeigen, können regelmäßige Sauna- oder Dampfbadgänge deinem Körper ausgesprochen guttun. Überzeugte Saunageher schwören auf die entspannende und reinigende Wirkung des vorsätzlichen Schwitzens in kleinen Holzräumen. In jedem Fall ist die Sauna definitiv empfehlenswerter als das Solarium, das dir zwar kurzfristige Bräune faked, dich aber bei zu häufigem Besuch auf lange Sicht wie die Lederhandtasche deiner Oma aussehen lässt.

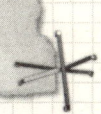

14. ZEIG DEIN GESICHT.

Du bist ein Mensch, keine Puppe. Wenn man dir schon ansieht, dass du die halbe Make-up-Ecke des örtlichen Drogeriemarktes im Gesicht trägst, darfst du dich nicht wundern, wenn dich andere Mädels als Tussi bezeichnen und Jungs dich nicht ernst nehmen (maskierte Mädels sind ihnen oft nicht mehr als ein einmaliges Abenteuer wert). Einerseits, weil du durch zu viel Schminke wirkst, als würdest du entweder dein wahres Ich verbergen wollen oder nur Wert auf dein Äußeres legen (beides nicht gerade die anziehendsten Eigenschaften). Andererseits, weil Jungs eine enorme Panik davor haben, mit Cinderella schlafen zu gehen und mit Freddy Krueger wieder aufzuwachen. Verwende Make-up, um Mitesser zu verdecken und deine Augen zu betonen – du sollst dich ja mit dir selbst wohlfühlen. Aber lass den Make-up-Kasten nicht außer Kontrolle geraten, sodass

keiner mehr weiß, ob du deinen Malkasten besitzt oder er dich.
Je natürlicher du bleibst, desto reifer wirkst du auch und desto
eher wirst du respektiert.

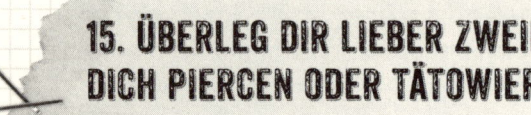

15. ÜBERLEG DIR LIEBER ZWEIMAL, OB DU DICH PIERCEN ODER TÄTOWIEREN LÄSST.

Sowohl Piercings als auch Tattoos können wundervoll oder
grauenvoll aussehen. Je nachdem, ob du die richtige Stelle,
die richtige Verschönerungsmaßnahme und das richtige Motiv
beziehungsweise Schmuckstück gewählt hast. Zusätzlich hängt
es auch noch davon ab, ob der Experte deiner Wahl weiß, was er
tut. Wenn nicht, kann er deinen schönen Körper mittels scheinbar
banaler Werkzeuge wie Nadel und Farbe innerhalb von kürzester
Zeit ziemlich vermurksen. Außerdem ist es ja nicht so, als würde
sich das Kunstwerk irgendwann von allein wieder vertschüssen.
Das heißt, du darfst im schlimmsten Fall noch sehr lange mit
dem verkorksten Tattoo oder Piercing leben – wobei die Von-
selbst-verschwinden-Chancen für ein Piercing deutlich besser
stehen als für ein Tattoo. Das heißt: Wenn du ein Tattoo oder
Piercing möchtest, ist das ein durchaus verständlicher Wunsch,
dessen Erfüllung dir viel Freude bereiten kann. Sei dir nur bitte
der (möglichen) Konsequenzen bewusst und sei extrem sorgfältig
bei der Wahl der Person, der du erlaubst, mit einer Nadel in
deinem Körper rumzustochern. Bist du dir nicht hundertprozentig
sicher, dass du mit dem Ergebnis noch viele Jahre lang glücklich
sein wirst, dann lass es vorerst vielleicht lieber bleiben und warte mal ab (oder greif fürs Erste eher zur Henna-Variante). Wenn
der Wunsch in ein paar Jahren nach wie vor in dir schlummert,
kannst du ihn dir ja immer noch erfüllen.

16. GLAUB KEIN GERÜCHT ÜBER PERFEKTE BÄUCHE, BEINE, POS.

Dieser Punkt muss einfach so oft wie möglich betont werden: Es gibt kaum ein Mädchen, das nicht mit ihrem Bauch, ihren Beinen, ihrem Po oder auch allen erwähnten Lebenserschwerern zugleich ein Problem hat. Also lass dir von keinem Modemagazin und keinen perfekt gestylten und retouchierten Stars irgendetwas anderes einreden. Kein Frauenkörper ist perfekt. Die eine Frau hat Cellulite, die andere fühlt sich einfach zu fett, die nächste fühlt sich unförmig gebaut. Kritiken gibt es zur Genüge. Und wem helfen sie? Niemandem. Sie frustrieren nur. Da ist es schon viel sinnvoller, zu sich selbst zu stehen. Konzentriere dich auf die Aspekte deines Körpers, die du magst; nicht auf die, die du nicht leiden kannst. Dann wirst du auch anderen gegenüber selbstbewusst wirken – was deutlich attraktiver ist als ein Mädchen, das sich in ihren Kleidern versteckt und ihren Körper verbergen will. Und wenn du aktiv etwas an deinen Problemzonen verändern willst, dann kauf dir eine Pilates-DVD oder melde dich in einem Fitnesscenter an, wenn du der Typ dafür bist. Gerade Bauch-Beine-Po-Workouts gibt es zur Genüge – wohl gerade deshalb, weil fast alle Frauen mit diesen Zonen unzufrieden sind.

17. ABFÜHRMITTEL SIND EFFEKTIVE, DOCH KURZFRISTIGE LÖSUNGEN.

Es gibt sie schon in allen Formen – als Tees, Pillchen, Pülverchen, Salze, Tröpfchen und so weiter und so fort. Und manchmal gibt es Tage, an denen ein solches Mittelchen zur Darmentleerung wirklich angenehm und sinnvoll ist. Hast du Bauchschmerzen, extreme Blähungen und leidest seit Tagen unter Verstopfung, befindet sich wohl irgendwas in deinem Darm, das dringend heraus sollte, aber einfach nicht heraus kann. In einem solchen Fall kann ein Einlauf oder die Einnahme eines verdauungsfördernden Präparates die ersehnte Erlösung bringen. Ziehen sich die Probleme allerdings über längere Zeit hin oder hast du aus anderen Gründen das Bedürfnis, deinen Darm wieder und wieder zwangszuentleeren, solltest du lieber mal deine (möglicherweise einfach zu ballaststoffarme) Ernährung überdenken oder nach ärztlichem Rat fragen. Abführmittel sind kurzfristig sehr effektiv, aber definitiv nicht längerfristig einzunehmen. Indem du regelmäßig ein externes Pillchen oder Pülverchen die Verdauungsarbeit übernehmen lässt, die eigentlich dein Darm erledigen sollte, erreichst du nicht nur keine Lösung des eigentlichen Problems (von potenziellen Nebenwirkungen des jeweiligen Abführmittels ganz zu schweigen), sondern machst es deinem Körper so bequem, dass er bald von selbst überhaupt nichts mehr verdaut.

18. ALKOHOL MIT MAß UND ZIEL.

Jemandem zu raten, er solle von Alkohol sein Leben lang die Finger lassen, ist wohl ziemlich sinnbefreit – weil völlig unrealistisch. Sozial akzeptierte Suchtmittel wie diverse Alkoholika machen das Leben bei Feiern und in diversen Lokalen ab einem gewissen Alter schließlich sehr lustig und gesellig. Allerdings gilt bei alkoholhaltigen Getränken dasselbe wie bei so ziemlich allem im Leben: Um es wirklich genießen zu können, sollte man es nicht übertreiben, sondern seine Grenzen kennen und möglichst innerhalb selbiger bleiben. Man nimmt sich ja nur selbst den Spaß, wenn man sich irgendwann selbst nicht mehr im Griff hat, verzweifelt über der Kloschüssel hängt, von Freundinnen seine Erinnerungslücken füllen lassen muss oder gar mit Blaulicht abgeholt wird und im Krankenhaus wieder aufwacht. Zum einen kann man auf die Erfahrung, sich an die eigenen Handlungen nicht mehr zu erinnern oder sich den Magen auspumpen zu lassen, getrost sein Leben lang verzichten. Zum anderen kann es sehr anstrengend sein, sich nach einer etwas zu heftigen Nacht eine Erklärung für das frühmorgendliche Getrampel im Flur, die überall verstreuten Klamotten, die sperrangelweit offen gelassene Haustüre oder den Mageninhalt am Badezimmerboden einfallen lassen zu müssen. Das Jugendschutzgesetz mag manchmal lästig erscheinen, hat aber so grundsätzlich schon einen Sinn.

19. LASS DAS RAUCHEN EINFACH SEIN.

Es hat überhaupt keinen Vorteil – weder für dich noch für andere. Am besten probierst du es gar nicht erst aus. Nicht in einem Alter, in dem du es offiziell darfst, und schon gar nicht früher, weil du sonst nicht nur schrittweise deine Lunge zerstörst und dich selbst in Geiselhaft deiner zukünftigen Sucht begibst, sondern dich dazu auch noch strafbar machst. Auch wenn es Raucher nicht mehr hören können, Tatsache ist: Rauchen verwandelt deine Lunge in Asche und kann dazu führen, dass du dein Leben lang nicht mehr vom Glimmstängel loskommst. Je länger du rauchst, desto schwieriger wird es, diese stinkende Angewohnheit wieder abzudrehen. Andere stinkst du damit übrigens auch ein. Egal, wie gut du glaubst, den Geruch mit Kaugummi und Parfüm überlagert zu haben – deine Eltern riechen das Zeug trotzdem, und zwar 20 Meter gegen den Wind.

20. GANZ ZU SCHWEIGEN VON RICHTIGEN DROGEN.

Hier gibt es keine Grauzone. Das Thema ist schwarz und weiß. Jeder Mensch weiß, dass es eine der schlechtesten Ideen der Welt ist, Drogen auszuprobieren. Trotzdem lassen sich immer wieder ein paar Masochisten dazu hinreißen, die ihre Entscheidung später bereuen. Daher muss dieser Punkt zumindest kurz erwähnt werden: Ganz egal, in welcher Form – illegale Suchtmittel sind aus gutem Grund illegal. Sie haben schon ganze Leben zerstört und sind in keiner Weise zu unterschätzen. Drogen sind wohl der sicherste Weg, sein Leben effektiv und nachhaltig zu ruinieren. So schlecht kann man sich gar nicht fühlen, dass Drogenkonsum in irgendeiner Weise wirklich helfen würde.

21. VERMEIDE PSYCHISCHE BELASTUNGEN.

Fühlst du dich körperlich nicht gut und hast keine Ahnung warum? Dann durchforste doch mal deine Gedanken und Gefühle. Viel öfter, als man denkt, ist nämlich die Psyche der Übeltäter für physische Beschwerden. Ärgert, frustriert, deprimiert oder stresst dich etwas in deinem Leben, was du stets im Hinterkopf hast und was dich einfach nicht in Ruhe lässt? Vielleicht schlägt dir ein Projekt auf den Bauch, dem du dich nicht gewachsen fühlst. Vielleicht löst die Angst vor einer Prüfung oder einem Event in dir regelrechte Übelkeit aus. Vielleicht hast du schon Kopfschmerzen vor lauter Grübelei über die Auseinandersetzung mit deiner Schwester. Vielleicht steht eine Entscheidung an, die du dich nicht zu treffen traust und die dir schlaflose Nächte bereitet. Oder vielleicht hast du einfach kein Ventil, um den Zorn über deine Freundin herauszulassen, den du Tag für Tag hinunterschluckst. Körperliche Symptome mentaler oder emotionaler Belastungen können in alle erdenklichen Richtungen ausarten und nur beseitigt werden, indem die Ursache am Schopf gepackt wird. Rede doch mal mit jemandem über dein Problem und hol dir seinen Rat. Allein das Aussprechen des Themas, mit dem du dich bewusst oder unbewusst Tag und Nacht herumschlägst, kann eine enorme Erleichterung bringen. Doch du wirst das Problemchen früher oder später von Angesicht zu Angesicht aus der Welt schaffen müssen, damit dir wirklich der Stein vom Herzen fällt, der dich schon viel zu lange

belagert. Lass dich nicht davon abhalten, glücklich zu sein –
nicht von deiner Psyche und schon gar nicht von deinem Körper!

22. BERUHIGE DEINE NERVEN.

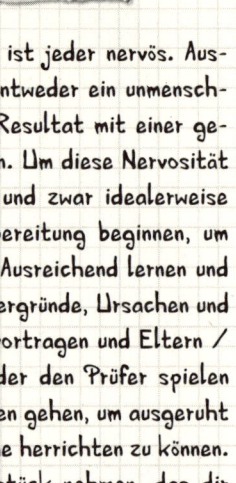

Vor Tests, Prüfungen und Präsentationen ist jeder nervös. Ausgenommen sind höchstens Personen, die entweder ein unmensch-
liches Selbstvertrauen haben oder das Resultat mit einer ge-
spenstischen Gleichgültigkeit betrachten. Um diese Nervosität
zu besiegen, helfen mehrere Methoden, und zwar idealerweise
kombiniert: a) Früh genug mit der Vorbereitung beginnen, um
später nicht ins Strudeln zu kommen. b) Ausreichend lernen und
recherchieren, um alle noch so faden Hintergründe, Ursachen und
Nebenhandlungen zu verstehen. c) Probevortragen und Eltern /
Geschwister / Freunde das Publikum oder den Prüfer spielen
lassen. d) In der Nacht davor früh schlafen gehen, um ausgeruht
aufzuwachen und dich morgens in aller Ruhe herrichten zu können.
e) Dir Zeit für ein ausgewogenes Frühstück nehmen, das dir
den nötigen Energieschub verleiht. Und f) Auf keinen Fall über-
koffeinieren! Wenn du jeden Morgen Kaffee brauchst, um deine
Augen überhaupt erst auf zu bekommen, gönn dir ruhig eine Tasse,
denn du möchtest ja weder bei der Prüfung einschlafen noch mit
Kopfschmerzen in den Tag starten. Doch mehr Koffein als üblich
kann kontraproduktiv wirken, denn diese Extraportion Bohnen-
saft macht dich nicht zwangsläufig geistesgegenwärtiger – der
Schuss könnte brutal nach hinten losgehen und dich als Zappel-
philipp durch den Raum tanzen lassen, der sich überhaupt nicht
mehr konzentrieren kann. Du wirst sehen: Je früher du mit der
Vorbereitung auf die Prüfung oder Präsentation anfängst, desto
gechillter bist du. Je mehr du weißt, desto sicherer fühlst du

dich (denn du wirst jede noch so blöde Frage von Professoren oder fiesen Kollegen beantworten können). Je öfter du das Thema mit anderen durchgekaut hast, desto selbstbewusster wirst du sein. Ist dein Körper dann auch noch ausgeschlafen und energiegeladen, bist du eigentlich unbesiegbar!

23. AKZEPTIERE MANCHE DINGE EINFACH SO, WIE SIE SIND.

Das heißt, wenn du keine andere Wahl hast. Natürlich solltest du deiner Wut freien Lauf lassen und über deine Sorgen sprechen, wenn dich etwas belastet. Aggressionstherapie wie Reden, Schreien, Weinen oder Sporteln kann sehr befreiend

wirken. Doch die Frage, die du dir dabei stellen solltest, ist: »Kann ich die Situation denn überhaupt beeinflussen?« Lautet die Antwort »nein«, so ist es nach dem ersten Wutablass doch an der Zeit, die Situation einmal ganz nüchtern zu betrachten. Dich selbst weiter und weiter in Rage zu reden oder zu denken, indem du dich über Dinge ärgerst, an denen du ohnehin nichts ändern kannst, bringt dir null Komma gar nichts – außer, dass es dich emotional und folglich auch körperlich fertigmacht. Manchmal kann es durchaus entspannend wirken, sich selbst klarzumachen: »Es ist so, wie es ist. Ich kann nichts daran ändern, also muss ich es wohl oder übel so akzeptieren.« Macht zwar keinen Spaß und ist definitiv nicht immer leicht; doch wenn du erst mal damit aufgehört hast, dir völlig sinnlosen Stress zu machen, wirst du das Thema gleich viel gelassener betrachten. Es kann einfach nicht immer alles perfekt laufen. Hör auf das freundliche Warzenschwein: Hakuna Matata!

24. VERLETZE DICH NICHT MIT ABSICHT.

Dieser Tipp ist für dich hoffentlich mehr als offensichtlich und vollkommen unnötig. Ist er das nicht, dann nimm ihn bitte ganz besonders ernst. Dein Körper hat dir nichts getan, also tu ihm auch nichts. Wenn dich irgendetwas oder irgendjemand in deinem Leben so sehr belastet, dass du glaubst, es nicht mehr auszuhalten, machst du die Situation nur schlimmer, indem du dir auch noch selbst wehtust. Psychischen Schmerz durch körperlichen Schmerz zu ersetzen beziehungsweise zu betäuben wird nicht funktionieren. Mehr Aufmerksamkeit bekommst du dadurch auch nur im negativen, doch wohl kaum im positiven Sinn. Rede lieber mit jemandem über dein Problem, denn nur so kannst du eine Lösung finden und dein Leben wieder in den Griff bekommen. Wenn du keine Freundin, Verwandte oder Bekannte hast, mit der du dich wohl genug fühlst, um ein so vertrauliches Gespräch zu führen, kannst du dich jederzeit an eine externe Beratungsstelle wenden. Hauptsache, du schluckst deine Gefühle nicht hinunter und reagierst dich nicht an deinem eigenen Körper ab. Findest du einen produktiven statt einem destruktiven Weg, um deine Probleme zu bewältigen, wirst du dir für den Rest deines Lebens dafür dankbar sein.

25. UMARME DEINE LIEBSTEN.

Du brauchst keinen Umarme-einen-Bären-Tag, um mit deinem Kuschelbären zu kuscheln (selbst wenn irgendein Genie irgendwann in irgendeinem Land aus irgendeinem Grund speziell den 7. November dafür auserkoren hat). Umarmungen sind an jedem Tag ein herrlicher Weg, um deinen Körper zu beruhigen, dich zu entspannen und dir selbst das Gefühl zu geben, dass alles gut werden wird. Hol dir eine Umarmung, wann immer du dich schlecht fühlst, und schon wird es dir viel besser gehen. Umarme deine Eltern, deine Geschwister, deine Freunde, deinen Schatz, deine Haustiere ... Umarme einfach jeden, den du gern umarmen möchtest (und dessen Umarmung dich nicht in Schwierigkeiten bringt). Umarmungen – vor allem von den Menschen, die dir die Welt bedeuten – können unheimlich mächtiger Balsam für die Seele sein und deine Laune in Sekundenschnelle zum Positiven verändern.

10. KAPITEL

25

vielleicht bekloppte,

ABER VIELLEICHT AUCH

hilfreiche Ansichten

über

KLAMOTTEN

1. LEGGINGS SIND DER ULTIMATIVE ALLESKÖNNER.

Sie sind immer bequem, selbst wenn die Erdbeertante den Bauch um gefühlte zwei Größen wachsen lässt und du dich gerade in keine Hose mit Knöpfen reinzwängen willst. Und sie passen einfach zu allem. Longshirts, Kleidchen, Pullis. Zu Hause auch zu kürzeren Oberteilen. Nur in der Öffentlichkeit solltest du zumindest darauf achten, deinen Hintern zu verdecken. Leggings sind immer noch Leggings. Es sind keine Hosen. Eigentlich sind sie den Strumpfhosen näher als den Hosen. Also verwechsle sie bitte nicht mit Jeans.

2. HEUTZUTAGE IST JEDER TREND ZUMINDEST SCHON EINMAL GEKOMMEN, GEGANGEN UND WIEDERGEKEHRT.

Das bedeutet, dass du eigentlich so ziemlich alles anziehen kannst, was dir gefällt. Früher durfte man weder gewisse Farben noch Muster kombinieren – heute ist das ein eigener Kleidungsstil und nennt sich Color Blocking.

3. NUR WEIL ES »IN« IST, MUSST DU ES NICHT TRAGEN.

Wenn dir ein Trend nicht gefällt oder du einfach gerade weder die Zeit noch die Kohle hast, um Boutiquen zu plündern, musst du dich dazu auch nicht gezwungen fühlen. Schaufensterpuppen regieren nicht die Welt. Bloß weil sie es tragen, heißt das noch lange nicht, dass du dich ihnen anschließen musst. Außerdem ist nächsten Sommer sowieso wieder alles anders, und du kannst deine einst trendigen Klamotten in den Müll werfen.

4. NUR WEIL ES »OUT« IST, MUSST DU ES NICHT NICHT TRAGEN.

Wenn du die Hose immer noch magst, die vor drei Jahren im Trend war, hast du jedes Recht, sie anzuziehen. Trage das, was dich glücklich macht. Nicht das, was dir Modemagazinredakteure einzureden versuchen. Hier nur ein kleines Wort der Vorsicht: Wenn du ohnehin schon in der Schule gemobbt wirst und nicht das Selbstbewusstsein hast, kritische Blicke unbeeindruckt zu ignorieren, dann pass dich in der Schulzeit vielleicht lieber den anderen an. Das ist reiner Selbstschutz. Doch wenigstens außerschulisch solltest du genau das tragen, was *dir* gefällt. Scheiß auf die Regeln – wenn du es magst, dann zieh es an!

5. DIE SCHUHE MÜSSEN NICHT ZUR TASCHE PASSEN.

Wer sich den Blödsinn ausgedacht hat, dass Schuhe und Taschen dieselbe Farbe haben müssen, kann nur völlig bekloppt gewesen sein. Wahrscheinlich war's ein Taschen- und Schuhverkäufer.

6. GOLD UND SILBER DARFST DU KOMBINIEREN.

Skandal – es gibt sogar schon Schmuck, der von vornherein beide Farben enthält!

7. DU MUSST BEIM FORTGEHEN KEINE HIGH HEELS TRAGEN.

Schon gar nicht, um das Interesse der Jungs zu erwecken. Denen ist es nämlich ziemlich egal, was du für Schuhe anhast, solange du halbwegs aufrecht gehst und nicht mit hängenden Schultern daherwackelst. Die blicken eher auf deinen Hintern oder (wenn sie echt blöd sind) ins Dekolleté.

8. NUR WEIL EIN MARKENNAME DRAUFSTEHT, IST ES NICHT AUTOMATISCH COOL.

Hast du eine bestimmte Lieblingsmarke, deren Klamotten dir besser stehen als andere, die extrem angenehm geschnitten sind oder deren Stil dir einfach gefällt – dann nur zu, deck dich damit ein. Aber tu es nicht deshalb, weil *eine Marke* draufsteht, sondern deshalb, weil *deine Lieblingsmarke* draufsteht; weil du dir in den Sachen gefällst und weil du dich darin pudelwohl fühlst.

9. NUR WEIL KEIN MARKENNAME DRAUFSTEHT, IST ES NICHT AUTOMATISCH UNCOOL.

Nicht jeder kann sich Markenklamotten leisten. Außerdem ist eine Marke alles andere als eine Garantie dafür, dass das Teil tatsächlich gut aussieht. Und selbst wenn dem so wäre: No-Name-Teile können mindestens genauso cool aussehen wie ihre berühmten Konkurrenten.

10. FAKE-MARKENNAMEN SIND RECHT COOL, ABER AUCH RISIKOBEHAFTET.

Es ist schon verständlich: Wenn du auf eine Marke abfährst, sie dir aber nicht leisten kannst, dann kann es eine sehr nette Alternative sein, sich die Chinatown-Variante der geliebten Teile zuzulegen. Aber dabei solltest du vorsichtig sein, wenn du dich in einem verständnislosen Umfeld befindest. Sind die Gleichaltrigen in deinem Umkreis alle Echt-Marken-verseucht und tendieren sie dazu, andere für ihren Look zu verurteilen, könnte es riskant sein, zu versuchen, sich mit einem Fake-Teil unter sie zu mischen.

11. BILLIG IST ZWAR BILLIG, ABER HÄLT MEISTENS NICHT LANGE.

Klar, dein Klamottenbudget ist limitiert. Und nicht alles, was teuer ist, ist zwangsläufig empfehlenswert (manchmal fragt man sich schon: Zahlt man eigentlich für die Qualität oder bloß für die Marke?). Aber meistens hast du schon wesentlich mehr von einem hochwertigen Teil, das etwas mehr kostet und dafür jahrelang hält, als von 10 Zwei-Euro-Shirts, die nach dem ersten Ausflug in die Wäschetrommel nicht wiederzuerkennen sind.

12. SOCKEN VERSCHWINDEN.

Wenn du jemals selbst Wäsche gewaschen hast, weißt du, dass Waschmaschinen Socken fressen. Komischerweise nur Socken. Und meistens nicht einmal das ganze Paar, sondern immer nur eine. Schon sehr seltsam.

13. SOCKEN MÜSSEN NICHT ZUSAMMENPASSEN.

Vor allem, wenn die Waschmaschine gerade die Hälfte deiner Fußbekleidung verschwinden hat lassen, kannst du ruhig mal verschiedene Socken kombinieren. Wieso denn nicht? So haben sich schon Pärchen gefunden (»He, du bist ja gleich doof wie ich!«). Solang du es mit Absicht tust, kann dir keiner was vorhalten. Wer weiß, vielleicht wirst du so noch zum Trendsetter der Sockenbranche!

14. SCHALS UND TÜCHER SIND MULTIFUNKTIONAL.

Richtig geknüpft, kannst du sie nicht nur als Halsdeko, sondern auch als Strandrock, Strandkleid oder Weste verwenden. Außerdem sind sie perfekt, um Schmutz auf deinem Shirt oder auch mal den gelegentlichen Knutschfleck zu verstecken.

15. EIN LANGER ROCK KANN GANZ LEICHT ALS KLEIDCHEN GETRAGEN WERDEN.

Zieh ihn einfach bis über die Brust hoch, binde gegebenenfalls einen Gürtel um die Taille, und schon hast du aus dem alten Teil einen neuen Look gezaubert. Das geht natürlich nur, wenn der obere Saum des Rockes auch als Dekolleté durchgeht – da kannst du dein eigenes Urteilsvermögen verwenden.

16. URALTE TEILE KÖNNEN WAHRE SCHÄTZE SEIN.

Schwer zu glauben – aber das Shirt, das schon in deinem Schrank versauert, könnte in neuem Glanz erstrahlen und zu deinem Lieblingsshirt werden. Kombinier es mal mit etwas anderem, häng eine Kette drüber oder bind es mal mit einem Gürtel zusammen. Schon sieht es ganz anders aus, und irgendwie wieder cool.

17. NICHT JEDEM PASST JEDER TREND.

Manche Stile stehen dünnen Mädels wunderbar, aber lassen jede, die ein bisschen was auf den Knochen hat, wie eine Wurst oder Wassertonne aussehen. Andersrum gibt es Kleider, deren Dekolletés wirklich ausgefüllt sein müssen, damit sie einen guten Eindruck machen. Also lauf nicht jedem Trend hinterher, auch wenn er dir gut gefällt. Er sollte schon zu deinem Körperbau passen, wenn du nicht ganz verloren und verwirrt wirken willst.

18. BHS MÜSSEN PERFEKT SITZEN.

Nicht so halb oder dreiviertel. So richtig! Wenn dein BH zu klein ist, wirst du dich einfach nur unwohl fühlen. Ist er zu groß, rutschst du darin herum. Probier dich mal durch die Lingerie-Abteilung oder lass dir die perfekte Größe von einer Verkäuferin ermessen. Dein Leben wird nicht mehr dasselbe sein!

19. DER KLEIDERSCHRANK DER ÄLTEREN SCHWESTER KANN EINE GOLDGRUBE SEIN.

Dort findet man oft herrliche Schätze. Sei bloß vorsichtig, und achte darauf, dass sie nicht mitkriegt, dass du dich daran bedienst (es sei denn, sie hat dir ein lebenslanges Nutzungsrecht erteilt). Sonst wird sie nämlich entweder ein allgemeines Verbot aussprechen oder verlangen, dass du das Teil, das du dir geliehen hast, echt wieder zurückgibst. Dabei kann es natürlich auch helfen, das gefragte Teil nicht unbedingt in ihrer Anwesenheit zu tragen. Dann stehen die Chancen deutlich höher, dass sie entweder gar nie draufkommt, dass es überhaupt weg ist (außer es handelt sich um ihr Lieblingsshirt; davon solltest du zu deiner eigenen Sicherheit lieber grundsätzlich die Finger lassen), oder dass sie zumindest nicht auf die Idee kommt, ihre unschuldige, engelsgleiche Schwester zu verdächtigen.

DORT FINDET MAN OFT HERRLICHE SCHÄTZE!!!

20. ZIEHST DU DICH AN WIE EINE DAME, DIE IM ROTLICHTMILIEU ARBEITEN KÖNNTE?

Dann wirst du mit hoher Wahrscheinlichkeit auch als solche abgestempelt werden. Und zwar von Jungs wie von Mädchen. Tiefer Ausschnitt *oder* nackte Beine. Eins reicht. Sonst sind die Jungs ohnehin überfordert, weil sie nicht mehr wissen, wo sie hinsehen sollen.

21. GEMUSTERTE STRUMPFHOSEN PEPPEN JEDES OUTFIT AUF.

Natürlich sind sie reine Geschmackssache, so wie alles andere im Kleiderschrank. Aber du glaubst gar nicht, wie viel smarter, cooler und (je nach Strumpfhose) farbenfroher dein abgestumpftes Lieblingsröckchen oder -kleidchen plötzlich wirkt, wenn du es mit gepunkteten, karierten, geblümten oder mit sonstigen Ornamenten übersäten Strümpfen kombinierst. Mag nicht jedermanns Sache sein, doch wenn du offen für Neues bist und deine eintönigen Klamotten in einem neuen Scheinwerferlicht erstrahlen lassen willst, dann probier's doch mal aus und sieh ob's dir gefällt.

195

22. MAN MUSS NICHT ANDERE KOPIEREN, UM COOL AUSZUSEHEN.

Erstens, weil das, was an anderen toll wirkt, nicht zwangsläufig auch dir gut stehen wird. Zweitens, weil das, was anderen gar nicht steht, an dir super aussehen könnte. Drittens, weil es ganz schön unangenehm sein kann, im selben Shirt aufzutauchen wie die Freundin oder Feindin, bloß weil alle im selben Laden einkaufen. Und diejenige, die sich das Teil zuerst zugelegt hat, ist von einer Copycat meist nicht sonderlich begeistert. Lass dich ruhig von anderen inspirieren, aber lass auch deiner eigenen Kreativität freien Lauf.

23. INDIVIDUALITÄT IST TOLL!

Geschmäcker sind verschieden, selbst wenn die wankelmütige Modebranche uns in Form von Absoluten vorgeben will, was in der aktuellen Saison gerade gut aussieht und was in die Tonne gehört. Lass dich nicht dazu hinreißen, etwas zu tragen, was dir nicht gefällt, bloß weil du glaubst, du müsstest dich anpassen. Das gilt für individuelle Looks genauso wie für gewisse Trends. Bloß weil deine Freundinnen sich beim Fortgehen herrichten wie Go-go-Girls, bedeutet das nicht, dass du das auch tun musst, wenn du dir im selben Outfit einfach entblößt vorkommst. Deine Kleidung sollte deinen einzigartigen Charakter unterstreichen. Es gibt kein Richtig oder Falsch. Hauptsache, du fühlst dich in deinen Klamotten wohl. PS: Seinen eigenen Stil zu entwickeln braucht Zeit; aber letzten Endes wirst du froh sein, nicht mehr das Gefühl zu haben, jedem Trend folgen zu müssen.

24. MANCHE TAGE SIND BÖSARTIG.

Es wird immer wieder Tage geben, an welchen du in den Spiegel blickst und das Gefühl hast, kein einziges deiner Outfits sähe gut an dir aus. Das eine ist zu lang, das andere zu kurz; in dem hier sieht dein Hinterteil zu groß aus, und in diesem erkennt man kein Dekolleté; in jenem fühlst du dich wie das Michelinmännchen und in dem hier wie ein handelsüblicher Kartoffelsack. Doch statt inmitten deiner Kleiderhaufen auf dem Boden völlig zu verzweifeln, könntest du an solchen Tagen ja einfach den Spiegel meiden. Schnapp dir dein ultimatives Darin-fühle-ich-mich-immer-wohl-Outfit und lass es gut sein. Akzeptiere einfach, dass heute nicht dein Tag ist. Morgen ist der Spiegel hoffentlich wieder netter zu dir.

25. MANCHE TAGE SIND GROSSARTIG.

Zumindest haben sie das Potenzial, großartig zu sein. Und das hängt zu einem großen Teil von deiner eigenen Einstellung ab. Wenn du dich halbwegs gut fühlst, treib dieses Gefühl so weit in die Höhe, dass du dich nicht mehr bloß okay fühlst, sondern spektakulär! Geh mit der positiven Erwartung, dass du heute wunderbar aussehen wirst, an den Tag heran. Schau selbstbewusst in deinen Spiegel, und frag ihn nicht, ob du ihm gefällst – sag ihm, dass du dir selbst gefällst! Und zwar, indem du dich betrachtest und dein Augenmerk auf Dinge legst wie die auffälligen Details deines Shirts, oder die originelle Kombination von Unterteil und Oberteil, oder den allgemeinen Coolness-Faktor deines Looks, oder auch gern auf deine hübschen Arme, deine schmale Taille, dein schönes Dekolleté oder deinen knackigen Po. Und dann sagst du dir selbst: »Yeah! Ich sehe großartig aus!« Schon wird der Tag super starten.

11. KAPITEL

25

Erlebnisse,

DIE KEIN

MÄDCHEN

MISSEN

SOLLTE

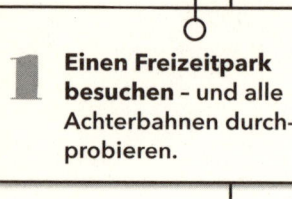

1 **Einen Freizeitpark besuchen** – und alle Achterbahnen durchprobieren.

2 **Mit den Mädels brunchen gehen** – kann nicht nur mit Freundinnen, sondern auch mit Mama und/oder Schwester sehr viel Spaß machen.

3 **Ein Buch auf Englisch lesen** – freiwillig.

4 **Einen Tanzkurs besuchen** – Ballroom, Salsa, Discofox, die Auswahl ist endlos …

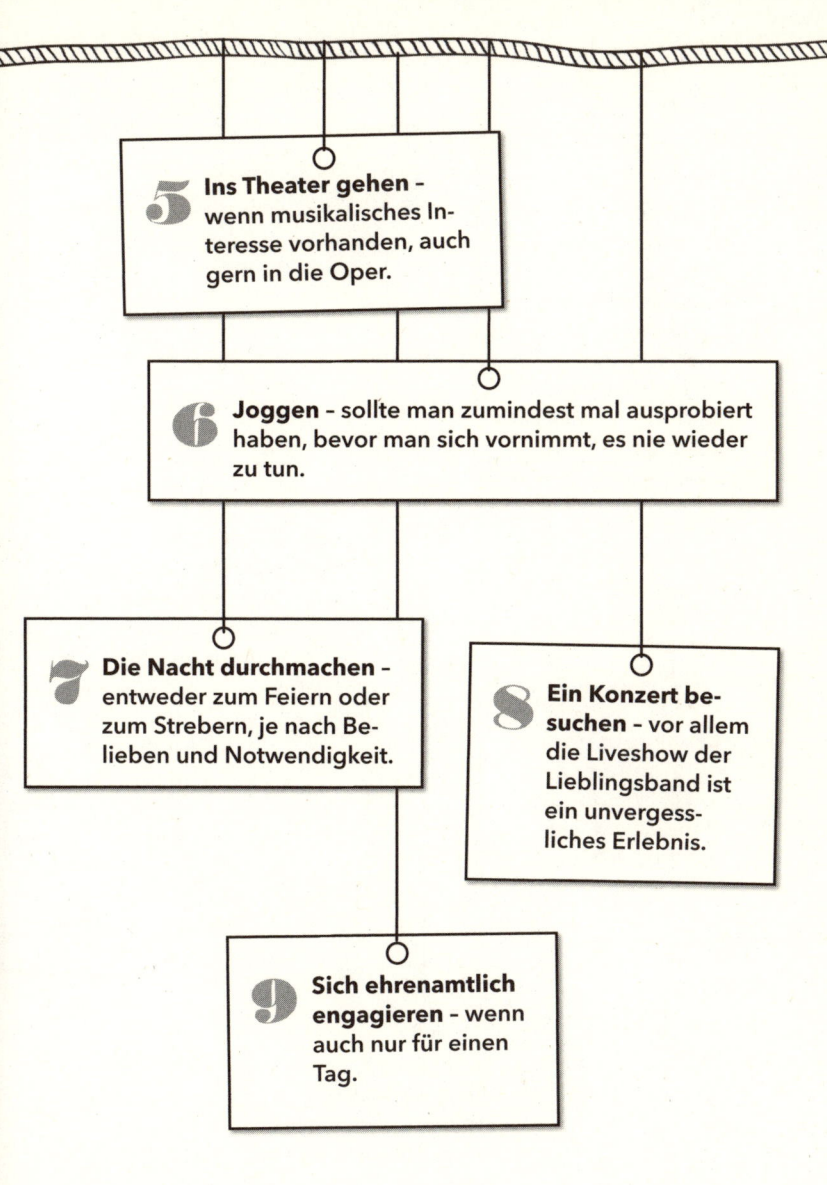

5 **Ins Theater gehen** – wenn musikalisches Interesse vorhanden, auch gern in die Oper.

6 **Joggen** – sollte man zumindest mal ausprobiert haben, bevor man sich vornimmt, es nie wieder zu tun.

7 **Die Nacht durchmachen** – entweder zum Feiern oder zum Strebern, je nach Belieben und Notwendigkeit.

8 **Ein Konzert besuchen** – vor allem die Liveshow der Lieblingsband ist ein unvergessliches Erlebnis.

9 **Sich ehrenamtlich engagieren** – wenn auch nur für einen Tag.

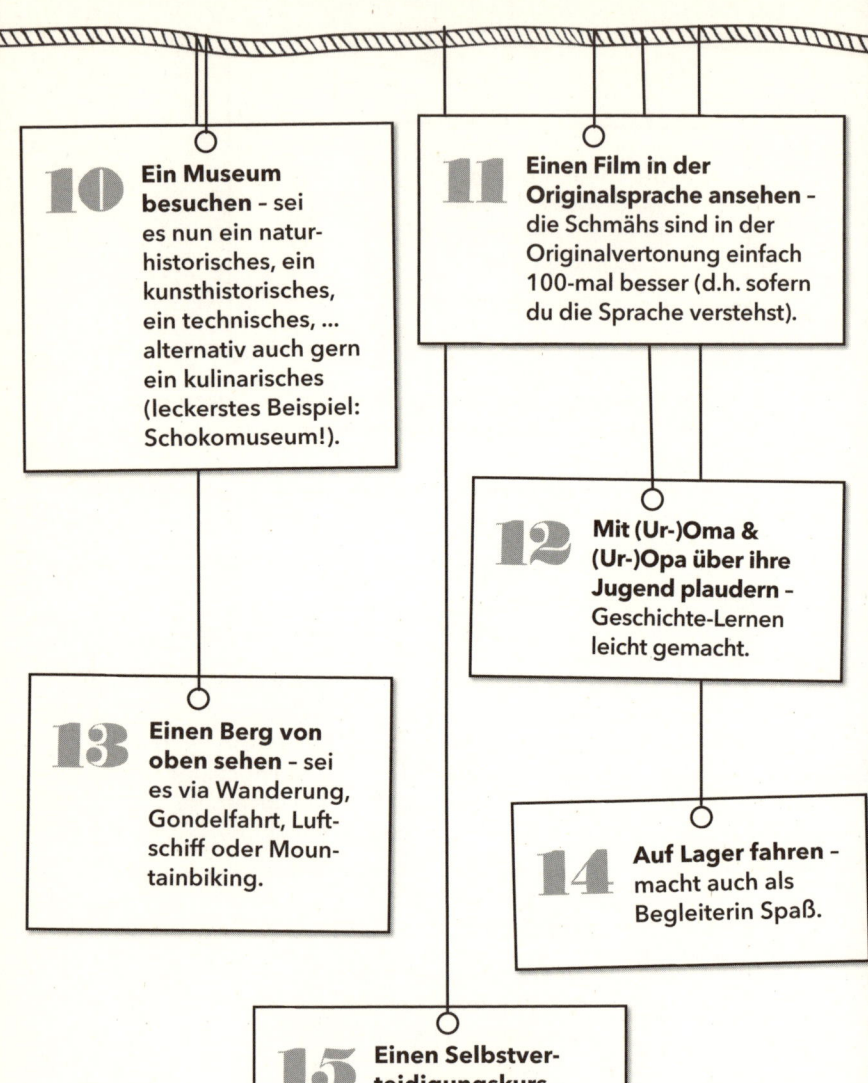

10 **Ein Museum besuchen** – sei es nun ein naturhistorisches, ein kunsthistorisches, ein technisches, ... alternativ auch gern ein kulinarisches (leckerstes Beispiel: Schokomuseum!).

11 **Einen Film in der Originalsprache ansehen** – die Schmähs sind in der Originalvertonung einfach 100-mal besser (d.h. sofern du die Sprache verstehst).

12 **Mit (Ur-)Oma & (Ur-)Opa über ihre Jugend plaudern** – Geschichte-Lernen leicht gemacht.

13 **Einen Berg von oben sehen** – sei es via Wanderung, Gondelfahrt, Luftschiff oder Mountainbiking.

14 **Auf Lager fahren** – macht auch als Begleiterin Spaß.

15 **Einen Selbstverteidigungskurs machen** – alternativ einen Kampfsport erlernen.

16 **Ein Musical sehen** - also in echt, nicht die Film-Version.

17 **Sich eine Massage gönnen** - Nacken, Rücken, Arme, Beine oder gern den ganzen Körper im Wellnesscenter (alternativ vom Verwandten/Bekannten mit Masseurausbildung) mal richtig durchkneten lassen.

18 **Spazieren gehen** - in guter Gesellschaft den Kreislauf ein bisschen anregen und die Natur genießen!

19 **Einen Horrorfilm anschauen** - idealerweise in Gesellschaft von mindestens einer anderen Person (je mehr, desto besser).

20 **Ins Kino gehen** – gewisse Filme muss man einfach auf der großen Leinwand bei 150 Dezibel und mit Popcorneimer am Schoß erleben.

21 **Einen Spieleabend machen** – in einer geselligen Runde ein Brettspiel nach dem anderen durchspielen, bis der Letzte am Tisch eingeschlafen ist.

22 **Ein Praktikum absolvieren** – um möglichst früh herauszufinden, ob der Traumjob wirklich so traumhaft ist, wie man ihn sich erträumt.

23 **Einen Erste-Hilfe-Kurs mitmachen** – bestenfalls in halbwegs regelmäßigen Abständen, um in einem Notfall nicht komplett überfordert zu sein.

24 **Spenden für den guten Zweck** – sei es an eine vertrauenswürdige Hilfsorganisation oder einfach an einen hilfsbedürftigen Menschen.

25 **Einen Tag ohne Handy verbringen** – einfach mal nicht für die Außenwelt erreichbar sein.

12. KAPITEL

25

Dinge,

DIE DU ÜBER HAARE WISSEN SOLLTEST

(DIE AUF DEINEM KOPF)

1 DEINE HAARE SIND DEINE IDENTITÄT.

Deine Frisur ist ein wesentlicher Teil deines Looks. Jeder, der dich kennt, identifiziert dich aus der Ferne zuerst mal durch deine Größe und Statur, doch spätestens als Drittes durch deine Haare. Du bist »die hübsche Brünette« oder »die große Rothaarige« oder »die kleine Blondine« oder »die Latina mit den schwarzen Locken«. Daher solltest du deine Haare respektieren, deinen diesbezüglichen Look mit äußerster Sorgfalt auswählen und, vor allen anderen Dingen, ganz besonders nett zu deinem Kopfschmuck sein. Denn bist du das nicht, werden deine haarigen Freunde zu deinen Feinden, bevor du das Wort »Haarkur« überhaupt in den Mund nehmen kannst.

HAARE GEHÖREN GEWASCHEN.

Lästig, aber unabdingbar. Manche Mädchen haben Glück und müssen höchstens ein- oder zweimal wöchentlich zum Shampoo greifen. Andere, also die meisten, kommen öfter dran, weil die Haare schon wieder fettig werden, bevor man sie überhaupt geföhnt hat. Das Haarewaschen ist ja hauptsächlich insofern nervig, als es Zeit erfordert – nass machen, shampoonieren, auswaschen, abtrocknen, Conditioner und/oder Pflege reintun, durchfrisieren, föhnen, wieder durchfrisieren, das dauert alles ewig. Und die Zeit könnte man ja so viel besser nutzen, um sich beispielsweise eine hirnzellenzerstörende Reality-show anzusehen oder über Jungs zu quatschen. Natürlich nicht, um Hausübungen zu machen. Prioritäten müssen schon gewahrt bleiben. In jedem Fall dauert das Prozedere einfach viel zu lange. Und wenn es dann auch noch alle

HAARE BRAUCHEN DAS PASSENDE SHAMPOO.

3

Dein Shampoo wählst du einfach danach aus, wie du deine Haare am ehesten beleidigen würdest. Es gibt Shampoos gegen »fettiges Haar«, »trockenes Haar«, »schuppiges Haar«, »glanzloses Haar« oder einfach nur generell »strapaziertes Haar«. Natürlich sind letztendlich alle Shampoos dafür da, fettige Haare wieder möglichst unfettig aussehen zu lassen, und die zusätzlichen Versprechen der jeweiligen Flaschen seien mal so dahingestellt. Aber unabhängig davon, ob das Zeug wirklich so wirkt, wie es das Etikett anpreist, wirst du dich zumindest besser fühlen, wenn du glaubst, das richtige Shampoo für deine Haare zu verwenden.

zwei Tage (oder noch schlimmer: jeden Tag) notwendig ist, dann ist es natürlich noch lästiger. Leider muss es trotzdem sein. Natürlich könntest du dir das Haar einfach so kurz wie möglich abschneiden, wenn du eher praktisch als ästhetisch orientiert bist, um zumindest einen Teil deiner wertvollen Zeit zu sparen.

2

HAARE BRAUCHEN DOPPELT SHAMPOO.

4

Als wäre einmal Waschen nicht genug, solltest du die Shampooniererei idealerweise jedes Mal doppelt durchführen. Shampoo rein, durchrubbeln, auswaschen, und dann dasselbe noch mal. Angeblich entfernt der erste Schritt den Dreck, der sich in deinem Haar versammelt hat (woher der Schmutz auch immer gekommen sein mag – Haarspray, Trockenshampoo, Staub, Sand, Mehlreste ...). Der zweite baut das Haar gesundheitstechnisch auf. Experten behaupten, man würde spätestens nach ein paar Haarwäschen merken, wie viel besser es den Haaren auf einmal geht.

DU BRAUCHST NICHT SO VIEL SHAMPOO, WIE DU GLAUBST.

Deine Hand muss nicht überschäumen. Das ist erstens verschwenderisch und zweitens vollkommen sinnlos. Die Haare werden nicht sauberer, wenn du sie mit zu viel Shampoo attackierst. Meistens reicht eine münzgroße Menge. Dann kommst du auch viel länger mit der Flasche aus.

5

EIGENTLICH BRAUCHST DU JA GAR KEIN SHAMPOO.

Es gibt Leute, die mit voller Überzeugung behaupten, man könne sein Haar nur mit Wasser (also wirklich nur Wasser, und sonst gar nichts!) reinigen. Angeblich funktioniert das nicht nur, sondern ist auch supergesund für die Haare. Dann gibt es auch noch Verrückte, die dir empfehlen, Backpulver als Shampooersatz zu verwenden. Oder rohe Eier. Gut, könnte man ja mal ausprobieren. Aber wenn dir danach die Haare ausfallen, solltest du die Eier vielleicht eher wieder zum Kochen oder Lehrerbewerfen verwenden.

6

FINGER WEG VOM TROCKENSHAMPOO.

7

Ab und zu kann Trockenshampoo ein Lebensretter sein. Zum Beispiel, wenn du gerade überhaupt keine Zeit für die klassische Haarwaschprozedur hast, weil du vor 30 Minuten in der Schule sein solltest. Im Grunde tut Trockenshampoo nicht viel – eben genau das: Es trocknet deine Haare. Sind sie fettig, sehen sie nach der Trockenshampooanwendung definitiv wieder schön trocken und wie neu aus. Zumindest für kurze Zeit. Aber lass dich ja nicht dazu hinreißen, dieses Zeug regelmäßig zu verwenden, bloß weil du zu faul bist, deine Haare zu waschen. Es ist ein Shampooersatz für absolute Notfälle, und nur dafür! Verwendest du diese Chemiebombe zu oft, kann es passieren, dass du auf unerklärliche Weise plötzlich jeden Tag beim Frisieren ein Büschel Haare in der Hand hast. Erklären kannst du dir das fatale Phänomen erst, wenn es bereits zu spät ist. Übrigens, eine weniger brutale Alternative ist Babypuder. Streu dir das auf den Ansatz, und es nimmt den Haaren das Fett genauso. Du darfst nur nicht zu viel davon verwenden und musst es danach gut abrubbeln, damit deine Haare zwar fettfrei, aber nicht omaweiß aussehen.

MANCHMAL GEHÖREN HAARE AUSGEFETTET.

Klingt irgendwie eklig, oder? Ist aber echt so. Wenn du den Eindruck hast, dass deine Haare viel zu schnell viel zu fettig werden, könnte es helfen, die Dinger einfach mal so richtig ausfetten zu lassen. Das heißt im Klartext: Für ein paar Tage einsperren und kein Shampoo oder sonstiges Haarpflegeprodukt anrühren. Duschen darfst du dich natürlich. Du willst ja nicht, dass deine Eltern die Flucht ergreifen, sobald du einen Raum betrittst. Aber lass deine Haare in Ruhe, solange du es irgendwie aushältst. Das wird ohnehin nicht sehr lange dauern; erstens, weil du dich irgendwann einfach nur mehr grauslich fühlen wirst, und zweitens, weil die Kopfhaut so erbarmungslos zu jucken anfangen wird, dass es dich die Wände hochtreibt. Aber halt durch. So eine Kur wird deinen Haaren guttun. Angeblich, weil du dann deinen Talgdrüsen angewöhnst, weniger Fett zu produzieren. Oder so.

HAARE BRAUCHEN PFLEGE.

Leg dir einen passenden Conditioner zu, ein Leave-in-Treatment oder zumindest einen Spray, der das Durchfrisieren erleichtert. Du brauchst keine komplette Batterie an Döschen und Fläschchen, die deinen ganzen Badezimmerschrank vollstellen. Aber ein bis zwei pflegende Produkte können für dein Haar schon sehr förderlich sein. Am besten fragst du einen Friseur deines Vertrauens (Betonung auf »Vertrauen«), was er dir empfehlen würde.

9

10 RUBBEL DEINE HAARE NICHT ZU TODE.

Mit brutaler Handtuchaktion ärgerst du sie nur, und sie werden danach unmöglich durchzukämmen sein. Am besten wringst du sie schon in der Dusche mit den Händen aus, um den Großteil des Wassers abfließen zu lassen. Dann drückst du sie noch einmal gründlich mit dem Handtuch aus. Nicht rubbeln und wie wild herumfuchteln. Sieh zu, dass du die Haare nicht unnötig verfilzt. Einfach nur ganz simpel ausdrücken, das reicht vollkommen. So sparst du Zeit und Ärger, wenn es ans Durchfrisieren geht.

HAARE GEHÖREN GEKÄMMT.

Gekämmt. Zumindest direkt nach dem Haarewaschen geht das Durchfrisieren wesentlich angenehmer und schneller vonstatten, wenn du vorsichtig mit einem möglichst groben Kamm durchfährst, als wenn du sie mit einer Bürste massakrierst.

11

HAARGUMMIS SIND DER TEUFEL.

Vor allem die mit Metallteil sind der Tod für deine Haare. Zum Glück findet man diese Teile heutzutage ohnehin kaum noch irgendwo. Doch generell gilt: Wenn du deine Haare ständig eng einschnürst, können sie ja nur irgendwann brüchig werden. Also trag die Haare offen, wenn du kannst, oder binde sie möglichst lose zusammen. Haarspangen funktionieren dafür auch wunderbar. Haben zwar einen leichten Mama-Touch, aber in Wirklichkeit kannst du deine Frisur damit ganz cool herrichten.

12

13 NACHTZEIT IST ZOPFZEIT.

Deine Haare über Nacht lose zu flechten ist vermutlich der beste Weg, sie beim Schlafen zu schonen. Doch die Betonung liegt auf »lose«, sonst könnte das Ganze kontraproduktiv sein. Mit Zopf werden sie durch das Hin-und-her-Gewälze nicht so strapaziert, und du findest morgens wahrscheinlich keine verstreut herumliegenden Haare auf deinem Kopfpolster.

KEIN GLÄTTEN OHNE HITZESPRAY.

14 Glätten, wellen, locken – ganz egal, wie du deine Haare mit dem brennheißen Gerät deiner Wahl verschönern willst, bring sie bitte nicht komplett um. Kauf dir einen Hitzespray, den du vor jeder Hitzeanwendung großzügig in deine Haare sprühst, damit sie die 200 Grad wenigstens halbwegs lebend überstehen.

HEIZGERÄTE SIND TÖDLICH.

Selbst mit Hitzespray – verweile mit der Heizstange nicht zu lange an einer Stelle. Weder mit dem Glätteisen noch mit dem Lockenstab oder sonstigen Instrumenten. Denn dann fallen dir die Haare ab. Ein paar Sekunden, länger auf gar keinen Fall! Eingesteckt herumliegen lassen solltest du die Dinger übrigens auch nicht, wenn sie unbeobachtet sind, sonst fackelst du noch die Bude ab.

15

16 HAARE GEHEN AUS.

Und zwar gar nicht so wenige. Das ist normal. Doch wenn du einmal ganze Büschel in der Hand hältst oder bei jedem Kämmen und Waschen mehr Haare ausgehen, als in deinen Kamm passen, solltest du dringend etwas unternehmen. Ist es wirklich schlimm, lass mal bei einem Arzt abchecken, ob dir wichtige Nährstoffe fehlen oder du sonst eine körperliche Fehlfunktion hast. Vielleicht bist du aber auch einfach nur gestresst. Stress kann dermaßen belastend für deine Haare sein, dass er sie dir buchstäblich ausrupft. Und da ist es völlig egal, ob der Druck mit der nächsten Mathearbeit zusammenhängt oder daher rührt, dass der Schwarm einfach nicht erkennen will, dass du auf diesem Planeten existierst.

HAARE GEHÖREN REGELMÄSSIG GESCHNITTEN.

17

Zumindest alle drei bis vier Monate wäre nicht schlecht. Aber das ist ja halb so schlimm. Du musst dir keine Sorgen machen, dass dich einmal Spitzenschneiden deine halbe Haarlänge kostet. Es sei denn, dein Friseur will dich verarschen. Oder deine Haare sind schon so kaputt, dass erst mal eine schöne Kante weg muss, ehe sie sich wieder erholen und gesund nachwachsen können. Doch in jedem Fall gibt es ein großartiges Geheimnis, das du unbedingt kennen solltest; vor allem, wenn du möglichst rasch möglichst lange Haare haben willst: Haare wachsen! Und zwar ständig. Werden sie geschnitten, werden sie sehr wahrscheinlich wieder nachwachsen. Also keine Angst. Sie sind nicht für immer verloren. Sie werden wiederkommen. Tatsächlich hast du sogar deutlich bessere Chancen, schöne lange Haare zu bekommen, wenn du ihnen regelmäßig mal ein paar Zentimeter abnimmst. Denn je kaputter die Haare sind, desto eher werden sie sich generell weigern, schön und schnell in die Länge zu wachsen.

STECKE DEIN VERTRAUEN NICHT IN IRGENDEINEN FRISEUR.

Wenn du ihn nicht schon kennst, seit er dir als Baby die Locken gedreht hat, solltest du bei der Vertrauensverteilung seeeeeehr vorsichtig sein. Wünschst du dir eine krasse Veränderung deines Haarschnitts, dann geh deine Vorstellung mit dem auserwählten Scherenschneider so oft und so genau durch (am besten einschließlich Foto- und Videoinstruktionen), bis er nur mehr mit den Augen rollt, aber zumindest weiß: »Wenn ich das versaue, verbuddelt sie mich irgendwo im Wald.« **18** *Dann wird er hoffentlich motiviert genug sein, keine Selbstverwirklichungsprojekte an deinen Haaren zu starten, sondern sich nach bestem Wissen und Gewissen an deine Wünsche zu halten. Wenn du deinem Friseur nicht punktgenaue Anweisungen gibst, kann es schon mal passieren, dass du statt eines subtil angedeuteten Ponys plötzlich eine Diagonale im Gesicht hast, die deine Stirn wie ein Lineal entzweischneidet und dich wie ein missratenes Experiment aussehen lässt. Oder dass du den Rest des Tages heulend am Boden deines Badezimmers verbringst, weil dich der Bob, den du dir so süß vorgestellt hast, wie Chucky die Mörderpuppe aussehen lässt und alle Haarspangen der Welt nichts daran ändern können. Deinem Friseur ist es im Übrigen relativ gleichgültig, ob du spätestens morgen wieder aus dem Haus musst und die erschrockenen Blicke deiner Mitmenschen ertragen darfst, die dich entweder im Mitleid ertränken oder mit dem Finger auf dich zeigen und laut losprusten.*

MISCHE ALKOHOL NICHT MIT FARBE, DIE IN DIE NÄHE DEINER HAARE KOMMT.

19

Bildest du dir ein, dich mit deiner guten alten Haarfarbe zu langweilen und deinem Umkreis (vor allem deinem Schwarm und deinen besten Freundinnen) unbedingt ein neues Ich präsentieren zu müssen, dann überleg dir diesen Schritt für mehr als fünf Minuten. Eine solche Entscheidung sollte nicht allein basierend auf 15 lustigen Getränken, dem Angebot »Ich könnte dir ja die Haare färben« und der vertrauenswilligen Reaktion »Voll cool ... Mach mal!« getroffen werden. Du solltest eine Rauschkugel noch weniger an deinen Kopf ranlassen als einen nicht vertrauenswürdigen Friseur. Nicht zuletzt, weil nicht jedem Mädchen auch jede Farbe steht. Dem Urteil der Saufgurke zu vertrauen wäre wohl eine der klassischen Ideen, die du an dem Abend »geil«, »krass«, »voll was auch immer« oder sonst was findest und am nächsten Morgen bereust, wenn du in den Spiegel guckst und dich vor dir selbst schreckst. Frag dich lieber, warum sie sich nicht selbst die Haare färbt, sondern dich als Versuchskaninchen braucht, um ihre kreative Ader auszuleben.

Übrigens ist von solchen Aktionen auch deinem berauschten Selbst, nicht nur der benebelten BF, ABF, BFF etc. abzuraten.

20 DEINE HAARFARBE NACH DEM ENE-MENE-MUH-PRINZIP ZU WÄHLEN IST KEINE GUTE IDEE.

Eins steht leider fest: So, wie du aussehen willst, wirst du mit ziemlicher Sicherheit nicht aussehen. Bloß weil deine Lieblingsberühmtheit gerade lila Haare hat, bedeutet das nicht, dass du mit einer Haarfarbpackung um 5,95 Euro vom nächsten Drogeriemarkt genauso cool aussehen wirst wie sie. Genauso wenig wirst du übrigens aussehen wie das schöne Mädchen mit dem wallenden Haar und dem sexy Blick auf der Verpackung. Am besten googelst du zuerst mal, welche Farbe überhaupt zu welchem Hauttyp passt. Dann informierst du dich darüber, welche Haarfarbe sich halbwegs problemlos in welche andere umwandeln lässt und welche einfach nur sauer wird, wenn du es versuchst (Tipp: Der Versuch, schwarze Haare zu blondieren, könnte nach hinten losgehen). Vielleicht solltest du auch bedenken, welche Klamottenfarben mit welcher Haarfarbe nicht harmonieren, es sei denn, du willst für die nächsten zwei Jahre deine rot-, orange- oder pinkfarbenen Outfits ohnehin nie wieder anziehen.

21 HAARFARBEXPERIMENTE SIND FÜR DIE EWIGKEIT.

Jedenfalls dauert es eine gefühlte Ewigkeit, bis du die Farbe, die du dir in einem Moment der existenziellen Krise ausgesucht hast, wieder komplett loswirst. Tönungen versprechen viel. Hauptsächlich rühmen sie sich mit dem Wort »auswaschbar«. Aber um eines klarzustellen: Die Abwesenheit des Wortes »permanent« bedeutet nicht automatisch, dass die Farbe leicht oder bald wieder zu

100 % verschwindet. Eine Haartönung hat eigentlich eine sehr spannende Lebensdauer, die scheinbar nur darauf ausgerichtet ist, junge Mädchen zu frustrieren. Dein Haar wird nämlich genau so schnell wieder ausbleichen, dass es für kurze Zeit toll und dann für laaange Zeit absolut grauenvoll aussieht. Und diese laaange Zeit zieht sich genau so lange, bis du den Zombielook nicht mehr aushältst und die nächste Farbpackung draufhaust. Logisch, die wollen ja Tönungen verkaufen. Glaub also nicht, dass du innerhalb weniger Tage wieder zu deinem natürlichen Blond, Braun, Rot oder Schwarz zurückkehren wirst, weil sich die liebe Tönung von selbst rasch und rückstandsfrei wieder verzieht. Hast du deinen Kopf einmal getönt, machst du dich besser auf eine monatelange Prozedur gefasst, wenn du deine ursprüngliche Haarfarbe jemals wieder zurückhaben willst. Eine Prozedur, im Zuge derer du dein schwer verdientes Taschengeld für weitere Tönungen, Färbungen oder gleich den Friseur (wenn du dir selbst nicht mehr traust) ausgeben darfst, die dich langsam und schrittweise wieder deinem gottgegebenen Ton angleichen, den du vielleicht, unter Umständen, eventuell, möglicherweise, wenn du großes Glück hast, irgendwann mal wieder erreichst. Probier lieber mal für den Anfang so was wie ein Farbshampoo aus, um zu sehen, ob dir die ausgewählte Farbe überhaupt an dir gefällt, bevor du zur langfristigeren Alternative greifst.

TÖNE NIEMALS GEBLEICHTE HAARE.

Egal, was deine sympathischen Schulkolleginnen, also die selbst erklärten Expertinnen auf dem Gebiet, dir einreden wollen. Wie gesagt: Nicht jede beliebige Farbe lässt sich in jede andere beliebige Farbe umfärben. Dunkle Haare erblonden zu lassen erfordert nicht nur Unmengen an Wasserstoff, der deine Haare langfristig ruiniert, sondern auch ein Nervenkostüm aus Eisen, wenn der Schmarrn danebengeht. Umgekehrt ist es nicht weniger riskant. Blond gesträhnte Haare per Tönung erbräunen zu lassen kann eine Kermit-Mutation hervorrufen, die dich bis zu deinem Todestag traumatisiert. Eine Tönung reagiert nämlich ziemlich eigen auf wasserstoffgebleichte Haare – zuerst noch unscheinbar angepisst; doch spätestens, wenn die Sonne draufstrahlt, erklärt sie dir den grünen Krieg. Wenn du dich also nicht so lange bei dir zu Hause einsperren willst, bis dir deine Mutter oder Schwester gnädigerweise eine neue, passendere und vor allem deckende Farbe aus dem Laden mitbringt, solltest du Kurzschlussaktionen eher vermeiden. Überleg dir lieber im Vorhinein, was du deinen Haaren da antun willst. Informiere dich bei verlässlichen Quellen oder recherchiere in diversen Foren für Haarfetischisten, wie deine Haare worauf reagieren könnten und welche Farbwahl das geringste Mutationsrisiko birgt.

22

23 LASS NIEMALS DEINE BETRUNKENE FREUNDIN DEINE HAARE SCHNEIDEN.

Schon gar nicht bloß deshalb, weil ihr es beide gerade lustig findet. Auch nicht Stirnfransen. Auch nicht, wenn sie Friseurin ist. Je nach Promillegrad werden deine Stirnfransen dann nämlich eher wie (lange oder kurze) Stacheln nach vorne stehen, als geschmeidig deine Stirn zu verhängen.

24 VORSICHT BEIM HAARSPRAY.

Wenn du zum Fortgehen eine halbe Dose Spray in deine Haare sprühst, damit auch ganz sicher die Frisur hält, könntest du das spätestens beim Nachhausekommen bereuen. Wenn du fähig sein willst, deine Haare durchzukämmen, ohne alle zwei Sekunden einen frustrierten Schrei loslassen zu müssen, solltest du dich beim Haarspray ein wenig zurückhalten. Oder, wenn du heimkommst, noch Haare waschen. Mehrmals. Mit viel Shampoo.

VERNICHTE DEN RAUCH. SOFORT.

Glücklicherweise ist das Rauchen sowieso kaum noch wo erlaubt. Aber wenn du jemals aus einer verrauchten Disco, aus der Nachbarschaftsbar oder aus dem Partykeller deiner Freundin nach Hause kommst und dort auch nur eine einzige Person geraucht hat, solltest du als Allererstes mal unbedingt an deinem Haar schnuppern. Wenn es auch nur annähernd nach Rauch stinkt, ab unter die Dusche und gründlich mit Shampoo durchrubbeln. Vollkommen egal, wie fix und fertig du gerade bist. Du wirst dir am nächsten Morgen dankbar sein. Tust du das nämlich nicht, weil du der Meinung bist, die Dusche ist ja am nächsten Morgen auch noch da, kann der Gestank schon schwieriger wieder rauszukriegen sein. Es ist zwar lästig, aber es wirkt fast, als würde sich dieser Rauch hartnäckig in deine Haare hineinfressen und dort umso tiefer sitzen bleiben, je länger er dort gelassen wird und Unfug treiben kann.

25

13. KAPITEL

25 BÜCHER,

die du zumindest mal geöffnet haben solltest

Da wären mal die Klassiker, die ständig irgendwo verfilmt oder zitiert werden:

1 Stolz und Vorurteil (Jane Austen)

Obwohl dieses Buch inzwischen über 200 Jahre alt ist und bis heute in Form von unzähligen Filmadaptionen existiert, sollte jedes Mädchen zumindest einmal in ihrem Leben ein originales Jane-Austen-Buch gelesen (und nicht nur die Kinoversion gesehen) haben. Abgesehen von der fesselnden Geschichte an sich geben Austens Werke Einblick in Welten und Zeiten, die aus heutiger Sicht wirklich faszinierend sind. Andere Regeln, andere Normen, andere Liebesbekundungen – und doch gab es damals wie heute verliebte und gebrochene Herzen zur Genüge, denn manche Dinge ändern sich wohl nie.

2 Der kleine Prinz (Antoine de Saint-Exupéry)

Ständig wird die Geschichte des kleinen Prinzen irgendwo erwähnt oder zitiert: »Man sieht nur mit dem Herzen gut. Das Wesentliche ist für die Augen unsichtbar.« Ein weiser Spruch. Da kann es schon ganz nützlich sein, zu wissen, dass dieses Buch von einem kleinen Jungen handelt, der vor einer eitlen Blume flüchtet, auf Freundschafts- und Erfahrungssuche von Planet zu Planet reist und sich schließlich von einem Piloten ein Schaf (also eine Kiste) zeichnen lässt. Ein Klassiker voll skurriler Gestalten und Hinweise auf die enormen Unterschiede zwischen kindlichen und erwachsenen Denkweisen.

3 Dracula (Bram Stoker)

Ohne Vampirbuch ist eine Bücherliste im 21. Jahrhundert einfach nicht vollständig. Dafür sind die Knoblauch- und Weihwasser-verachtenden wandelnden Toten inzwischen einfach zu präsent in unseren Bücherregalen, DVD-Sammlungen und Streaming-Listen; selbst als Musical finden die bleichen Tagschläfer mit ihren scharfen Beißerchen Verwendung. Das bedeutet allerdings noch lange nicht, dass man deshalb zu glitzernden Vampirschönlingen greifen muss – man halte sich hier dann doch lieber ans Original, das all den abgewandelten Geschichten zugrunde liegt.

4   Oliver Twist (Charles Dickens)

Vom armen Waisenkind Oliver stammt das berühmte, halb verhungerte Zitat: »Bitte, Herr, ich möchte noch etwas mehr!« (und nein, bekommt er nicht; dafür wird er eingesperrt und an einen Leichenbestatter weitergereicht). Nachdem er in einem Haus nach dem anderen misshandelt wurde, flüchtet er schließlich nach London, wo er für eine Diebesbande rekrutiert wird, die den unschuldigen Jungen in einen Kriminellen verwandeln möchte. Basierend auf Dickens Geschichte gibt es übrigens auch eine (ganz dezent abgeänderte) Disneyverfilmung – da sind zwar alle vierbeinig, doch dafür singen sie!

5   Romeo & Julia (William Shakespeare)

Irgendein Shakespeare-Stück gehört einfach in jede Büchersammlung. Für Tragödienfans gerne die minderjährigen Liebenden (verfeindete Familien, Racheschwüre und fake beziehungsweise echter Selbstmord) oder der gute alte Hamlet (Geister, Irre, vergifteter Wein, was wünscht man sich mehr?). Ein lustigeres Stück wäre der »Sommernachtstraum«, der mit mehr als genug seltsamen Charakteren aufwartet. Und wenn du einfach nur was richtig Krankes lesen willst, probier's mal mit »Titus Andronicus« (da gibt es haufenweise abgetrennte Körperteile; außerdem werden Menschen im Sweeney-Todd-Stil zu Pastete verarbeitet).

6 — Faust (Johann Wolfgang von Goethe)

Beim Namen »Goethe« klingelt schon das eine oder andere Glöckchen. Der berühmte Dichter zeichnet unter anderem für den »Erlkönig« und »Faust« verantwortlich. Bei Letzterem geht es um den alten Gelehrten Faust, der seine Seele an den Teufel (genannt Mephistopheles oder Mephisto) verkauft. Das Drama besteht aus zwei Teilen und wirkt uneeeeendlich lang; eine alternative, wesentlich kürzere und im Übrigen auch ältere Version der Geschichte wäre übrigens Christopher Marlowes »Dr. Faustus«.

7 — Madame Bovary (Gustave Flaubert)

Das berühmte Drama spielt im Frankreich des 19. Jahrhunderts. Obwohl Emma Bovarys Leben und Schicksal bis in jedes letzte Detail interpretiert werden kann, sind die Eckpfeiler des Inhalts relativ rasch wiedergegeben (Achtung Spoiler): Eine unglückliche Heirat führt dazu, dass frau ihren Ehemann betrügt, in einen Strudel der Verzweiflung gerät und sich am Ende selbst vergiftet.

8   Anna Karenina (Leo Tolstoi)

(Noch ein Spoiler Alert.) Dieser Schinken handelt von einer russischen Schönheit, die ein paar Länder weiter in etwa zur selben Zeit ihren Mann betrügt, in einen Strudel der Verzweiflung gerät und sich am Ende vor einen Zug stürzt. Anna und Emma sind wohl zwei der berühmtesten Frauen (um nicht zu sagen Ehebrecherinnen) der Weltliteratur.

9   Mord im Orientexpress (Agatha Christie)

Irgendeinen Klassiker der Kriminalliteratur muss man doch mal gelesen haben. Agatha Christies blutrünstiger Zug bietet sich vor allem deshalb an, weil er wohl der bekannteste und somit der am weitesten verbreitete Krimi der berühmten Autorin ist. Außerdem ist es einfach wahnsinnig spannend, Hercule Poirot, den Belgier mit Monsterschnurrbart, dabei zu begleiten, wie er aus den unscheinbarsten Indizien einen Mordfall zusammenstückelt und letzten Endes vielleicht (vielleicht auch nicht?) doch noch den (oder die) unscheinbaren Mörder entlarvt.

Es ist schon überraschend, wie sehr sich die originalen Geschichten teilweise von den modernen Adaptionen unterscheiden. Die berühmten Erzähler schrieben ihre Märchen damals nämlich nicht gerade freundlich und fröhlich, sondern eher finster und brutal. Vor 200 Jahren wurden Kinder noch nicht mit Friede-Freude-Eierkuchen und Alles-wird-gut-Erzählungen ins Bett geschickt. Viel lieber wurden Märchen als die Art von Erziehungstaktiken verwendet, von denen man sich kaum vorstellen kann, dass sie »keine« Albträume verursachten, denn die Geschichten sind ganz schön barbarisch. Doch gerade deshalb kann es durchaus spannend sein, sich mal die Originalfassungen

von Disneys Happily-ever-after-Zuckerwatten-Versionen durchzulesen – und herauszufinden, dass beispielsweise die beliebte Meerjungfrau mit dem wallenden roten Haar ihrem ursprünglichen Schicksal zufolge nicht nur »nicht« ihren geliebten Prinzen heiratet, sondern wortwörtlich ihre Zunge verliert, ehe sie mit gebrochenem Herzen zu Meerschaum zersetzt wird.

11 Die Bibel (mehrere Autoren)

Das Buch der Bücher wurde so oft verkauft wie kein anderes. Über den Inhalt kann man diskutieren; und solange du nicht Theologie studieren willst, wirst du wahrscheinlich nie mehr davon lesen, als du sowieso im Religionsunterricht hörst (vorausgesetzt du bist christlichen Glaubens). Aber es kann ja nicht schaden, zumindest irgendetwas über die Texte zu wissen. Also: Das Buch besteht eigentlich aus zwei Büchern. Genauer gesagt, aus zwei Testamenten (dem alten vor Christus und dem neuen seit Christus). Neben Propheten, schwangeren Jungfrauen, apokalyptischen Regenfällen und diversen Wundern geht es eigentlich recht häufig darum, nach welchen Regeln man zu leben hat und warum man Dinge so und nicht anders tun soll, wenn man nach dem Tod nicht in der Hölle landen will.

Dann gibt es Werke, die mal was anderes, aber extrem interessant sind:

 **12** Freedom in Exile (Dalai Lama)

Wenn dich das Thema Buddhismus oder Tibet auch nur im Entferntesten interessiert, ist dieses Buch wärmstens zu empfehlen. Geschrieben vom Dalai Lama höchstpersönlich, erzählt es seine komplette Lebensgeschichte – von seiner Ernennung zum Religionsoberhaupt als kleines Kind über die Hinterlistigkeit und Brutalität, mit der sich die Chinesen Tibet unter den Nagel rissen, bis hin zu seiner Flucht durch Nacht und Nebel, Berg und Tal, quer über den Himalaya nach Indien.

 **13** Onkel Toms Hütte (Harriet Beecher Stowe)

Dieses Buch gibt tiefe Einblicke in das Leben eines Sklaven im gespaltenen Amerika um die Mitte des 19. Jahrhunderts. Toms Lebens- und Leidensgeschichte auf der Plantage seines Herrn gibt wohl einprägsamere Auskunft über die damals herrschenden Verhältnisse, als es ein trockenes Geschichtsbuch jemals könnte.

14 Wir Kinder vom Bahnhof Zoo (Christiane Felscherinow)

Wer dieses Buch einmal gelesen hat, wird für den Rest seines Lebens mit ziemlicher Sicherheit keine Drogen in jeglicher Form anrühren. Die persönliche Geschichte der Autorin malt ein spannendes und doch erschreckendes Bild davon, wie das Leben für jemanden spiralförmig bergab geht, der einmal in die Szene beziehungsweise den entsprechenden Freundeskreis hineinrutscht – und es beinahe unmöglich schafft, sich wieder daraus zu befreien.

15 Eine Biografie (Autor nach Wahl)

Sich irgendwann mal die Geschichte über das Leben einer echten, lebenden oder auch nicht mehr lebenden Person zu Gemüte zu führen gehört einfach zur Lesekarriere dazu. Sei es nun die bewundernswerte Schauspielerin, der heiße Sänger, der verhasste Politiker oder irgendein Mitglied irgendeiner königlichen Familie – solche Berühmtheiten sind schon faszinierend. Also schnapp dir doch mal die Biografie der Person, die dich wirklich begeistert. Schon bald wirst du Details über ihr Leben wissen, die sonst kaum jemand kennt und die sie nur noch interessanter machen.

Dann wären da noch die Geschichten, die einfach nur unheimlich spannend zu lesen sind:

16 Harry Potter (Joanne K. Rowling)

Harry hat einen Vogel. Also einen echten. Und er machte Besenreiten auch für Männer populär. Die aus sieben Bänden bestehende Fantasy-Reihe begann ursprünglich als Kinderbuch und endete – tja, nicht mehr ganz als Kinderbuch. Jedenfalls muss man sie unbedingt mal gelesen haben, wenn man auf Magie, Hexen und Zauberer abfährt ... Kofferwagen, die durch Wände fahren; fliegende Pkw; nach Brüchen benannte Bahnsteige; feuerspuckende Pokale; flügelbesetzte Golfbälle; unsichtbar machende Umhänge; Eingänge via Telefonzellen oder (nicht weniger originell) durchs Klo – die Geschichte des berühmten Zauberschülers, der in einem Schloss zur Schule gehen darf (wie cool ist das denn?!), kann man sich doch einfach nicht entgehen lassen.

17 Göttlich verliebt (Josephine Angelini)

Reizen dich die griechischen Götter? Aber du hast nicht die geringste Lust, dich in die echte Mythologie zu vertiefen, weil sie einfach viel zu kompliziert, viel zu vielseitig und viel zu charakterüberflutet ist? Vollkommen verständlich. Dann wäre die moderne Fantasy-Version vielleicht das Richtige für dich. In der geht es (wie könnte es anders sein?) um die schöne Helena. Allerdings ist sie in diesem Dreiteiler eine blonde High-Schoolerin mit magischen Fähigkeiten, die durch ihre Liebe zum nicht weniger attraktiven Paris-Klon einen Sturm loslöst, der für alle Mythologie-Begeisterten (und auch nicht so Mythologie-begeisterten) zu einem unglaublich spannenden, modernen und doch antik angehauchten Lesespaß wird.

18 Die Tribute von Panem (Suzanne Collins)

Futuristisches Setting. Brutale und ziemlich gesellschaftskritische Geschichte. Jedes Jahr findet nämlich eine grausame Ziehung statt, deren »Gewinner« sich der Hungergames Reality Show stellen dürfen, bei der nur eines zählt: Überleben, und zwar als Einziger. Macht man sich beim Publikum unbeliebt, hat man noch zusätzlich schlechte Karten. Diese Buchreihe zeigt ohne Zimpern auf, wie weit Unterdrückungsmaßnahmen gehen können und wozu es führen kann, wenn sich viel zu viel auf der Welt um TV-Entertainment dreht.

19 Illuminati (Dan Brown)

Man schicke einen Harvard-Professor für religiöse Ikonologie und Symbologie mit Mickymaus-Uhr am Handgelenk auf die Suche nach einem Geheimbund, der mit mythischen Symbolen eine Rätseljagd durch ganz Rom gelegt hat, an dessen Ende die potenzielle Zerstörung des Vatikans steht. Dieser Roman ist multifunktionell, denn er eignet sich wunderbar zum Hirnzellen-Anstrengen und ist zugleich unheimlich spannend zu lesen. Dan Brown hat übrigens noch eine Reihe weiterer, nicht ganz unähnlicher und um nichts weniger fesselnder Thriller aus seiner Feder gezaubert, einschließlich dem Sakrileg aka »Da Vinci Code«.

20 Per Anhalter durch die Galaxis (Douglas Adams):

Wie lautet die Antwort auf die Frage aller Fragen? Und was ist eigentlich die Frage? Gute Frage! Am besten mal dieses mehr als skurrile Buch durchblättern, das von einem Engländer erzählt, der nach der Vernichtung seines Heimatplaneten (also der Erde) quer durchs Universum reist – und zwar in Gesellschaft eines zweiköpfigen Präsidenten, eines depressiven Roboters und weiterer amüsanter Charaktere. Eine interessante und nicht ganz humorlose Mischung aus Satire, Science Fiction und Komödie.

21 Der Regenbogenfisch (Marcus Pfister)

Teilen macht Freude. Und Freunde auch. Dieses wunderbar farbenfroh illustrierte Buch, das nur so glitzert und funkelt, sollte von jedem Kind wenigstens einmal gesehen und gelesen worden sein. Idealerweise natürlich im Kindergarten- beziehungsweise Volksschulalter. Doch wer sagt denn, dass man so was nicht auch später nachholen kann? Ein Kinderbuch-Klassiker bleibt nun mal ein Kinderbuch-Klassiker.

Und dann gibt es noch Bücher, die nicht fiktiv, nicht sonderlich spannend, aber trotzdem irgendwie empfehlenswert sind:

22 Das Geheimnis (Rhonda Byrne)

Dieses Buch eröffnet dir ein Geheimnis. Ein großes. Ein richtig großes. Denn es sagt dir, wie du alles bekommen kannst, was du dir jemals gewünscht hast. Alles. Also wirklich alles. Nachteil: Du musst echt wirklich ganz fest daran glauben (null Zweifel erlaubt). Und außerdem solltest du jetzt schon so agieren, als hättest du dein Ziel bereits erreicht. Zugegeben, das ist nicht gerade eine einfach zu bewerkstelligende Lebensweise. Als direkt anwendbare Gebrauchsanleitung mag das Buch daher eher bedenklich sein, aber möglicherweise ist es ja einen Versuch wert – in jedem Fall eine recht interessante Lektüre.

23 Schulbuch (Autor nach Wahl)

Machen wir uns nichts vor. Schulbücher sind sehr oft sehr fad, sehr sehr trocken, und sehr sehr sehr frustrierend. Eigentlich machen sie sich manchmal einfach besser als willkürliches Wurfobjekt zur Aggressionsbewältigung. Andererseits enthalten diese viel zu vielseitigen Exemplare entgegen der landläufigen Meinung unter Schülern dann doch manchmal auch recht nützliche Informationen. Wenn man sich nun aber schon dafür entscheiden sollte, freiwillig einen Schulschinken zu öffnen, wäre es natürlich ratsam, einen für die eigenen (und aktuellen) Schulfächer zu wählen – damit man wenigstens was davon hat, wenn der Professor wieder mal Mitarbeitsplus verteilt.

24 Ein Familienfotoalbum

Dein eigenes. Oder das deiner Mama. Oder das deiner Oma. Je nachdem, welches sich in halbwegs nächster Nähe befindet und nicht erst aus den verstaubten Kisten im noch verstaubteren Keller hervorgekramt werden muss. Zwischendurch sollte man sich einfach mal die Zeit nehmen, die visuell gestaltete Familiengeschichte durchzuschauen. Das weckt Erinnerungen (oder lässt neue entstehen) – wie sollst du dich denn sonst an den peinlichen Aufzug deines Papas oder die noch peinlichere Frisur deiner Mama bei der Geburtstagsfeier deiner Oma vor 20 Jahren erinnern, zu deren Zeitpunkt du selbst noch nicht viel mehr als ein erotischer Gedanke warst? Im Gegensatz zu elektronischen Fotosammlungen haben schöne alte Fotoalben auch den Vorteil, dass nicht 20 Serienselfies ein und derselben Szene mit kaum voneinander unterscheidbaren Gesichtsausdrücken durchgescrollt werden müssen, sondern immer nur eine Auswahl der besten Bilder des jeweiligen Tages eingeklebt ist. Entweder, weil sich jemand schon die Mühe gemacht hat, die Favoriten herauszusuchen, oder weil damals tatsächlich noch eine Filmrolle in der Kamera war – weswegen es schlicht und ergreifend nur diese wenigen Exemplare gibt.

Die größte Lüge der Menschheit ist ein einziger Klick: »Ja, ich habe die AGBs gelesen.« Dabei kann auch die langweiligste Lektüre der Weltgeschichte dem Leser wirklich was bringen! Zum Beispiel, dass man schneller einschläft. Oder dass man plötzlich mit einer »Aber im Fall einer Zombie-Apokalypse ist das schon okay«-Klausel konfrontiert wird (soll es wirklich geben). Oder, wenn man bis zum Ende durchhält, dass man wahnsinnig stolz auf sich sein kann. Denn einmal im Leben muss man sich einfach durch etwas durchgekämpft haben, was man abgrundtief hasst. Man muss mal etwas lesen, was derart öde ist und derart unendlich scheint, dass man kaum anders kann, als mit den Augen zu rollen, Aggressionen zu bekommen oder das Ganze gleich in den nächsten Mülleimer zu pfeffern (beziehungsweise mit einem blinden Klick zu akzeptieren). Für solche Herausforderungen bieten sich alternativ auch diverse Bedienungsanleitungen an, oder – wenn man es lieber fiktiv mag – ein endloser Schinken wie »Ulysses« von James Joyce. Doch wenn du so etwas mal durchgestanden hast, kannst du dir echt auf die Schulter klopfen – Hut ab!

14. KAPITEL

GRÜNDE,

WARUM ES KEINE OUTSIDER GIBT

Wie herrlich wäre denn das Leben und wie schön unsere Welt, wenn wir alle miteinander auskommen würden? Wenn jeder mit jedem befreundet sein könnte? Wenn jeder jeden so akzeptieren und respektieren würde, wie er ist? Wenn man, statt auf Kosten anderer zu lachen, mit den anderen lachen würde? Wenn man, statt sich über andere lustig zu machen, mit ihnen gemeinsam Spaß haben könnte? Das Leben wäre doch für alle Menschen deutlich friedlicher, wenn wir unsere Insider-Outsider-Mentalität über Bord werfen und uns einfach alle verstehen würden. Miteinander leben und lachen könnten. Einander helfen und unterstützen würden. Füreinander da wären und einander zur Seite stünden. Ohne Vorurteile, überhaupt ohne Urteile. Denn jeder Mensch ist ein Unikat. Jeder Mensch ist etwas Besonderes. Und dafür verdient er Liebe, Freundschaft und Respekt.

Zum Beispiel ...

Wenn jemand einen außergewöhnlichen Kleidungsstil hat ...

... sollte man ihm dafür applaudieren. Traut sich jemand in der heutigen Social-Media-dominierten Zeit, sich gegen den Trend zu stellen und zu seinem eigenen Geschmack zu stehen, dann ist das wohl kaum belächelns-, sondern höchstens beneidenswert. Die neue Gucci-Tasche bewundern kann jeder; ausgefallene Kleidung zu bewundern zeigt viel Ehrlichkeit, Respekt und Selbstvertrauen.

Wenn jemand ein anderes Herkunftsland hat und bloß gebrochenes Deutsch spricht ...

... so hat man es mit einem unglaublich mutigen Menschen zu tun. Die Mühe, die er sich gibt, um in einem neuen Land neu anzufangen, einen neuen Freundeskreis aufzubauen, sich an eine neue Kultur zu gewöhnen und eine neue Sprache zu erlernen, sollte man ihm hoch anrechnen. Abgesehen davon haben Menschen aus anderen Ländern und Kulturen oft wahnsinnig spannende Geschichten zu erzählen und können, wenn man ihnen eine Chance gibt, zu den allerliebsten Freunden werden.

Wenn jemand untypisch jung für sein Alter aussieht ...

... wird sich das früher oder später schon noch ändern. Auch wenn dieser Mensch körperlich gesehen aktuell noch nicht mit seinen frühreifen Kollegen mithalten kann, bedeutet das noch lange nicht, dass er ihnen mental wie emotional gesehen nicht bereits weit voraus ist. Außerdem wird sich spätestens in 10 Jahren der Spieß sowieso umdrehen – wenn langsam die ersten Fältchen auftauchen und allen klar wird, dass sie jetzt doch lieber jünger als reifer aussehen würden. Auf einmal jauchzen alle vor Freude, sobald sie mal nach ihrem Ausweis gefragt werden, obwohl sie längst über 20 sind.

Wenn jemand unter einer körperlichen oder geistigen Behinderung leidet ...

... bedeutet das keinesfalls, dass er in allen Lebensbereichen eingeschränkt ist. Im Gegenteil: Lerne diejenige Person doch einfach mal ein bisschen besser kennen. Du wirst beeindruckt davon sein, wie gut sie mit ihren eigenen Umständen zurechtkommt, wie tapfer sie durchs Leben geht und wie klug, talentiert, freundlich, dankbar und liebenswert sie ist.

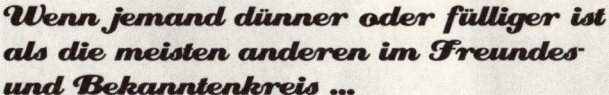

Wenn jemand dünner oder fülliger ist als die meisten anderen im Freundes- und Bekanntenkreis ...

... tut das überhaupt nichts zur Sache. Erstens hat der Körperbau nicht das Mindeste mit dem Charakter, der Intelligenz oder dem Freundschaftspotenzial einer Person zu tun – er ist bloß die äußere Hülle eines wunderbaren Menschen. Zweitens ist jeder Körper anders. Jeder Mensch hat andere genetische Voraussetzungen, und nicht jeder Körper reagiert vollkommen gleich. So ist nicht jeder sportliche Mensch automatisch dünn; nicht jeder dünne Mensch ist automatisch sportlich oder achtet auf eine gesunde Ernährung. In Wirklichkeit ist es oft genau umgekehrt, sodass man anhand der Kleidergröße allein nicht annähernd abschätzen kann, wie gesund oder ungesund ein Mensch tatsächlich ist. Im Endeffekt ist jeder Körpertyp schön auf seine eigene Art und Weise.

Wenn jemand noch unerfahren ist ...

... lebt er in einer himmlischen Welt. Denk mal zurück an deine Kindheit, als es noch deine größten Sorgen waren, ob du heute ein Eis bekommst oder warum deine Schwester jetzt unbedingt mit deinem neuen Spielzeug spielen muss. Nicht alles über die Welt, das Leben und die Liebe zu wissen kann ein Segen sein; denn Hand in Hand mit Wissen und Erfahrungen kommen auch Sorgen und Ängste. Wer hat denn beispielsweise noch nie irgendein Symptom gegoogelt und von der allwissenden Suchmaschine erfahren, dass seine juckenden Augenbrauen wahrscheinlich auf lebensbedrohliche Krankheit A, B oder Y hinweisen? Unwissenheit ist nicht immer etwas Schlechtes. Und wenn eine Klassenkollegin wirklich auffallend wenig Erfahrung mit den »wichtigen Dingen des Lebens« haben sollte, fehlt ihr vielleicht einfach nur der Austauschpartner. Sie würde sich bestimmt über eine Chance freuen, ihren Erfahrungsschatz mithilfe von Freundinnengesprächen zu erweitern.

Wenn ein Mädchen auf Mädchen steht ...

... dann ist das genauso normal, genauso schön, genauso kompliziert und eine genauso vielseitige Gefühlsachterbahn wie es (entstehende, bestehende, zerbrochene oder noch nicht definierte) Beziehungen zwischen heterosexuellen Pärchen sind. Die Hochs und Tiefs der Liebe erlebt jeder Mensch – völlig unabhängig von seiner sexuellen Orientierung.

Wenn ein Junge auf Jungs steht ...

... gilt genau dasselbe. Amor geht das Geschlecht seiner Verliebten am bewindelten Allerwertesten vorbei, denn einfach ist die Liebe nie. Jungs verwirren Mädchen, Mädchen verwirren Jungs, Jungs verwirren Jungs, und Mädchen verwirren Mädchen. Liebe ist immer irgendwie kompliziert. Sie kann auf der einen Seite Herzen brechen und auf der anderen die Beteiligten auf Wolke sieben tanzen lassen. Vor allem aber ist absolut jede Liebe wertvoll – ganz egal, wer sich in wen verliebt.

Wenn jemand eine Zahnspange trägt ...

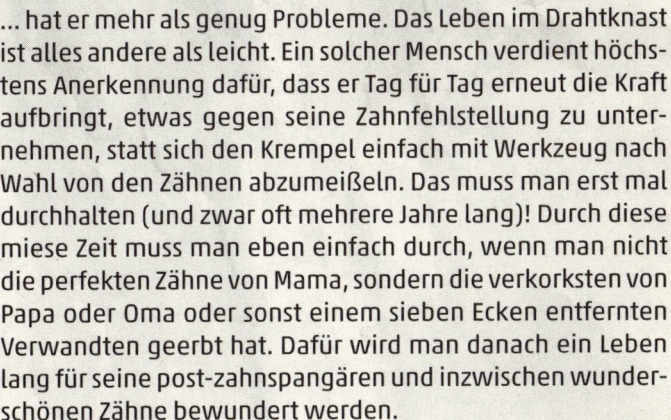

... hat er mehr als genug Probleme. Das Leben im Drahtknast ist alles andere als leicht. Ein solcher Mensch verdient höchstens Anerkennung dafür, dass er Tag für Tag erneut die Kraft aufbringt, etwas gegen seine Zahnfehlstellung zu unternehmen, statt sich den Krempel einfach mit Werkzeug nach Wahl von den Zähnen abzumeißeln. Das muss man erst mal durchhalten (und zwar oft mehrere Jahre lang)! Durch diese miese Zeit muss man eben einfach durch, wenn man nicht die perfekten Zähne von Mama, sondern die verkorksten von Papa oder Oma oder sonst einem sieben Ecken entfernten Verwandten geerbt hat. Dafür wird man danach ein Leben lang für seine post-zahnspangären und inzwischen wunderschönen Zähne bewundert werden.

10 *Wenn jemand eine Brille hat oder bräuchte ...*

... kann er nichts dafür. Seine Augen sucht man sich genauso wenig aus wie seine natürliche Haar- oder Hautfarbe (und in dem Fall hilft weder eine lila Färbung noch ein Solarium). Im Übrigen muss man einen Brillenträger oder potenziellen Brillenträger im Normalfall weder direkt noch indirekt darauf hinweisen, dass mit seinen Augen etwas nicht stimmt. Das weiß er meistens auch ohne Erinnerung, sei sie nun verbaler Natur oder auch bloß ein vielsagender Blick. Wesentlich angenehmer ist es, ehrlich gemeinte Komplimente wie »Die Brille steht dir gut!« zu hören oder seine Sehschwäche einfach klassisch ignoriert zu wissen.

Wenn jemand eine andere Hautfarbe hat als die anderen im Freundes- und Bekanntenkreis ...

... tut das weniger als gar nichts zur Sache. Egal, ob das nun die genetisch mitgebrachte Hautfarbe aufgrund der Nationalität betrifft oder den Hautton aufgrund übertriebener beziehungsweise mangelnder Sonneneinstrahlung. Manche sind von Natur aus dunkler, andere heller. Manche werden vor lauter Solarium mit 30 aussehen, als wären sie 60; andere wirken dafür, als würden sie ausschließlich im nächstgelegenen Tunnel Urlaub machen. In allen erdenklichen Fällen wäre es ein schwerer Fehler, Menschen nach Äußerlichkeiten zu beurteilen oder danach zu entscheiden, mit wem man sich abgibt und wen man lieber links liegen lässt.

Wenn jemand freiwillig die Nase in die Bücher steckt ...

... ist das etwas Positives und Erstrebenswertes. Gern zu lesen und zu lernen ist eine Eigenschaft, die man nur bewundern kann. Abgesehen davon, dass damit meist hervorragende akademische Leistungen einhergehen, haben Leseratten einen beneidenswerten Wissens- und Wortschatz – und die Grammatik beherrschen sie normalerweise auch wesentlich besser als Leute, die sich weder in gedruckter noch in digitaler Form mit Worten beschäftigen (mit »digitale Form« sind übrigens nicht die Chat-Kürzel- und Emoji-überladenen Kommentare auf Social-Media-Plattformen gemeint). Selbst ernannte Streberchen sind überdies oft extrem hilfsbereit und können sich als hervorragende Helferlein bei schwierigen Aufgaben erweisen, wenn man sie lieb darum bittet.

13 **Wenn jemand keine guten Noten schreibt ...**

... bedeutet das nicht im Mindesten, dass sein Intelligenz-quotient infrage zu stellen ist. Vielleicht tut sich dieser Mensch beim Lernen einfach schwerer als seine Klassenkameraden; vielleicht ist er ein visueller Lerner, der mit den Methoden seiner Lehrer nicht viel anfangen kann; vielleicht wird er zu Hause so eingeteilt, dass er nicht mal Zeit zum Lernen findet; und vielleicht sind schulische Leistungen einfach nicht seine höchste Priorität. Tatsache ist: Besonders großer oder auffal-lend gering ausfallender akademischer Erfolg hat nicht das Geringste mit dem Freundschaftspotenzial eines Menschen zu tun.

14 **Wenn jemand keine Freunde zu haben scheint ...**

... liegt das vermutlich daran, dass er ein klein (oder groß) wenig schüchtern ist und sich schwer damit tut, auf andere zuzugehen. Zurückhaltende Menschen sitzen meist nicht absichtlich alleine in der Ecke, sondern trauen sich einfach nicht, von sich aus ein Gespräch zu beginnen; schon gar nicht, wenn sie das Gefühl haben, alle anderen seien bereits in festen Grüppchen verschweißt und hätten kein Interesse an neuen Mitgliedern. Geht man allerdings auf sie zu und fängt seinerseits an, sich freundlich mit ihnen zu unterhalten, tauen sie oft äußerst schnell auf (manche etwas schneller, manche etwas langsamer, je nach Charakter und jeweiligen Erfah-rungswerten) und freuen sich enorm darüber, inkludiert zu werden. Erst, wenn man jemandem die Chance gegeben hat, ihn kennenzulernen, kann man beurteilen, ob er aus gutem

Grund alleine ist (ab und zu gibt es ja Kandidaten, die wirklich lieber ihre Ruhe wollen und alle Menschen hassen) oder ob er bloß Skrupel hat und sich – wenn man die unsichtbare Barriere erst mal überwunden hat – als wunderbarer, offener, sozialer Mensch entpuppt. Auf diese Weise sind schon die allerschönsten Freundschaften entstanden.

Wenn jemand nicht das größte Sportstalent ist ...

... bedeutet das noch lange nicht, dass man nicht wahnsinnig viel Spaß mit ihm als Teammitglied haben kann. Die Unsportlichsten sind ja oft diejenigen, die den Turnunterricht nicht übermäßig ernst nehmen, die Spiele eher locker angehen und hauptsächlich auf den Spaßfaktor setzen. Klar stehen die Chancen, zu gewinnen, besser, wenn das Team aus lauter Möchtegern-Olympia-Athleten besteht – aber mehr Freude am Spiel haben dann doch eher diejenigen, die um des Spielens willen spielen. Hinzu kommt, dass jemand, der einem Team jedes Mal zwangszugewiesen werden muss, wohl kaum das Gefühl bekommt, von irgendwem gewollt zu werden. Als Resultat wird er möglicherweise sehr beschäftigt damit sein, sich ganz bewusst im Hintergrund zu halten, um ja nicht negativ aufzufallen. Er wird kaum motiviert sein, sich überhaupt zu bemühen. Und wer weiß, welche versteckten Talente man damit übergeht? Vielleicht wäre der zuletzt ins Team »gewählte« Mitspieler ja ein richtiger Powerplayer, der dem Team wieder und wieder zum Sieg verhilft, wenn man ihn nicht so verunsichern, sondern stattdessen ermutigen würde – indem man ihm das Gefühl gibt, ihn als Teammitglied zu schätzen. Im Übrigen weiß morgen sowieso keiner mehr, wer heute im Volleyball gewonnen hat.

16

Wenn jemand Veganer oder Vegetarier ist, ...

... tut er etwas Gutes für die Tierchen, für die Umwelt und nicht zuletzt für die eigene Gesundheit. Seine Beweggründe zu erfragen ist durchaus legitim und oft auch gern gesehen (Pflanzenfresser reden im Normalfall ziemlich gern darüber, warum sie dem Essen der Fleischfresser das Essen wegessen). Allerdings endet die Geduld recht schnell, wenn die Person das Gefühl bekommt, gegen eine Wand zu reden und mit schlechten Argumenten auf dem »Aber-Kühe-freuen-sich-doch-wenn-sie-zu-Burgern-verarbeitet-werden«-Niveau in den Boden gestampft zu werden. Eine dynamische Diskussion über ethische, gesundheitliche oder ökologische Fakten ist eine Sache; die Argumentationen des Veggies überhaupt nicht gelten zu lassen, ist definitiv eine andere, die höchstwahrscheinlich damit enden wird, dass sich der Pflanzenfreund nie wieder mit dem Sturkopf unterhalten möchte.

17

Wenn jemand leidenschaftlicher Fleischesser ist, ...

so ist das seine eigene Entscheidung; die zu treffen ist sein gutes Recht. Er hat es genauso wenig verdient, von Pflanzenfressern ein schlechtes Gewissen eingeredet zu bekommen, weil für sein Schinkenbrot ein unschuldiger Vierbeiner sein Leben lassen musste, wie es ein Vegetarier oder Veganer verdient hat, sich die körperliche Selbstzerstörung vorauszusagen zu lassen, weil er ja »viiiieeel zu wenig Proteine« zu sich nimmt. Letztendlich sollte es doch jedem Menschen erlaubt sein, sich seine eigene Ernährungsweise auszusuchen, ohne bei jeder gemeinsamen Mahlzeit mit einem Andersesser schiefe Blicke und böse Kommentare zu ernten.

Wenn jemand spirituell oder religiös veranlagt ist, ...

so ist sein Glaube für ihn eine wirkungs- und bedeutungsvolle Stütze, um sein Leben mit allen Ups und Downs zu meistern. Dieser Glaube kann die verschiedensten Formen annehmen und von einem leichten Hang bis zu einer tief gehenden Überzeugung reichen. Gewisse Ansichtsweisen überschneiden sich sogar, selbst wenn sie unterschiedlich benannt werden. Was für die einen das Schicksal oder die Macht des Universums ist, kann für andere ein durchaus ähnliches, wenngleich traditionelles, religiöses Symbol sein. Im Endeffekt ist es jedoch völlig egal, ob jemand an Gott, Allah, Buddha, Zeus, Karma, Hexen, Geister oder das Spaghettimonster glaubt – sein Glaube ist ein Teil von ihm, der ihn zu dem Menschen macht, der er ist, und für den er Respekt verdient (erst recht, wenn er bereit ist, vor anderen dazu zu stehen).

Wenn jemand an nichts Spirituelles oder Religiöses glaubt, ...

sollte auch diese Lebensweise und Mentalität respektiert werden. Agnostiker und Atheisten haben dasselbe Recht auf ihre eigenen Ansichten wie klassische (oder weniger klassische) Theisten. Man muss nicht versuchen, ungläubige Menschen zu konvertieren, genauso wenig wie man versuchen muss, gläubigen Menschen ihren Glauben auszureden. Wichtig ist doch einfach, dass wir uns alle im Sinne der Ethik und der moralischen Werte einig sind. Lieb sein – gut. Gemein sein – böse. Oder?

Wenn jemand von einem Bett ins nächste hüpft, ...

... dann hat er hoffentlich viel Spaß dabei und ist verhütungstechnisch abgesichert. Wird sich die Person durch ihre Sprunghaftigkeit einen Platz am Podest der vielversprechendsten Beziehungspartner sichern? Wohl kaum. Wird sie sich langsam, aber sicher einen Ruf als Betthäschen erarbeiten? Relativ wahrscheinlich. Dennoch macht sie ihr Verhalten nicht zu einem schlechten Menschen, vorausgesetzt, sie ist von Anfang an ehrlich mit ihren Matratzen-Pingpong-Partnern und verletzt niemanden mit ihren Spielchen. Im Übrigen könnte sie sich möglicherweise als sehr nützliche Informationsquelle herausstellen, die alle erdenklichen Fragen zu dem Thema aufgrund ihrer erweiterten sexuellen Erfahrungswerte authentisch beantworten kann.

Wenn jemand keine sexuellen Erfahrungen hat, ...

... beruht das im Normalfall entweder auf Desinteresse oder auf romantischer Zurückhaltung. Beides hat definitiv Vorbildfunktion. Fühlt man sich einfach noch zu jung oder aus unerklärlicheren Gründen nicht bereit für diesen Schritt, ist man vielen anderen meilenweit voraus – denn das bedeutet, dass man sich weder von anderen noch von Trends oder Erwartungen etwas einreden lässt, was sich nicht richtig anfühlt. Diese Kraft aufzubringen und zu sich selbst zu stehen kann man eigentlich nur bewundern. Dasselbe gilt für jene, die diesen Schritt nicht wagen, solange sie nicht den richtigen Partner dafür gefunden haben. Sex ist kein Coolnessfaktor, sondern sollte nur aus 100 % freiem Willen geschehen, wenn man sich zu 100 % bereit dafür fühlt und seinem Gegenüber zu 100 % vertraut.

22

Wenn jemand eigentlich jemand anders sein möchte ...

... und nicht nur innerlich wie äußerlich zu seinem Traum vom Frau-Sein oder Mann-Sein steht, sondern ihn auch noch verwirklicht, ist er für seinen Mut mehr als zu bewundern. Eine Geschlechtsumwandlung zu vollziehen ist wohl die extremste Veränderung, die man seinem Körper zumuten kann. Doch für manche Menschen ist sie das einzig Richtige. Sich selbst einzugestehen, wie man sich im tiefsten Inneren fühlt, wer man eigentlich ist und wer man für den Rest seines Lebens sein möchte, ist alles andere als leicht. Noch schwieriger ist es, dies seinem Umfeld zu gestehen und diesen komplexen, auf allen Ebenen herausfordernden Prozess auch noch durchzustehen. Hut ab für all jene, die sich ihren Wunsch eingestehen und sowohl die Kraft als auch die Courage aufbringen, zu dem Menschen zu werden, der sie sein wollen!

23

Wenn jemand wie ein Markenkatalog rumläuft, ...

... ist ihm sein markenbewusstes Auftreten offensichtlich wichtig, und diese Präferenz ist ja auch verständlich. Marken sind für viele cool, und Marken sind für alle teuer. Trägt man Markenmode, scheint man finanziell einigermaßen gut aufgestellt zu sein, was natürlich einen gewissen Reiz hat. Dass Markennamen nicht zwangsläufig für Qualität stehen, ist ein anderes Thema. Im Endeffekt ist die Wahl der eigenen Outfits doch jedem selbst überlassen. Abgesehen davon kann man ja nie wissen, welche Stücke die Person sich wirklich selbst gekauft beziehungsweise gewünscht hat und welche ihr gegen ihren Willen von Mama oder Oma oder Großtante übergezogen wurden. Als gute Tochter, Enkelin oder Nichte trägt man eben auch mal anderen zuliebe Sachen, die man sich selbst nicht unbedingt im Laden ausgesucht hätte.

Wenn jemand keine Markenmode trägt, ...

... heißt das nicht automatisch, dass seine Klamotten von geringer Qualität und von noch geringerem Coolnessfaktor sind. Vielleicht kann oder will sich diejenige Person einfach nicht mit Logos einkleiden. Wie bereits erwähnt: Nicht jedes Markenteil sieht automatisch an jedem gut aus, bloß weil man außer Logo nur noch Logo sieht; genauso wenig sieht No-Name-Mode grundsätzlich als Kategorie schlecht aus, bloß weil kein unübersehbares Logo an ihr prangt. Außerdem: Wäre es nicht ohnehin empfehlenswerter (und besser fürs Karma-Konto), wenn wir andere generell nicht als wandelnde Schaufensterpuppen, sondern als Menschen mit Herz und Seele und Charakter und Persönlichkeit sähen und behandelten?

25

Wenn jemand mehr oder weniger Geld zur Verfügung hat, ...

... ist er als Mensch deshalb um nichts mehr oder weniger wert. Manche arbeiten für ihr Geld, andere bekommen es von ihren Eltern, Dritte jammern bei Opa, und Vierte brauchen sowieso nicht viel. Menschen, deren Eltern sich ungewöhnlichen Luxus leisten können, haben nicht darum gebeten, ausgenützt oder beneidet zu werden; ihre Eltern haben sich ihre gehobenen Lebensumstände höchstwahrscheinlich mit sehr harter (wenngleich oft für andere unsichtbarer) Arbeit schwer verdient. Auf der anderen Seite ist es natürlich auch ratsam, auf Menschen, die nicht in Dagobert Ducks Pool schwimmen können, Rücksicht zu nehmen – vor allem, wenn Pläne gemacht werden, die finanzielle Mittel erfordern.

15. KAPITEL

25 Mythen,

die Jungs als

»allgemeingültige Fakten über Mädchen«

BETRACHTEN UND DIE DU BEIZEITEN

einmal widerlegen könntest

260

10. MÄDCHEN KÖNNEN NICHT EINPARKEN.

11. MÄDCHEN HABEN EINEN KNALL.

12. MÄDCHEN VERBRINGEN 100% IHRER FREIZEIT IM EINKAUFSCENTER.

13. MÄDCHEN SAGEN NIE DAS, WAS SIE MEINEN.

14. MÄDCHEN SIND IM DAUERDIÄTWAHN.

15. MÄDCHEN HABEN EINEN VOGEL.

16. MÄDCHEN ZEIGEN VIEL ZU GERNE, WAS SIE HABEN.

17. MÄDCHEN NERVEN UND ZICKEN. ALLE. IMMER.

21. MÄDCHEN SIND SPIEGEL-FIXIERT.

22. MÄDCHEN HEULEN SOFORT.

23. MÄDCHEN TELEFONIEREN EWIG UND REDEN ZU VIEL.

24. MÄDCHEN VERBRINGEN IHR HALBES LEBEN IM SCHMINKKASTEN.

25. MÄDCHEN HABEN EINFACH ALLGEMEIN EINEN AN DER KLATSCHE.

Dein Leben sollte sich weder ums Essen noch um deinen Körper drehen. Aber du solltest dich mit dir selbst wohlfühlen, denn erfahrungsgemäß hat die körperliche Gesundheit einen wesentlichen Einfluss auf den Wohlfühlfaktor in allen anderen Lebensbereichen. Sie schafft die Rahmenbedingungen dafür, dass du mit dir selbst zufrieden sein und dich einfach gut fühlen kannst. Daher findest du in diesem Kapitel einige gut gemeinte Ratschläge, die dich auf gesunde, den Körper nicht zerstörende Art und Weise (Stichwort Jojo-Diäten) fit halten und dir vielleicht sogar beim Abnehmen helfen können – falls du mit deinem Körper ein wenig unzufrieden bist, dich aber einfach schwertust, ihn in Form zu bringen. Wenn du dich in dieser Hinsicht ein wenig unsicher fühlst und schon nicht mehr weißt, was du am besten tun solltest, weil irgendwie jeder etwas anderes sagt, dann lies dir diese Tipps einfach mal durch und entscheide selbst, ob du sie ausprobieren möchtest oder nicht.

16. KAPITEL

25

**erprobte und
gut gemeinte Tipps,**

UM GESUND ZU LEBEN

1.
Ab acht Uhr abends nicht mehr zu viel essen

Es gibt Verrückte, die eine Fünf-Uhr-nachmittags-Deadline empfehlen. Die spinnen, ignorier die. Sonst hast du spätestens um 11 einen Heißhungeranfall. Überhaupt: Sich einzureden, dass man gar nichts mehr essen **darf**, kann ein großer Fehler sein. Denn wir wollen ja immer das, was wir nicht haben können. Und bei der eigenen Gesundheit geht es nicht darum, sich etwas zu verbieten, sondern seinem Körper das zu geben, was er braucht. Wenn er um 10 Uhr abends hungrig ist, dann gib ihm was! Aber etwas leicht verträgliches, womit er um diese späte Tageszeit, wenn die Verdauungsfunktion eingeschränkt ist, noch zurechtkommt, sodass du nicht mit schwerem Magen ins Bett gehen musst und die halbe Nacht wach liegst. Ein Spät-Abend-Snack könnte beispielsweise aus Joghurt, Nüssen oder Gemüse bestehen (besser gekocht, gegart oder sonst wie erwärmt als roh). Mit leerem Magen schlafen gehen kann genauso zu schlaflosen Stunden führen wie ein zu voller Magen, weil alles knurrt und schmerzt und du die ganze Zeit, wenn du die Augen schließt, bloß lustige Muffins oder singende Fleischspießchen vor dir rumtanzen siehst.

2.
Zwei bis drei Liter Wasser am Tag trinken

Und zwar nicht erst, nachdem es durch die Kaffeemaschine gefiltert worden ist. Hydration ist für vieles wichtig – einschließlich ein ordentlich funktionierendes Verdauungssystem. Hast du Blähungen, dann hast du entweder etwas gegessen, womit dein Darm überhaupt keine Freude hat, oder aber du hast einfach nur zu wenig getrunken. Kleiner Tipp: Je wasserartiger (also durchsichtiger) dein Pipi, desto besser bist du hydriert; je gelber, desto weniger hast du heute getrunken. Abends solltest du allerdings etwas weniger Flüssigkeit zu dir nehmen, denn angeblich schaltet der Körper ab dem späten Nachmittag auf Ich-will-jetzt-kein-Wasser-mehr-verdauen-Modus um. Außerdem rennst du sonst die ganze Nacht stündlich aufs Klo.

3.
Stress vermeiden

Stress ist alles andere als förderlich für deine körperliche Gesundheit. Und zwar in vielerlei Hinsicht. Beispielsweise, weil zu viel Stress erholsamen Schlaf verhindert. Oder weil er das Immunsystem schwächt. Manche behaupten sogar, durch Stress könne man an Gewicht zunehmen – unter anderem, weil man in stressigen Zeiten gerne mal zu snacken und naschen anfängt. Versuch mal, die Dinge etwas gelassener zu sehen, das könnte dir guttun.

4.
Ab und zu gehen statt fahren

Wenn du eher zum Sportmuffeldasein tendierst, nimm doch zumindest mal die Treppen statt dem Aufzug; einmal pro Woche wäre schon ein Anfang. Und vielleicht schaffst du in einem Monat ja schon zweimaliges Treppensteigen statt Aufzug pro Woche. (siehe Kapitel »25 Dinge, die du deinem Körper niemals oder unbedingt antun solltest – Schritte sammeln«)

5.
Trinke »vor« dem Essen

Erstens isst du dadurch automatisch etwas weniger, nachdem der Magen ja schon halb gefüllt ist. Zweitens verdünnt das Wasser, das du **nach** dem Essen trinkst, angeblich die Verdauungssäfte – die eigentlich dafür gedacht sind, dein Essen halbwegs rückstandslos wieder aus deinem Körper rauszubefördern, und die verdünnterweise ihre Arbeit nicht richtig effektiv verrichten können.

6.
Zieh pflanzliches Essen vor

Vor allem Gemüse. Grünes Gemüse. Ist gar nicht so ekelhaft, wie du als Kind geglaubt hast. Außerdem kannst du es ja mit allem Möglichen zusammenmischen – mit Reis, Pasta, Fisch oder einfach mal mit Hülsenfrüchten (zum Beispiel Kichererbsen oder Bohnen). Gut würzen oder mit einer leckeren Sauce verfeinern, und schon hast du ein Gericht, das herrlich schmeckt und deinem Körper guttut.

7
Iss das gesunde Zeug, bevor du das gute anrührst

Hier gilt dieselbe Regel wie beim Wassertrinken – ist dein Magen schon halb gefüllt vom Salat, wird er weniger vom Hamburger brauchen.

8.
Iss die Rohkost zuerst

Reines Verdauungsthema. Vor allem im Winter tun sich manche Körper schwer, Rohes zu verdauen. Daher wird beispielsweise empfohlen, das Frühstücksobst vor dem restlichen Frühstück zu essen, damit es den Magen und Darm noch möglichst ungehindert passieren kann. Reagierst du auf Rohkost besonders empfindlich, könntest du auch mal versuchen, ab dem späten Nachmittag überhaupt alles Rohe wegzulassen und deinen Obst- beziehungsweise Salat- oder Knackiges-Gemüse-Konsum auf die erste Tageshälfte zu verlegen.

9.
Nimm weniger Salz

Du brauchst am Tag so circa einen Teelöffel. Zu viel Sodium speichert unnötige Wasserreserven, und die lassen deinen Körper ganz schnell dicker erscheinen, als er ist. Streu lieber am Schluss Salz auf die Speise, als es gleich esslöffelweise ins Kochwasser zu rühren. So hast du immer noch den erwünschten Geschmack, aber der Sodiumkonsum hält sich einigermaßen in Grenzen.

SALZ

DAS WEISSE GIFT!

10.
Respektiere deine Gelüste, übertreib's nur nicht

Wenn du wirklich (beispielsweise einmal im Monat) ernst zu nehmende (sprich: nicht aufhörende) Schoko- oder Eisgelüste hast, kannst du ihnen ruhig nachgeben. Wenn dein Körper unbedingt Schokolade will, wird auch der Joghurt, die Gurke, die Banane und das Müsli, das du dir stattdessen reinstopfst, nichts dran ändern. Wenn unbedingt ein Haufen Schoko gebraucht wird, dann gib ihm die Schoko. Tu's nur nicht jeden Tag. Oder jeden zweiten. Oder jeden dritten. Öfter als einmal wöchentlich wäre eine Schlemmeraktion nicht unbedingt zu empfehlen – doch ab und zu muss sie einfach sein. Wir Frauen haben nun mal ein Gen, das zu gewissen (oft unvorhersehbaren, manchmal halbwegs vorhersehbaren) Zeiten unerlässlich gezuckerte Kakaobohnen verlangt. In solchen Momenten sagst du dir einfach: Schokolade wird aus Kakaobohnen gemacht. Die wachsen auf Bäumen. Also wie Blätter. Und sind somit quasi Salat.

11.
Steig für den Alltag auf gesündere Naschalternativen um

Trockenfrüchte, Nüsse, Joghurt mit Ahornsirup, Nussmus ohne Zucker (das gibt's von allen möglichen Nüssen, von Cashews bis zu Erdnüssen), Smoothies, Banana Nice Cream und so weiter und so fort. Natürlicher Zucker ist x-mal weniger dickmachend als raffinierter Zucker. Übrigens kann es auch helfen, dunkle Schokolade heller Milchschoko vorzuziehen – erstens enthält sie weniger Zucker, zweitens isst man deshalb automatisch weniger davon.

12.
Warte ein bisschen

Du solltest zumindest drei Stunden zwischen den Mahlzeiten vergehen lassen, damit die Verdauung des Frühstücks abgeschlossen ist, bevor die Vormittagssnack- oder Mittagessenrunde beginnen muss. Je länger, desto besser.

13.
Halte dich ein wenig zurück

Oft sind die Augen größer als der Magen, und du bestellst mehr, als du dann wirklich essen kannst. Lässt du es übrig, ist es schade drum, und bezahlen muss es ja trotzdem wer (auch wenn es nur Papa ist). Isst du es auf, weil es einfach so gut schmeckt, hast du viel mehr gegessen, als du eigentlich brauchst. Und dann ist dir schlecht. Das heißt: Hör auf, wenn du satt bist. Warum den Magen unnötigerweise belasten und zwangsausweiten? Um diese Situation von vorneherein zu vermeiden, könntest du ja einfach nur das bestellen, was du realistisch gesehen essen wirst. Und das Bestellte dann schön langsam genießen, das heißt gut kauen, statt es möglichst rasch zu vernichten – denn je langsamer man isst, desto eher merkt man, wann man den Sättigungspunkt erreicht hat.

14.
Verzichte auf Weizenmehl

Weizen ist böse. Egal in welcher Form. Als Nudeln, Brot, Kuchen, Pizza, Kekse oder in sonstiger Gestalt. Auch gern als Vollkornmehl getarnt und mit Essfarben braun gefärbt. Lass es weg. Lass es einfach weg. Hält dich ja ohnehin nicht lange satt. Es wird dir nicht abgehen, denn es gibt zahllose Getreidealternativen, die genauso gut schmecken (bei Dinkelmehl merkst du beispielsweise so gut wie keinen Unterschied), die deinem Körper aber nicht annähernd dieselben Strapazen antun wie ihre weizigen Kumpane. Nicht umsonst haben heutzutage immer mehr Menschen Verdauungsprobleme, wenn sie zu viel Weizen essen, bis hin zu richtigen Gluten-Allergien.

15.
Trink Kaffee ohne Zucker

Die Brühe aus Kaffeebohnen ist ein absoluter Lebensretter. Doch sie wird dir das Leben langfristig gesehen ziemlich schwer machen, wenn du dir angewöhnst, immer einen Würfel Zucker (oder Gott bewahre noch mehr) reinzuhauen. Gewöhn dir das lieber gleich ab oder gar nicht erst an. Mit Milch allein schmeckt der doch auch sehr gut; wobei er noch empfehlenswerter ist, wenn du ihn einfach nur schwarz ohne jegliche zusätzliche Geschmacksnuancen trinkst. Das exkludiert übrigens auch die mit Chemievanille, Zimt aus der Dose, Leuchtstiftflüssigkeit oder sonst was versetzten Kaffeeterroristen in Kapselform.

16.
Vermeide Fast Food

Klassisches Fast Food (Stichwort McDonald's), wenn regelmäßig konsumiert, wird dich irgendwann töten. Die Mischung aus Weißmehl, Zucker, Fleisch und Fett ist so ziemlich die fatalste Kombination, die du deinem Körper antun kannst. Das Zeug verseucht dein Blut, verdickt deine Adern und führt später sehr wahrscheinlich mal zu schwerwiegenden Herzproblemen, Schlaganfällen, Diabetes oder sonstigen Freundlichkeiten. Klingt hart, ist aber leider wahr.

17.
Vermeide Fertigprodukte

Die spielen in einer ähnlichen Liga wie Fast Food. Also in der Todesliga. Für dich, für deinen Geldbeutel, und für die Umwelt übrigens genauso. Denn Fertigkram ist nicht nur überteuert, sondern in derart viel Plastik verpackt, dass du dir genauso gut gleich deine persönliche Müllhalde errichten kannst. Egal ob Würstchen, Tiefkühlpizza oder mikrowellengeeignete Fertiggerichte – von dem Zeug solltest du, zumindest im Alltag, die Finger lassen. Hier und da mal genossen, wird dich dieses Industriegebräu nicht killen, doch in der Dosis liegt das Gift. Heb dir solche Schlemmereien lieber für besondere Tage auf, wie Mädelsabende, Sonntage oder Erdbeertante-Besuchstage.

ZUCKER FRE[I]

18.
Schau auf die Inhaltsstoffe

Lass dir nichts vorspielen. Nur weil in Großbuchstaben auf der Verpackung »zuckerfrei« geschrieben steht, heißt das noch lange nicht, dass das jeweilige Produkt als »gesund« einzustufen ist. Wenn du dir mal die Zutaten durchliest, wirst du erschrecken. Es ist unwahrscheinlich, wie viel schädliches Zeug die Industrie in etwas hineinpackt, was die Bevölkerung ernähren soll. Zum einen gibt es etwa 27 verschiedene Namen für Zucker, die du auf den ersten Blick nicht mal erkennst (Glukose, Fruktose, High Fructose Corn Syrup, Stevia, Xylit, etc. etc. etc.). Zum anderen steht der Buchstabe E in Kombination mit einer willkürlich gewählten Ziffernfolge für »Erzfeind«. Keiner weiß genau, was diese E-Nummern bedeuten, aber sie sind definitiv keine natürlichen Zutaten, für die dir dein Körper dankbar sein wird. Grundsätzlich ist es ratsam, einfach bei allem, was du kaufst, erst mal auf die Zutatenliste zu blicken. Da kommst du auf Dinge drauf, die du dir in deinen schlimmsten Albträumen nicht vorgestellt hättest. So bekommst du auch langsam ein Gefühl dafür, welchen Produkten du vertrauen kannst und welchen nicht. Kleiner Beisatz: Bei Obst und Gemüse gibt es gar keine Zutatenlisten. Eine Banane besteht nämlich nur aus einer Banane. Eine Tomate ist nichts weiter als eine Tomate. So viel dazu.

19.
Koch mal selbst

Kochen ist anstrengend, zeitaufwendig und (sofern kein angeborenes Talent dafür vorhanden ist) ein viel Geduld erfordernder Trial-and-Error-Prozess – aber das macht nichts, denn durchs Ausprobieren und Fehler machen wirst du immer besser! Am besten anfangs Rezepte wählen, die als möglichst »simpel« gekennzeichnet sind. Wenn du dich selbst in die Küche stellst, füllst du deinen Körper nämlich mit Nahrung, von der du ganz genau weißt, was drin ist. Deren Zutatenliste du dir selbst zusammenstellen und gegebenenfalls abändern kannst. Es gibt einfach nichts Besseres für deine Gesundheit als selbst gekochtes (wenn möglich Gemüse- und Vollkornlastiges) Essen. Schalt dir beim Kochen einfach deine Lieblingsmusik ein – vielleicht entspannt und entschleunigt es dich sogar.

20.
Still ist besser als prickelnd

Reine Verdauungssache und sicher nicht für alle Menschen gültig. Aber wenn du Probleme mit deiner Verdauung hast, kann es helfen, dich eher für stilles Wasser als für Sprudel zu entscheiden.

21.
Finger weg von Softdrinks

Es mag offensichtlich sein (oder auch nicht), aber auch die Light- oder Zero-Variante deines Colas, Fantas, Sprites oder sonst einer Zuckerbrühe wird dir keinen Gefallen tun. Zucker wird für diese Optionen lediglich durch nicht weniger schädliche Zutaten ersetzt.

22.
Eis selber machen

Eis ist die beste Erfindung, seit es Menschen gibt. Eis löst alle emotionalen Probleme (mehr oder weniger), und es schmeckt wie ein Geschenk Gottes. Leider wirkt ein Eis-gefüllter Sommer nicht gerade Wunder für die Figur. Gut, Wunder vielleicht schon. Aber sicher keine erwünschten. Dabei ist es doch ganz einfach, Eis selbst zu machen. Mit Eismaschine kriegst du sowieso perfektes Eis hin, und du kannst dir selbst aussuchen, was du hineintust. Beispielsweise kannst du Zucker durch Ahornsirup oder eine andere natürliche Alternative ersetzen. Wenn du keine Eismaschine hast, tut's der Mixer auch. Fülle ihn einfach mit gefrorenen Früchten, Joghurt und etwas Milch oder Wasser, und mixe das Ganze so lange, bis eine schön kalte, cremige Masse entstanden ist. Hervorragend eignen sich für solche Genussvariationen gefrorene Beeren und Bananen (Bananen machen das Ganze schön süß und cremig). Hast du endlos Kohle, kannst du dir einfach die tiefgefrorenen Früchte im Supermarkt kaufen, aber die sind erfahrungsgemäß sauteuer und beschränken sich auf Ribisel-Himbeer-Blaubeer-Gemische. Alternativ kaufst du dir einfach frisches Obst und frierst es ein. So kannst du den ganzen Sommer lang bedenkenlos Eis schlemmen!

23.
Gesunde Snacks

Wenn du kurz vorm Verhungern bist oder für später eine Jause brauchst, greif einfach zur gesünderen Alternative. Idealerweise bereitest du deinen Snack zu Hause selbst vor und packst ihn in die Tasche. Wenn das gar nicht möglich ist und du nur mal schnell wo reinhüpfen kannst, um dir eine Kleinigkeit zu kaufen, probier's doch mal mit einer Banane, gedünsteten Maroni, Nüssen und Trockenfrüchten, Buttermilch oder Hummus mit Falafel. Denn vorgefertigte Sandwiches sind im Normalfall ein Schichtenturm aus Weißmehl, Zucker und Fett, der dich nicht mal besonders lang satt halten wird.

24.
Ungesalzene Nüsse

Man glaubt kaum, welchen Unterschied es macht, ob Nüsse naturbelassen (höchstens geröstet) und ungesalzen gegessen werden, oder ob man zu den allgegenwärtigen »geröstet & gesalzen«-Varianten greift. Wenn du Nüsse liebst und viel davon isst, solltest du eventuell gesalzen gesalzen sein lassen und dich für die sodiumfreie Alternative entscheiden. Die plustern deinen Körper nicht auf wie ihre in Salz geschwenkten Kameraden. Kleiner Tipp: Die gesalzenen Nüsse findest du eher im Chips-und-Soletti-Regal (was dir eigentlich schon alles sagen sollte); die ungesalzenen findest du oft eher im Bio/»frei-von«/ oder ähnlich gekennzeichneten Regal.

25.
Gar nicht erst Süßigkeiten kaufen

Wenn du dir dein eigenes Naschzeug selbst zulegst, wirst du nur schwer die Finger davon lassen können. Das ist schon deutlich leichter, wenn es gar nicht erst im Haus ist und du weißt, du müsstest jetzt aufstehen, dich anziehen und in den nächsten Laden gehen, um Schokolade zu bekommen. So trickst du dich quasi selbst aus. Sind die Gelüste groß genug, sodass es einfach keinen anderen Ausweg als Schokolade gibt, wirst du auch den Weg auf dich nehmen. Dann geht es einfach nicht anders. Völlig verständlich. Aber wenn dich deine Gelüste nicht so sehr vereinnahmen, dass du sofort alles stehen und liegen lassen würdest, um eine Tafel Schokolade zu bekommen, dann kann der Zuckerschock nicht ganz so dringend nötig sein. Auf diese Weise fällt es dir leichter, wirklich nur dann zu sündigen, wenn du schon vollkommen cravecrazy bist. Außerdem bekommt man ja sowieso oft zu diversen Anlässen genug Süßigkeiten geschenkt, und Mitbewohner haben vielleicht auch irgendwo was versteckt. Aber so machst du deine Schoko-Orgien wenigstens nicht unnötig schlimmer, indem du dir die süßen Teufel ins eigene Heim bringst, sodass du ihnen ja nicht mal entkommen kannst, wenn du es eigentlich wollen würdest. Denn dann kann es schon mal passieren, dass du eine kleine, verführerische Stimme aus dem Schrank hörst, die ruft: »Iss mich! Iss mich! Iss mich! Iss mich!«

17. KAPITEL

25

Methoden,
MIT PROBLEMATISCHEN
MENSCHEN
UMZUGEHEN

Kategorie »selbst ernannte Superstars«,
die dir mit voller Absicht das Leben zur Hölle
machen aka klassische Mobber:

1 ▷ AUGEN ZU UND DURCH.

Irgendwann geht alles vorbei; auch diese unerträgliche Schulzeit hat ein Ende. Sie dauert ja eigentlich bloß ein paar Jahre und macht letztendlich, im Vergleich zu deinem restlichen Leben, einen kaum wahrnehmbaren Prozentteil aus. Hast du diese paar Jährchen erst mal abgesessen, wirst du die Idioten mit der Mission, dir das Leben schwer zu machen, nie wiedersehen. In der Zwischenzeit könntest du ja mal versuchen, die Klasse zu wechseln. In einem neuen Umfeld, wo du noch nicht als Mobbingopfer klassenbekannt bist, wird es dir sicherlich leichter fallen, Freunde zu finden.

2 ▷ LASS DICH NICHT UNTERKRIEGEN.

Man wird zum Mobbingopfer, weil man es den Monstern zu leicht macht. Wirkst du auf irgendeine Weise, die du wahrscheinlich nicht mal beeinflussen kannst, wie ein leichtes Opfer (bist du klein, dünn, mollig, ruhig oder siehst einfach nur extrem jung aus?), werden sie das ausnützen. Zeig ihnen, dass dir ihre Sticheleien nichts ausmachen. Lass in ihrer Gegenwart keine Tränen hochkommen. Natürlich werden dich ihre gemeinen Aussagen frustrieren, aber du musst ihnen ja nicht die Genugtuung geben, den Erfolg ihrer Abwertungsarbeit offen zur Schau zu stellen. Wenn sie erst das Gefühl bekommen, dass sie dir herzlich am Allerwertesten vorbeigehen, wird ihnen das Ganze ohnehin bald zu langweilig.

HAB MITLEID MIT DEN DEPPEN. 3

Sei dir der Tatsache bewusst, dass es die Menschen, die anderen das Leben mit voller Absicht schwer machen, in ihrem eigenen Leben nicht leicht haben. Wären sie mit sich und ihrem Leben glücklich, müssten sie andere nicht abwerten, um sich selbst vor sich oder vor anderen aufzuwerten.

DENK MAL GENAUER DARÜBER NACH. 4

Was weißt du denn über deine Mobber? Haben sie schlechte Familienverhältnisse? Schlechte Noten? Haben sie überhaupt keinen Ausblick im Leben, keine Ziele, keinen vorhersehbaren Erfolg? Tun sie sich beim Lernen schwer, haben sie körperliche Probleme, oder hatten sie vielleicht eine schlimme Kindheit? Was auch immer es ist: Das ist es, was sie zu Monstern macht. Das ist ihre Achillessehne – die du nicht ausnützen solltest (sonst bist du um nichts besser als sie), aber die dir ruhig bewusst sein darf. Denn so wird es dir leichter fallen, dich von ihnen nicht fertigmachen zu lassen.

KONZENTRIER DICH AUF DIE SCHULE. 5

Du kannst das Verhalten anderer nicht wirklich kontrollieren, doch über deine Noten hast du sehr wohl eine gewisse Kontrolle. Wenn du also schon das Sozialleben in deiner Schule nicht ausstehen kannst, dann sorge dafür, dass du dich mit dem akademischen wohl fühlst. Bist du unter den Schülern ein klassisches Mobbingopfer, kannst du dafür ruhig unter den Lehrern ein strebsamer Liebling sein. Wirst du durch deine aufmerksame Mitarbeit, deine beneidenswerten Noten und dein gutes Benehmen zum Vorzeigeobjekt für Professoren, machst du dich bei den anderen Schülern zwar nicht gerade beliebter, aber der Zug ist ja ohnehin schon abgefahren. Auf diese Weise kannst du deinen Gegnern zumindest hier und da mal so richtig eins reinwürgen.

6 ▷ LASS SIE MAL ORDENTLICH EINFAHREN.

Beschwer dich bei einem Lehrer, oder bitte deine Eltern, mit jemandem an deiner Schule zu reden. Sieh nur zu, dass der Lehrer auf gar keinen Fall verraten wird, wer ihm diese Informationen gesteckt hat. So wird er dem Mobber hoffentlich mal eine heftige verbale Ohrfeige verpassen. Und wenn dich jemand fragt, ist dein Name natürlich Hase; du weißt von nichts. Was kannst du denn dafür, wenn der Lehrer mitbekommen hat, dass dich der Typ aus der dritten Reihe nicht und nicht in Ruhe lässt? Stell dich einfach blöd und grinse in dich hinein. Gilt das als Verpetzen? Ja vielleicht. Na und? Irgendwie musst du dich ja wehren. Und wenn sonst nichts hilft, musst du eben mal externe Hilfe involvieren.

7 ▷ MEIDE FIESE GRÜPPCHEN.

Teenager, die sich über andere lustig machen, fühlen sich nur innerhalb ihrer eigenen Gruppe stark genug, auf andere loszugehen. Dieses Netz aus Kumpanen und Untertanen schützt sie; aber es ist auch der Grund für ihre Angriffslustigkeit, denn um ihre Anhänger nicht zu verlieren, müssen sie ihnen ihre Stärke wieder und wieder beweisen. Begegnest du einem deiner Erzfeinde mal alleine, wird er ziemlich unwahrscheinlich denselben Mut aufbringen, dich unfair zu behandeln, zu beleidigen oder dir auf sonst eine Weise den Tag zu vermiesen.

SETZ DICH NEBEN EIN MÄDCHEN, DAS ALLEINE SITZT.

8

Ein Mädchen, das nicht ganz offensichtlich bereits sein eigenes dichtes Grüppchen hat. Die Auserwählte befindet sich vielleicht in der gleichen Situation wie du und wird sich mindestens genauso sehr über deine Freundschaft freuen wie du dich über ihre. Mit einer Freundin an der Seite sieht das Leben schon ganz anders aus, selbst wenn sich alle anderen gegen euch verschwören. Zumindest seid ihr nun im Duo unterwegs und könnt euch gegenseitig aufbauen, unterstützen und gemeinsam Rachepläne schmieden.

9 ▷ SIEH DICH WOANDERS UM.

Ist es dir unmöglich, in der Schule auch nur irgendwelche Freunde zu finden, dann finde sie zu Hause. Unter den Nachbarn, in der Familie, im Freundeskreis der Eltern. Da gibt's doch sicher irgendwen in deinem Alter. Wenn du jemanden außerhalb der Schulmauern des Grauens kennenlernst, wird diese Person dich extrem unwahrscheinlich schlecht behandeln. Grundsätzlich gilt ja immer noch: Wenn du einen neuen Menschen kennenlernst und lieb zu ihm bist, wird er vermutlich auch lieb zu dir sein.

10 ▷ SCHAU IN DIE ZUKUNFT.

In zehn Jahren haben die Mobber wahrscheinlich immer noch nichts auf die Reihe gebracht, weil sie in ihrer ganzen Schulzeit nichts Besseres zu tun hatten, als sich wie Raubtiere auf Unschuldige zu stürzen. Zu diesem Zeitpunkt bist du vermutlich gerade dabei, in der Mindestzeit dein Medizinstudium zu absolvieren oder bereits zum zweiten Mal befördert zu werden. Freu dich auf diesen Moment! Früher oder später bekommt jeder das, was er verdient.

Kategorie »Machos«, einschließlich unsympathischer, perverser, aufdringlicher oder auf sonst eine Art lästiger Jungs:

LÄCHELN UND NICKEN.

11

Das ist vermutlich die höflichste Variante, mit jemandem umzugehen, dem du am liebsten einfach nur in Lichtgeschwindigkeit davonlaufen würdest. Während du ihm nun mit gut trainierter Mimik das Gefühl gibst, seinen Erzählungen voller Begeisterung zu lauschen, kannst du gedanklich an einen Ort deiner Wahl verschwinden, der dir wesentlich besser gefällt als dein aktueller Standort mit dem aktuellen Gesprächspartner. Ein Kerl, der viel zu gerne über sich selbst (oder Autos) redet, wird vermutlich kaum mitkriegen, dass du mit deinen Gedanken längst auf einer weit entfernten Insel bist, auf der er dich niemals finden wird.

REDEN REDEN REDEN.

12

Als Alternative zum Ruhig-lächeln-und-nicken-Ansatz könntest du auch den gegenteiligen Weg ausprobieren. Wenn du ihn derart zuquasselst, dass er kaum (oder idealerweise gar nicht) zu Wort kommt, wird er hoffentlich irgendwann so genervt sein, dass er ganz von alleine geht.

UMDREHEN UND ABHAUEN.

13

Eine altbewährte, wenngleich nicht sonderlich nette Methode, um jemanden loszuwerden. Doch wenn er mit dem dämlichsten und perversesten Anmachspruch ankommt, den du je gehört hast, oder einfach kein »nein« akzeptieren will, hat er auch einen prompten Abgang verdient.

14 ▷ FREUNDINNEN-CODE AKTIVIEREN.

Gib deiner Freundin ein Zeichen, wenn du dein Gegenüber nicht aushältst. Ein gequälter Gesichtsausdruck genügt meistens. Sie soll dich rein zufällig zu sich heranziehen und dich somit so elegant wie problemlos aus seinen aufdringlichen Armen reißen. Auf der Tanzfläche funktioniert das besonders gut. An der Bar kann es aber auch recht nahtlos hinhauen; schließlich will sie ja mit dir quatschen oder ein Getränk für dich mitbestellen, und dafür musst du schon an ihrer Seite sein!

15 ▷ EINE DUMME AUSREDE ERFINDEN.

So offensichtlich Ausreden auch sein mögen, so effektiv sind sie. Stell dir vor, du erblickst plötzlich eine Freundin, die du schon seit Ewigkeiten nicht mehr gesehen hast und die du jetzt unbedingt auf der Stelle begrüßen gehen musst, denn alles andere wäre ja extreeeeeem unhöflich. Oder stell dir vor, du bildest dir ein, dein Handy würde klingeln und deine Mom bräuchte was von dir. Oder du hast gerade eine SMS erhalten, die dringendst deine Anwesenheit an einem anderen Ort mit anderen Menschen erfordert. Oder du musst einfach mal aufs Klo. Selbst wenn der Kerl deine Absichten durchschaut, kommst du wenigstens rasch von ihm weg und hast somit dein Ziel erreicht.

IHM DIE MEINUNG GEIGEN.

Wenn jemand versucht, dich gegen deinen Willen anzu-
schmusen beziehungsweise anzugrapschen, obwohl er noch
nicht mal ein Wörtchen mit dir gewechselt hat, kannst du
ihn ruhig alles heißen, was du willst. Er wird möglicherweise nicht mal sonderlich verwundert sein, wenn du ihm ins
Gesicht sagst, was für ein unausstehlicher Typ er ist; denn
höchstwahrscheinlich hat er vor dir schon von 10 anderen
Mädels eine drüber bekommen.

17 ⟩ LESBISCH SEIN.

Wenn nichts anderes mehr hinhaut, wenn dir die anderen Methoden nicht in den Kram passen oder wenn du einfach mal was anderes ausprobieren willst, knutsch mit deiner Freundin. Die Erkenntnis, dass du lesbisch bist, könnte einen lästigen Kerl im ersten Moment vielleicht schockieren, weil er mit diesem Ausgang der Geschichte nicht gerechnet hat, aber sie funktioniert. Es sei denn, er würde sich am liebsten gleich dazugesellen … dann solltest du wohl eher auf eine andere Herangehensweise umschwenken.

18 ⟩ DIE VEGGIE-BOMBE ZÜNDEN.

Wenn du einem Kerl zu erklären beginnst, wie sehr du auf deine Ernährung achtest, wie viele Kalorien in seinem Bier versteckt sind und wie ungesund Fleisch eigentlich ist, stehen die Chancen gar nicht mal so schlecht, dass er von selbst einen verfrühten Abflug macht. Vielleicht erwähnst du noch, du seist Veganerin. Dann wird er (sofern er nicht selbst am pflanzenlastigen Dasein interessiert ist) hoffentlich so schnell flüchten, dass du kaum noch den Luftzug wahrnimmst.

19 ⟩ SCHLECHTE KÜSSER ABWIMMELN.

Manche Jungs können nicht küssen. Das ist eine Tatsache. Wenn du Glück hast, triffst du in deinem ganzen Leben nur solche Vertreter der Männerwelt, die dich mit ihren Lippen in eine Traumwelt versetzen. Allerdings solltest du nicht überrascht sein, wenn du dich eines Tages plötzlich in einer Situation wiederfindest, in der dir die Zungenakrobatik eines

Kerls den Inhalt deines Magens wieder hochzutreiben droht. In solchen Fällen hast du drei Optionen: Bist du ein direkter Mensch, kannst du ihm mehr oder weniger direkt sagen, dass seine Kusstechnik für dich problematisch ist, und ihm beibringen, wie er es besser machen könnte. Bist du zu feig für den direkten Weg (was vollkommen verständlich ist), könntest du es um die Ecke probieren und ihn deiner skrupelloseren Freundin für einen Kussversuch rüberschieben; die hat vielleicht weniger Probleme damit, ihm die Meinung ins Gesicht zu sagen. Ist eine solche Freundin nicht vorhanden, kannst du dich nur noch mit einer guten oder weniger guten Ausrede davonschleichen und ins Klo verschwinden, um dir den Mund auszuspülen.

IHM ZUERST EINE CHANCE GEBEN. 20

Kommt eines Tages ein offensichtlich bemühter Junge daher, der dich einfach nur ansprechen und näher kennenlernen will, gib ihm doch bitte vor der Abfuhr erst mal eine Chance, selbst wenn er vielleicht vom Aussehen her gar nicht dein Typ ist. Jungs stecken Abweisungen nicht so leicht weg, wie du glaubst; schließlich müssen sie enormen Mut aufbringen, um das Mädchen ihrer Wahl mal anzusprechen. Schätze seinen Versuch und gib ihm zumindest die Möglichkeit, dich von seinem Charakter zu überzeugen. Und lass dich nur dann auf ein Getränk einladen, wenn du wirklich vorhast, dich mit ihm mindestens 15 Minuten lang zu unterhalten; sonst fühlt er sich nach dem Korb nicht nur abgewiesen, sondern auch noch ausgenutzt.

Kategorie »die Undefinierbaren« – das können einfach alle sein, die dich nerven, reizen, ärgern oder partout nicht verstehen wollen:

21 ▷ REFLEXARTIGE REAKTIONEN EINSCHRÄNKEN.

Dein Instinkt kennt im Grunde drei mögliche Reaktionsmuster: Angriff, Flucht und Schockstarre. Diese Reaktionen helfen Menschen seit jeher, auf diesem Planeten zu überleben. Bist du allerdings mit Mitmenschen konfrontiert, die nicht dein Leben, sondern bloß deine Geduld bedrohen, werden dir diese Reaktionen nicht großartig weiterhelfen. Hat dich

der Lehrer schon wieder auf dem Kieker, ist deine Freundin Dramaqueen der Woche oder drohen deine Eltern mit Handyverbot, hast du deutlich bessere Chancen, das zu erreichen, was du willst, wenn du nicht instinktiv in der ersten Sekunde reagierst. Wenn du knapp davor bist, zu explodieren, atme lieber erst einmal tief ein und aus und zähle dabei gedanklich bis 10. Diese Methode hat zwei Vorteile: Erstens zwingst du deinen Körper dazu, sich selbst zu beruhigen, was es dir ermöglicht, auf deutlich rationalere und erfolgversprechendere Art zu antworten. Zweitens bekommt dein Gegenüber, das dich zur Weißglut getrieben hat, schon bevor du den Mund aufmachst das eindeutige Gefühl, du würdest ihm am liebsten an die Kehle hüpfen, und es sollte jetzt sehr vorsichtig vorgehen. Ist doch mal einen Versuch wert, oder?

BELEIDIGTE LEBERWÜRSTCHEN HABEN'S SCHWER.

22

Du erleichterst dir dein eigenes Leben nicht gerade, wenn du jeden Kommentar zu ernst nimmst, jedes Wort auf die Waagschale legst und immer glaubst, alle hätten es auf dich abgesehen. Tatsächlich sind die meisten Leute einfach zu blöd, zu erkennen, wenn sie jemand anderem mit einem Kommentar wehtun. In den meisten Fällen ist der böse Blick gar nicht auf dich bezogen; der kritische Kommentar ist nicht dazu gedacht, dich als unfähigen oder schlechten Menschen zu deklarieren; oder weder das eine noch das andere ist überhaupt ernst gemeint. Die meisten Menschen haben nicht die geringste Ahnung, wie sie gerade dreinblicken oder welchen Eindruck sie mit ihrem Gesichtsausdruck hinterlassen. Geh für deinen eigenen Seelenfrieden einfach davon aus, dass die miese Laune des Griesgrams nicht auf dich bezogen ist, solange der andere nicht eindeutig erklärt, er hätte mit dir ein Problem. Tut er das, kannst du ja immer noch beleidigt sein.

23 ▷ REAKTIONEN HINTERFRAGEN.

Wenn dein Gegenüber vollkommen anders reagiert, als du erwartet hast, frag doch mal nach: »Was ist gerade bei dir angekommen?« In sehr vielen Fällen hat der andere deine Worte ganz anders verstanden beziehungsweise interpretiert, als du sie eigentlich gemeint hast. Mit dieser oder einer ähnlich formulierten Frage erreichst du zwei Dinge: Zum einen wird dem anderen bewusst, dass du das eben Gesagte mit hoher Wahrscheinlichkeit nicht so gemeint hast, wie es in seinen Ohren angekommen ist – was ihn schon mal ein bisschen beruhigen wird. Zum zweiten wird er dir daraufhin hoffentlich erklären, was er tatsächlich gehört hat, und dir dadurch die Chance geben, das Missverständnis aufzuklären.

24 ▷ DER HARMONIE ZULIEBE EINFACH MAL NICHTS SAGEN.

Manchmal hat man keine Lust darauf, zu diskutieren. Manchmal, wiederum, hat man die größte Lust darauf, zu diskutieren. Wenn du ganz genau weißt, wovon du sprichst, und die anderen in der Runde scheinbar nicht die geringste Ahnung von dem Thema haben, hast du selbstverständlich jedes Recht und sogar die soziale Verpflichtung, mit einem erleuchtenden Kommentar die Diskussion zu entwirren. Wenn du dir jedoch nicht sicher bist, ob du dich wirklich besser auskennst als alle anderen und mit guten Argumenten punkten kannst – beziehungsweise wenn du die Situation so einschätzt, dass sie früher oder später in einen lautstarken Streit ausarten könnte – dann wäre es für dein eigenes Wohlergehen empfehlenswerter, nicht das Risiko einzugehen, dich unbeliebt zu machen. Sei einfach mal ruhig, denk dir deinen Teil und geh in Gedanken an einen schönen Ort. Oft ist es deutlich entspannender, sich bei gewissen Gesprächsthemen auszuklinken, als immer und überall seinen Senf dazuzugeben und damit die Diskussion nur weiter zu verschärfen. Die Entscheidung, ob du die Klappe aufreißen oder doch lieber halten solltest, hängt natürlich auch sehr stark von der Gesellschaft ab. Wenn du weißt, dass sich die anderen in ihren Meinungen nicht beeinflussen lassen und dir sowieso nicht zuhören würden, kannst du dir genauso gut den Stress ersparen. In solchen Fällen ist es angenehmer, sich friedlich zurückzuhalten, als voller Elan mit dem Kopf gegen die Blödsinn schwafelnde Steinmauer zu krachen.

LÄCHELN – DU KANNST SIE NICHT ALLE TÖTEN.

Wenn gar nichts anderes mehr hilft, komm auf den Lächeln-und-nicken-Ansatz zurück, denk dir deinen Teil und lass deine Aggressionen später an deinem Kopfpolster, Boxsack oder Mathebuch aus. Alternativ auch gern bei einem Puls-180-Workout. Wenn nun selbst die Radtour auf den Berg oder der Lauf durch den Wald deine Wut nicht entkräften kann, gibt es immer noch die Aggressionstherapie für Fortgeschrittene: Such dir ein Plätzchen, an dem dich keiner hört, und schrei einfach mal so richtig laut drauflos. Heavy-Metal-Konzerte bieten sich dafür übrigens auch an (es sei denn, die Community macht dich zusätzlich aggressiv, dann ist die Idee möglicherweise kontraproduktiv).

18. KAPITEL

25 GRÜNDE, warum das HANDY

KEIN GÖTTLICHES WESEN (ABER DOCH IRGENDWIE EIN GÖTTLICHES WESEN) IST

Ohne Handy können wir nicht mehr leben. Es ist in vielerlei Hinsicht unser bester Freund, der uns den Alltag versüßt und erleichtert – indem er zugleich als soziales Netzwerk, DJ, Fernseher, Computer, Bibliothek, Videosammlung, Fitnesstrainer, Terminkalender, Einkaufscenter sowie Uhr und Notizblock in mobiler Mini-Form fungiert, der uns auch noch Anrufe und Nachrichten von echten menschlichen Freunden zustellt. In diesem Sinne scheint unser technischer Freund geradezu allmächtig – und das ist er auch, jedoch nicht nur im positiven Sinn. Wenn man mal genauer darüber nachdenkt, was dieses allgegenwärtige Kästchen eigentlich alles kann (und vor allem, was es alles über seinen Besitzer weiß), wird einem schlecht. Je mehr man dann noch von diversen Datensammelaktionen via verschiedenster Technologien seitens gewisser Konzerne zu hören bekommt, desto eher bekommt man das Gefühl, man wird bald nicht mal mehr dem eigenen Teekocher vertrauen können. In jedem Fall wird einem schnell bewusst, dass die Macht des Smartphones genauso beeindruckend wie erschreckend ist ...

1. Das Handy ist dein Wecker.

Niemand mag Wecker.

2. Das Handy macht viel zu wenige Konzerne viel zu reich.

Das Handy hat sich wie eine Epidemie ausgebreitet; es gibt wohl kaum noch irgendeinen Menschen, der keines besitzt. Vielleicht abgesehen von ein paar wenigen Technologieverweigerern, die sich aus Protest gegen die Weltherrschaft der Smartphones in einer vereinsamten Waldhütte am Takatukiberg verkriechen. Das Handy gehört heutzutage einfach zum Leben dazu. Was aber mindestens genauso besorgniserregend ist wie die Allgegenwärtigkeit des Smartphones (und allem, was damit einhergeht), ist der sehr beschränkte

Wettbewerb. Schon irgendwie unfair, dass eine Hand-voll Handyhersteller die ganze Welt mit Mobiltelefonen versorgt, dadurch endlos Kohle einheimst und immer mächtiger wird, oder? Schließlich bleibt es ja nicht bei Handys. Wer ein Apfel-Telefon hat, braucht auch einen Apfel-Computer und ein Apfel-Tablet und so weiter und so fort, damit die einzelnen Geräte auch alle schön harmonisch zusammenspielen. Um nur ein Beispiel zu nennen. Und schon hat man kaum noch eine Chance, jemals wieder ein Leben ohne angebissenes Obst zu führen.

3. Das Handy ersetzt persönliche Interaktion.

Derart viele Leute rennen mit ihren Nasen im Smartphone durch die Gegend, dass man sich ja fast schon wundern muss, warum es nicht mehr Unfälle mit Laternen- und Strommasten gibt. Oder mit Straßenbahnen, deren Hup- beziehungsweise Klingelversuche effektiv von den Kopfhörern in den Ohren ausgeblendet werden. Durch diese Handy-Fixiertheit, dank der wir nichts mehr hören und sehen, entgeht uns unsere gesamte Umgebung – einschließlich aller Menschen, mit welchen wir möglicherweise ins Gespräch kämen, wenn wir nicht ständig auf das Smartphone starren würden. Sei es nun der attraktive Kerl, der auf denselben Bus wartet; die freundliche Verkäuferin, deren Begrüßung nicht mal erwidert wird; der nette Kellner, der augenrollend darauf wartet, die Bestellung aufzunehmen; oder die liebenswerte alte Dame, die sich über jede Möglichkeit freuen würde, jemandem alle Details ihrer Lebens- oder Krankengeschichte erzählen zu können. Ob die Kommunikation mit einem Fremden tatsächlich interessant wird oder nicht, hängt natürlich sehr vom Gegenüber und der eigenen Einstellung ab. Aber es kann schon äußerst unterhaltsam sein, sich ausnahmsweise mal – statt mit seinem Handy – mit dem einen oder anderen dreidimensionalen Menschen auszutauschen. Wenn man für die Außenwelt samt ihrer Einwohner grundsätzlich weder offene Ohren noch Augen hat, wird man nie herausfinden, ob sich nicht vielleicht eine spannende Bekanntschaft ergeben hätte.

4. Das Handy sorgt für Ablenkung.

Nicht nur die angenehme, sondern auch die heimtückische. Zum Beispiel im Unterricht (sofern du das Handy da überhaupt bei dir haben darfst). Zugegeben, in der Schule kann die mobile Ablenkung recht verlockend sein, wenn der Lehrer zum 127. Mal das Gleiche erklärt und du es noch immer nicht verstehst – eben **weil** er es zum 127. Mal gleich erklärt. Aber hilfreich ist sie deswegen nicht – es sei denn, dein Handy erklärt dir das Problem auf der Tafel besser als die Person, die dafür bezahlt wird, es dir zu erklären. Aber Schule hin oder her. Der Ort, an dem Handy-basierte Ablenkung **immer** (und zwar absolut ohne Ausnahme) vermieden werden muss, ist der fahrbare Untersatz. Genaugenommen der Fahrersitz. Zumindest dann, wenn der Schlüssel steckt. Und spätestens dann, wenn der Motor läuft. Die Gefahren des Aufs-Handy-statt-auf-die-Straße-Schauens sind wohl kaum erwähnenswert notwendig. Trotzdem, der Vollständigkeit zuliebe: Während man für »nur mal schnell zwei Sekunden« die

WhatsApp-Nachricht der Freundin liest oder vielleicht noch auf die Idee kommt, ihr »nur mal schnell« 10 Sekunden lang zurückzuschreiben, hat man bereits zwei Katzen, einen Vogel, drei Fußgänger und schlimmstenfalls eine Mutter mit Kinderwagen überfahren. Wer im Straßenverkehr unterwegs ist, gibt mit Erhalt des Führerscheins an und für sich das Versprechen ab, die Augen auf die Straße zu richten.

5. Das Handy hat Suchtpotenzial.

Die einen lassen ihr Social-Media-Profil keine Sekunde aus den Augen, denn sie könnten ja verpassen, wie irgendein Irgendjemand irgendwo auf der Welt den allmächtigen [Scheinwerferlicht an:] **Like-Button** klickt. Die anderen wenden sich in jeder freien (oder auch weniger freien) Minute an das kürzlich (oder weniger kürzlich) installierte Handy-Spiel, um die Level-Leiter weiter emporzuklettern. Die Nächsten schielen alle zwei Minuten nervös auf den Bildschirm, weil sie eine Nachricht des aktuellen Flirts erwarten. Und wieder andere können den Gedanken kaum ertragen, mal eine Story des Lieblingsinfluencers zu verpassen. Ganz egal, ob es um News, Spiele, Nachrichten, Interaktionen oder Follower geht – wenn sich der Spieß von »Ich kontrolliere mein Handy« zu »Mein Handy kontrolliert mich« umdreht, hat man ein Problem. Die menschliche Smartphone-Verliebtheit wurde sogar schon mit der Glücksspielsucht in Zusammenhang gebracht; und es gibt genügend Leute, die über ihre eigene Handyabhängigkeit derart schockiert sind, dass sie sich selbst auf Entzug setzen. Wenn du dich also dabei ertappst, wie dir die Finger zu kribbeln anfangen, bloß weil du seit fünf Minuten nicht auf dein Handy geblickt hast, solltest du dir vielleicht mal Gedanken darüber machen, ob dein Handy denn wirklich noch eine Bereicherung für dein Leben ist oder einfach bloß ein Suchtmittel und damit eigentlich ein Stressfaktor.

6. Das Handy kürzt die Aufmerksamkeitsspanne.

Wenn du alle paar Minuten auf dein Handy blickst, unterbrichst du alle paar Minuten die Arbeit, die du gerade machen solltest. Sprich: Du warst vielleicht kurz konzentriert, und schon verfliegt die Aufmerksamkeit wieder, weil das Handy (im wahrsten Sinne des Wortes) dazwischenfunkt. Nachdem du das Handy schweren Herzens wieder zur Seite gelegt hast, kannst du mit dem Motivation-und-Konzentration-Finden quasi wieder von vorn beginnen, kommst endlich wieder rein – und schon blinkt wieder das Handy. Jaaa natürlich ist es spannend, dass Influencer Nr. 7 gerade eine neue Story über Katzenbaby Nr. 15 gepostet hat. Jaaa es ist dringend erforderlich, dass du dir den aktuellen Snap deiner Freundin mit Hundeohren **sofort** zu Gemüte führst. Jaaa es ist durchaus verständlich, dass du unbedingt auf dem neuesten Stand sein musst, weil du sonst mit dem Stalken deiner Bekanntschaften nicht mehr nachkommst. Aber wie soll man denn in dem Zustand irgendeine Arbeit fertig kriegen? Die Antwort: Es dauert ewig. Würde man sich für kurze Zeit konzentrieren, wäre die Arbeit erledigt und man könnte sich seelenruhig seinem Lieblingsspielkameraden widmen. Daher kann es ab und zu schon ganz sinnvoll sein, den eigenen Produktivitätsgrad zu intensivieren, indem man eine Aufgabe mal ohne Unterbrechung zu Ende führt. Auf einmal wird die Arbeit so viel schneller erledigt sein, dass man seinen Augen kaum trauen kann.

7. Das Handy gehört auf den Nachttisch.

Dort ist ja der Akkustecker. Wenigstens einer davon. Außerdem ist das Handy auch der Wecker und die Juke Box und das Entertainment und sowieso alles, was du im Leben brauchst. Somit hat es ja wohl einen Platz im Schlafzimmer verdient. Zugegeben: Es ist einfach bequem, das Handy direkt neben dem Kopfpolster liegen zu haben. Ist es empfehlenswert? Das ist eine andere Frage. Die Theorien, Statistiken und wissenschaftlichen Studien reichen vom einen Extrem (»Das Handy ist so unschädlich wie eine Banane.«) zum anderen (»Du wirst während des Telefonierens gegrillt.«) – je nachdem, wer sie eben gefälscht hat. Aber die ganz normale menschliche Logik sollte einem doch zumindest sagen, dass ein Handy ein elektronisches Gerät ist, also Strahlen aussendet und dadurch zumindest mit sehr hoher Wahrscheinlichkeit keinen gesundheits**förderlichen** Einfluss auf die direkte Umwelt haben dürfte. Spätestens, wenn du nachts nicht mehr ruhig schlafen kannst, solltest du dir dringend überlegen, dein Smartphone aus dem Schlafzimmer auszuquartieren und dir einen guten alten Old-School-Wecker anzuschaffen. Oder einen auf Rädern, der vom Nachttisch hüpft und dir so lange schreiend davonrollt, bis du aufgestanden bist und das Ding eingefangen hast. Wenn das keine effektive Handywecker-Alternative ist, was dann?

8. Handys verseuchen die Umwelt.

Das Smartphone ist nicht gerade der ökologisch vorbildlichste Freund, den du dir zulegen kannst. Schon gar nicht, wenn du dir jedes Jahr einen neuen technischen Seelenverwandten kaufen musst, weil der alte sich selbst zerstört hat, ins Klo gefallen ist, aus der Tasche gezupft wurde oder einfach nicht mehr den aktuellsten Coolness-Faktor-Checks standhält. Man muss nicht viel über die Einzelheiten der Produktion unserer Smartphones wissen, um sich zumindest denken zu können, dass kaputte Handys ganz schön viel Elektroschrott bedeuten, der nicht so praktisch wie eine Apfelschale von selbst zu Erde zerfällt. Niemand kann heutzutage mehr verlangen, dass man ohne Handy auskommt. Aber umwelttechnisch gesehen wäre es schon hilfreich, Handys wenigstens so lange wie möglich zu nutzen, bei Problemen zu reparieren statt zu ersetzen und sie im Notfall richtig zu entsorgen; am besten online informieren, wie und wo man das Teil am umweltfreundlichsten loswerden kann (Stichwort Recycling), statt es kurzerhand in die Restmülltonne zu werfen. Davor solltest du das Handy aber lieber all deine persönlichen Daten vergessen lassen – und sei es mittels Vorschlaghammer.

1 NEUES HANDY = 1 TONNE ABFALL.

RECYCELN SIE IHRE ALTEN UND HELFEN SIE DER NATUR.

9. Das Handy macht die Familie sauer.

Wenn du mit deiner Familie am Esstisch sitzt, erwarten die Eltern meistens, dass du mit ihnen sprichst, statt wie hypnotisiert auf dein Handy zu starren. Auch wenn es gerade furchtbar interessant ist, was der Influencer auf der anderen Seite der Welt gerade macht – er oder sie befindet sich auf der anderen Seite der Welt. Oder in einem anderen Land. Oder zumindest in einer anderen Stadt. Jedenfalls ist es nicht die Person, die gerade neben dir sitzt und sich mit dir in der realen Welt unterhalten möchte. Je öfter du dein Handy vor deiner Familie hervorziehst, desto eher bekommen Eltern, Großeltern, Tanten, Onkel und eigentlich alle Vertreter der älteren Generation (die noch nicht mit in die Hand geklebten Smartphones aufgewachsen sind) den Eindruck, für dich deutlich unwichtiger zu sein als der viereckige Freizeitgenosse. So zerstört übertriebene Smartphone-Fixiertheit (und eben genannte Verwandte haben für »übertrieben« mit Sicherheit eine andere Definition als du) sehr schnell das Familienidyll. Es gibt kein harmonisches Zusammensitzen-und-in-aller-Ruhe-miteinander-Quatschen, wenn man sich ständig über ein Mitglied der Runde ärgern muss, das kein Interesse an der Konversation – oder überhaupt an der Gesellschaft – zu haben scheint. Schätzt du ein gesundes und liebevolles Familienleben, solltest du zumindest ab und zu mal die Entzugserscheinungen in Kauf nehmen und dein Handy in einem anderen Raum auf lautlos schalten.

10. Mit dem Handy sagt man viel zu leicht: »Hereinspaziert, liebe Verbrecher!«

Kriminelle versuchen **alles**, um an deine Daten (und folglich an dein Geld) zu kommen. Mails und Nachrichten von deiner Bank, deinem Handyanbieter oder auch irgendeiner anderen Firma sind immer mit Vorsicht zu begutachten. Du glaubst gar nicht, wie gut Logos schon gefaked werden können. Sobald du also auch nur im Entferntesten von irgendjemandem nach irgendwelchen Daten gefragt wirst – sei es dein Benutzername, dein Passwort, deine Kreditkarteninformationen (völlig egal, ob du überhaupt eine hast) oder der Name deines ersten Teddybären – **ignoriere** diese Nachricht. Die Bank deines Vertrauens wird dich niemals nach deinen Login- oder Kontodaten fragen. Ein guter Hinweis auf einen Betrüger ist oft ein seltsamer, nicht sehr offiziell wirkender Absender (wobei heutzutage sogar schon offizielle E-Mail-Adressen gefaked werden können) sowie grauenvolle Grammatik- und Rechtschreibung. Viele dieser Betrüger sind zwar schlau genug, Firmennamen und -logos nachzumachen, aber glücklicherweise auch dämlich genug, in alles andere als korrektem Deutsch zu schreiben. Als erste Reaktion auf fragwürdige Aufforderungen solltest du daher immer mal bei der angeblichen Quelle (also bei deiner richtigen Bank, wenn es beispielsweise um dein Konto geht) nachfragen, ob die Nachricht legitim ist. Grundsätzlich gilt: Nicht direkt antworten und schon gar nicht auf irgendwas klicken!

11. Das Handy öffnet die Tore
für grooooßzügige Angebote.

Früher oder später wirst du sicher mal eine freundliche E-Mail von einem furchtbar lieben Menschen erhalten, der dir unbedingt Geld geben möchte. Das ist doch sehr nett von ihm, oder? Not! Sei es nun ein Fremder, deine potenzielle Liebe aus Tunesien oder dein angeblich über 140 Ecken verwandter Onkel aus Kanada, der dir gern seine Millionen vererben möchte. Nachrichten, die dir Geld anbieten, sind mit mindestens derselben Skepsis sowie Schnelligkeit zu löschen wie solche, die nach deinen Kontodaten fragen. Geld klauen wollen sie dir nämlich alle – sie verwenden nur unterschiedliche Methoden, um an deine Kohle ranzukommen. Gerade bei digitalen Kommunikationsmethoden ist Vertrauen leider sehr oft fehl am Platz. In vielen Fällen brauchst du nur kurz nachzugoogeln – möglicherweise gibt es ja bereits eine Warnung über den großzügigen Absender aus Uruguay, der freundlicherweise seinen Lottogewinn mit dir und deinen Mitmenschen teilen möchte.

12. Am Handy rufen nicht nur
liebe Menschen an.

Schon mal einen Anruf von einer unbekannten Nummer bekommen, deren Vorwahl du nicht mal zuordnen konntest? Das kommt leider phasenweise viel zu häufig vor, wenn sich irgendwelche Witzlinge aus anderen Ländern einbilden, Fremde mit Anrufen nerven zu müssen. Entweder wollen sie dich zum Abheben bewegen oder – in vielen Fällen – zum Rückrufen, woraufhin sie deine Handyrechnung in Sekundenschnelle verzwanzigfachen oder sonstige unerwünschte Spielchen treiben. Glücklicherweise erkennen viele Handys heutzutage bereits automatisch, welchem Land die Vorwahl des Anrufers zuzuordnen ist, und können dich vorwarnen. Somit kannst du den Anruf ignorieren und die Nummer sofort blockieren, wenn du niemanden kennst, der dich aus dem jeweiligen Land kontaktieren würde. Wenn der Anrufer nun wirklich legitim und der Anruf wichtig sein sollte (was bei den meisten Kontaktversuchen dieser Art extrem unwahrscheinlich ist), sollte es der Anrufer auch schaffen, dir auf die Mobilbox zu sprechen.

13. Am Handy rufen auch ganz ganz liebe Menschen an.

Die sagen dir, dass du etwas Großartiges gewonnen hast – sei es der Jackpot im Lotto oder das iPhone bei einem Gewinnspiel, an welchem du nie teilgenommen hast. Die Herrschaften behaupten natürlich mit Nachdruck, dass du sehr wohl bei entsprechendem Gewinnspiel auf irgendeine Art und Weise mitgemacht hättest. Wenn du dich an das angebliche Preisausschreiben nicht annähernd erinnern kannst, sei mal grundsätzlich extrem misstrauisch, denn niemand verschenkt irgendetwas ohne Gegenleistung. Entweder legst du gleich wieder auf – oder du hörst dir die fadenscheinigen Erklärungen mal ein paar Minuten lang an; und wenn sich der Callcenter-Insasse am anderen Ende der Leitung den Mund fusselig geredet hat (und damit Zeit verplempert hat, in der er schon längst fünf andere Opfer belästigen hätte können), fragst du mal ganz direkt nach, woher er denn eigentlich deine Daten hat.

Wo genau du angeblich eingewilligt hast, angerufen zu werden. Du würdest jetzt bitte gerne mit seinem DSGVO-Datenschutzverantwortlichen sprechen. Ach ja, und seine Handelsregisternummer hättest du übrigens auch gerne. Du hast wahrscheinlich noch nicht mal ausgeredet, hat der andere bereits kommentarlos aufgelegt. Anmerkung: Solltest du nun tatsächlich bei diversen Preisausschreiben mitgemacht haben, sieht die Sache natürlich etwas anders aus; aber dann wird die entsprechende Firma dir im Normalfall liebend gerne alle Infos schriftlich zukommen lassen – und sie wird dich mit Sicherheit niemals nach irgendwelchen Log-ins oder Kontodaten fragen.

14. Am Handy rufen echt lästige Menschen an.

Werbeanrufe und Umfragen von meist sehr freundlichen Callcenter-Mitarbeitern können ab einer gewissen Regelmäßigkeit so richtig auf die Nerven gehen. Glücklicherweise haben wir ja eine Kontaktliste der Menschen, die wir mögen (oder nicht mögen, aber zumindest kennen), um in den meisten Fällen schon im Vorhinein zu wissen, wer anruft. So kann man ganz gut gezielt Anrufe von nicht erwünschten Personen ignorieren, weil man ja blöööderweise sein Handy auf »stumm« geschaltet und den Anruf gar nicht mitbekommen hat. Hast du erst mal alle Menschen, die in deinem Leben eine Rolle spielen, eingespeichert, kann eigentlich nicht mehr viel passieren, wenn du Anrufe von fremden Nummern einfach grundsätzlich nicht annimmst. Denn mit hoher Wahrscheinlichkeit werden das Anrufer sein, auf die du ohnehin keine Lust hast, weil sie dir irgendeinen Schwachsinn verkaufen wollen. Unbekannte Anrufer prinzipiell zu ignorieren könnte erst dann problematisch werden, wenn du im Berufsleben stehst und nie weißt, ob nicht vielleicht ein Kunde oder Kollege grade klingelt. Übrigens kann man die Besitzer fremder Nummern, wenn man Glück hat, ziemlich leicht ausfindig machen, indem man die Nummer als Kontakt einspeichert und dann auf WhatsApp nach ihr sucht – so kommt man manchmal zu einem Namen und sogar zu einem Profilbild.

15. Das Handy ist ein super Angriffspunkt für Viren und Hacker.

Links und Anhänge, die du nicht erwartet hast, sind in viel zu vielen Fällen nichts anderes als mehr oder weniger gut verkleidete Virenschleudern. Und zwar nicht die Viren, die dich zum Husten bringen. Eher zum Schreien. Egal, ob sie dir nackte Bilder von deinem Lieblingsstar, Videos von tanzenden Kätzchen oder Hilfe bei der Englisch-Hausübung versprechen – du

solltest bei Anhängen immer aufpassen. Selbst, wenn die E-Mail von deiner besten Freundin, deiner Schwester, deinem Mitschüler, deiner Lehrerin oder deinem Zahnarzt kommt. E-Mail-Adressen werden geklaut, gehackt, kopiert und gefälscht. Sobald ein Anhang oder Link dabei ist, der dich zu irgendeiner Aktion à la »draufklicken« oder »runterladen« auffordert: Tu es nicht, wenn du selbigen Anhang nicht bereits erwartet hast. Frag lieber zuerst bei der Person nach, die dir angeblich gemailt hat, ob die Mail auch wirklich von ihr gekommen ist.

16. Übers Handy erreichen dich Fake-Social-Media-Profile.

Instagram, Snapchat und sonstige Profile werden – wie E-Mails – geklaut, gehackt, kopiert und gefälscht. Wenn du daher eine Freundschaftsanfrage oder Social-Media-Nachricht von einem angeblichen Freund erhältst, die auf irgendeine Weise komisch klingt – sei es, weil er anders schreibt als sonst oder weil er dich plötzlich um Daten oder Geld bittet –, kontaktiere deinen Freund sofort! Also den echten Freund, nicht den Fake-Freund. Gib ihm Bescheid, dass er (also nicht er, aber halt doch irgendwie er) dir gerade eine äußerst verstörende Nachricht gesendet hat. Sehr wahrscheinlich wird er in eine Panikattacke verfallen. Aber wenn er damit mal fertig ist, wird er doch froh sein, dass du ihn informiert hast, und hoffentlich umgehend seine Passwörter ändern oder den Schwindler beim entsprechenden Netzwerk melden.

17. Persönliche Daten werden ausgenutzt.

Die meisten haben sowieso nicht die geringste Ahnung, welche Daten sie über ihre Social-Media- und sonstigen Aktivitäten am Handy den dahinterstehenden Firmen zur Verfügung stellen – geschweige denn, was diese Firmen mit diesen Daten tun können. Hast du dich beispielsweise schon mal darüber gewundert, warum dir ausgerechnet Werbungen für solche Produkte angezeigt werden, nach denen du schon mal gesucht hast? Das Internet weiß alles. Und auch, wenn du alle Datenverwaltungseinstellungen so detailliert wie möglich konfigurierst, wirst du keine 100%ige Garantie dafür haben, dass deine Daten nicht gegen deinen Willen weiterverwendet, -verkauft und -verwertet werden. Tatsache ist: Alle Apps und Dienste, die du gratis nutzt, sind nicht ganz so gratis, wie du glaubst. Wenn du nicht mit Geld für die Nutzung dieser Dienste zahlst, dann zahlst du eben mit deinen Daten. Und wahrscheinlich mit denen deiner Freunde, deiner Eltern und deiner Haustiere. Für dich sind es bloß Daten – für Firmen und die Leute, die sie hacken (oder ganz legal abzwacken), sind sie Geldmachinstrumente.

18. Die Handykamera kann dich ausspionieren.

Die eingebaute Kamera ist nicht nur praktisch, wenn du blöde Snaps verschicken oder mit deiner Freundin videofonieren willst – sie hat nebenberuflich die Lizenz, alles aufzuzeichnen, was du definitiv **nicht** aufgezeichnet und schon gar nicht verschickt haben willst. Okay, ganz von alleine wird sie das (hoffentlich) nicht tun. Aber was, wenn jemand dein Gerät hackt, dich bei weißgottwelchen Tätigkeiten filmt (sagen wir beim Duschen, beim Schlafen oder bei der Eingabe deines Passworts) und das Zeug dann noch ins Internet stellt oder sonst was damit aufführt? Klingt weit hergeholt und Hollywood-fabriziert. Aber möglich ist heutzutage alles. Und die Hirnkranken dieser Welt werden immer kreativer. Also sei lieber übervorsichtig und kleb deine Kamera am Computer oder Handy ab, wenn du sie gerade nicht benützt. Oder verweigere zumindest per Einstellungen gewissen Apps Zugriff auf die Kamera, um wenigstens viertelwegs deine Privatsphäre zu schützen.

19. Das Handymikro kann dich auch ausspionieren.

Alexa, Siri, Cortana und Co können nützliche Mitbewohner sein, die dir das Leben erleichtern und alle möglichen Fragen beantworten (je blöder die Fragen, desto lustiger sind oft die Antworten – wie viel ist nochmal 0:0?). Allerdings weiß man bei den Damen leider nie so genau, **wann** sie eigentlich die Ohren spitzen. Hören sie wirklich nur dann zu, wenn man sie direkt anspricht? Oder hören sie öfter zu? Hören sie vielleicht sogar immer zu und nehmen das, was sie hören, auch noch auf? Mag gespenstisch klingen, doch es soll schon vorgekommen sein, dass Privatgespräche ungewollterweise aufgezeichnet und auch noch verschickt worden sind. Ob man dagegen viel tun kann, außer vielleicht den Zugriff aufs Internet beziehungsweise die Kontakte abzudrehen, ist allerdings fraglich. Der Gedanke ist jedenfalls schon irgendwie beunruhigend: Sprachassistenten sind allgegenwärtig und dauerwach. Die können theoretisch immer zuhören (und hoffentlich wirklich nur zuhören). Stell dir mal vor, du erzählst deinem Freund, dass die Espressomaschine streikt – und bei deinem nächsten App-Besuch taucht eine Werbung für Kaffeemaschinen auf. Sehr gespenstisch, aber alles andere als unrealistisch.

20. Das Handy schickt alles in die Cloud.

Und was einmal in der Cloud landet, bleibt dort für immer und ewig. Zumindest so lange, bis Aliens die Erde annektieren, und wahrscheinlich sogar dann noch. Wenn du also ein Foto oder sonst was direkt oder via Apps ins Internet postest, bleibt es dort für alle Ewigkeit. Du kannst rauslöschen, was du willst. Geh aber nicht davon aus, dass man das Foto von deinem ersten Tequila-Rausch nicht trotzdem irgendwie auftreiben kann, wenn man es darauf anlegt. Und geh schon gar nicht davon aus, dass dein zukünftiger Chef nicht erfahren wird, was du im Pubertätswahn über dich ins Netz gestellt hast. Heutzutage werden immer gleich Social-Media-Profile gecheckt, wenn es darum geht, Leute einzustellen (oder eben auch nicht einzustellen). Mitarbeiter wurden bereits gefeuert, weil sie in den sozialen Medien böse Kommentare über den eigenen Chef oder seine Firma gepostet hatten. Du musst dir zwar noch keine großartigen Gedanken darüber machen, wo du später mal arbeiten willst; aber über die Spionagetätigkeiten deiner zukünftigen Bosse solltest du dir bereits jetzt bewusst sein und ihnen keine unnötige Munition liefern.

21. Ein Handy ist Stress.

Du begibst dich freiwillig in Geiselhaft all jener, die dich erreichen wollen. Das inkludiert Freunde und Eltern sowie Influencer und ganze Apps, die dir zu allen Tages- und Nachtzeiten Benachrichtigungen schicken oder Updates fordern. Wenn du nicht alle unnötigen Push-Benachrichtigungen und Mitteilungsbedürfnisse diverser Apps abgedreht hast, piepst oder vibriert das verdammte Teil an gewissen Tagen **die ganze Zeit**. Irgendwer schreibt, irgendeiner ruft an, Benachrichtigungen vermehren sich wie Karnickel, und du wirst ständig an irgendwas erinnert. Wie gesagt: Du könntest theoretisch einfach nirgendwo zusagen, überall die Push-Benachrichtigungen ausschalten, nirgends

Newsletter abonnieren, nichts in deinem Kalender eintragen und einfach nicht ständig erreichbar sein – aber seien wir ehrlich: Wofür wäre das Handy denn dann noch da?

22. Kein Handy ist Stress.

Super-GAU: Stell dir vor, dein Handy ist kaputt – sei es, weil du deine Aggressionen an ihm ausgelassen hast, einfach nur tollpatschig gewesen bist oder es im Meer versenkt hast, um deinen Freunden zu beweisen, dass es eh wasserdicht ist. Alternativ: Stell dir vor, du hast dein Handy verloren – weil es dir beim Einkaufen aus der Tasche gefallen ist oder du es (vielleicht noch unversperrt) im Bus liegen hast lassen, woraufhin sich irgendjemand seeeehr über sein neues Handy gefreut hat. Es gibt unzählige Möglichkeiten, wie man es hinkriegt, dass das Handy unbrauchbar wird oder auf irgendeinem Weg abhandenkommt. In dem Moment fühlst du dich erst mal so, als hätte dir jemand den Boden unter den Füßen weggezogen. Scheiße. Und wenn das letzte Back-up auch noch länger als drei Stunden her ist, dann ist sowieso alles verloren. Der Weltuntergang kann kommen.

23. Das Handy ist viel zu wertvoll.

Stell dir mal vor, dein Handy zu entsperren und einer fremden (oder dir zumindest nicht nahe stehenden) Person in die Hand zu drücken. Würdest du das schaffen, ohne dass sich innerlich dein ganzer Körper zusammenzieht und du der anderen Person das Handy am liebsten sofort wieder aus den Händen reißen würdest? Immerhin hätte diese Person in einem solchen Fall Zugriff auf quasi dein komplettes Leben. Von privater Kommunikation bis zu E-Mail- und Social-Media-Accounts. Sollte dein Handy jemals in falschen Händen landen, könntest du wirklich ein Problem bekommen – im harmlosesten Fall ein peinliches, im schlimmsten Fall ein schwerwiegendes. Glücklicherweise kann man Handys heutzutage im schlimmsten Fall fernlöschen (vorausgesetzt, man hat einen blassen Schimmer davon, wie das funktioniert).

24. Handys machen sich manchmal selbstständig.

Achte immer darauf, dass dein Handy gut versperrt ist. Nicht nur für den Fall, dass es abhandenkommt, sondern auch, wenn du es nah bei dir trägst. Stell dir mal vor, deine Hosentasche telefoniert, ohne dass du es mitbekommst, weil du unabsichtlich durch irgendeine Bewegung auf den Hörer gedrückt hast. Schon hört deine Mutter entfernt und unbemerkt dabei zu, wie du dich mit deiner Freundin über eure letzte Eskapade unterhältst, von der deine Eltern niemals und unter keinen Umständen jemals etwas erfahren hätten sollen. Oder deine Freundin belauscht dich dabei, wie du gerade mit ihrem Freund flirtest. So was kann möglicherweise unangenehm enden.

25. Das Handy ist ein teures Spielzeug.

Das beginnt bei der Anschaffung selbst. Schließlich braucht man ja spätestens alle zwei Jahre ein neues, weil sich das alte von selber zerstört oder ganz einfach nicht mehr cool genug ist. Weiters braucht man Adapter für Akkustecker oder gleich neue Akkustecker – spätestens dann, wenn man den ersten verloren hat. Im Übrigen kommt ein Handy selten allein. So wird den Käufern auch gleich für diverse Must-have-Accessoires wie Airpods, Powerbanks und App-Käufe Geld aus den Taschen gezogen. Die monatliche Handyrechnung kommt auch noch dazu. Schon wird das Spielzeug teurer und teurer. Und da ist noch nicht mal die Rede von Spider-Apps, neuen Handyhüllen, Handycovers, Panzergläsern und sonstigen Modeerscheinungen beziehungsweise Sicherheitsgewährleistern ...

19. KAPITEL

25

FAKTEN, TIPPS UND WARNUNGEN

zum

THEMA

SEX

und

GESCHLECHTSTEILE

1. VAGINA NICHT MIT SEIFE WASCHEN.

Damit machst du sie nur sauer. Nimm Wasser und spüle sorgfältig, wenn du unter der Dusche stehst. Das genügt.

2. DIE ERSTE REGEL WIRD SCHON KOMMEN.

Die Erdbeertante besucht manche Mädels schon mit 12 zum ersten Mal, andere erst mit 17. Also keine Sorge, wenn sie einfach nicht und nicht auftauchen will.

3. DIE REGEL IST NICHT IMMER GLEICH.

Die Schmerzen können mit jedem Monat ein wenig variieren – mal spürt man sie kaum, mal schafft man es nicht ohne Schmerztablette. Auch der Zeitpunkt ist nicht immer derselbe. Der Zyklus ist bei manchen Mädels beziehungsweise in gewissen Lebensphasen alles andere als regelmäßig. In solchen Fällen ist es immer gut, generell ein bis zwei Notfalltampons oder -binden (je nach Präferenz) in jeder Handtasche zu haben.

4. NIMM DIR ZEIT, BEVOR DU ES SO WEIT KOMMEN LÄSST.

Sex – vor allem der erste Sex – ist etwas ganz Besonderes. Dieser Schritt will gut überlegt sein und sollte keinesfalls überstürzt werden. Das bedeutet, dass du dich unter keinen Umständen von jemandem unter Druck setzen lassen solltest. »Nein« bedeutet »nein«, egal in welchem Alter und unter welchen Umständen. Jemand, der nicht akzeptieren will, dass du noch nicht bereit bist, ist offensichtlich mehr am Sex interessiert als an dir. Dem darfst du ruhig so oft seine Wünsche verweigern, bis er deine Antwort akzeptiert oder du ihm eine runterhauen musst. Das gilt sowohl für jemanden, der sich dein »Freund« nennt, als auch für eine neue Bekanntschaft und kann vor allem dann nötig werden, wenn Alkohol im Spiel ist. Nur, weil jemand halbwegs nüchtern behauptet, er sei nicht auf einen One-Night-Stand aus und er würde niemals gleich mit jemandem ins Bett gehen und er sucht ja eigentlich die große Liebe und am liebsten würde er dich sowieso gleich heiraten, heißt das noch lange nicht, dass er nicht zwei Promille später zu einem sexsüchtigen Monster werden kann. Welches dieser beiden Gesichter sein wahres ist, sei dahingestellt, aber in jedem Fall gilt: Nein ist nein. Punkt. Besser, du lässt ihn laufen und wartest auf denjenigen, der dir alle Zeit gibt, die du brauchst, ohne dich verbal oder körperlich zu stressen. Wenn du bereit bist, wirst du es wissen. Folge deinem Gefühl – und lass dir nichts einreden.

5. DIE PARTNERWAHL IST BEHUTSAM ZU TREFFEN.

Such dir einen lieben Menschen aus, von dem du weißt, dass er dich – speziell beim ersten Mal – mit Samthandschuhen anfassen wird. Jemanden, dem dein Wohlergehen mehr am Herzen liegt als seine eigene Befriedigung. Mit absoluter Sicherheit weiß man das leider nicht im Vorhinein; doch man merkt sehr wohl, wie man von seinem Gegenüber im Alltag behandelt wird, und das kann schon Aufschluss darüber geben, wie es mit diesem Menschen unter der Decke laufen wird. Schlüsselfaktoren für die Partnerwahl sind unter anderem Liebe, Rücksicht, Zärtlichkeit, Vertrauen und Harmonie. Daher solltest du dir unbedingt folgende Fragen stellen, bevor du dich für oder gegen jemanden entscheidest (und zwar nicht nur, was den Sex betrifft, sondern auch, was Liebesbeziehungen im Allgemeinen angeht): Fühlst du dich bei deinem Partner wohl und sicher? Behandelt er dich gut? Ist er lieb zu dir? Achtet er auf dein Wohlergehen mehr als auf sein eigenes? Und stimmen eure Gefühle überein?

6. DAS ERSTE MAL TUT HÖLLISCH WEH.

Zumindest für die Pechvögelinnen unter uns. Vielleicht hast du ja das Glück, dich nicht wie in der Folterkammer zu fühlen, sondern stattdessen gleich 17 verschiedene Orte in der Wohnung in derselben Nacht ausprobieren zu wollen. In diesem Fall: Herzlichen Glückwunsch. Auch im zwar nicht gaaanz tollen, aber auch nicht gaaanz schlimmen Fall: Herzlichen Glückwunsch, du bist halbwegs ungeschoren davongekommen. Doch Jungfrauen sollten sich für den Fall der Fälle mental schon mal wappnen und darauf einstellen, dass dieser positive Ausgang leider nicht garantiert ist. Im schlimmsten Fall wirst du dich eher dazu gezwungen fühlen, deinen Freund dazu aufzufordern, jetzt dann mal langsam bitte aufzuhören, weil du es vor Schmerzen nicht mehr aushältst. Keine schöne Tatsache, aber leider nicht ganz unrealistisch.

7. DAS ERSTE MAL MACHT KEINEN SPASS.

Gut, das Vorspiel macht Spaß. Der Rest ist ziemlich spaßbefreit. Hauptsächlich aufgrund des eben erwähnten höllischen Schmerzes. Nebensächlich deshalb, weil du dir viel zu viele Gedanken machst. Nervosität, Ängste, Sorgen und der Druck, den du dir selbst auferlegst, weil du deinen Partner beeindrucken möchtest, sind Spaßkiller. Eigentlich sind alle Gedanken beim Liebesspiel Spaßkiller. Stell deine Gedanken am besten komplett ab und konzentrier dich auf deine Gefühle – die körperlichen sowie die emotionalen.

8. VIELLEICHT WILLST DU ES NACH DEM ERSTEN MAL NIE WIEDER TUN.

Zumindest nicht, wenn das erste Mal schlecht oder extrem schmerzhaft verlaufen ist. Doch keine Sorge, es wird besser. Viel besser. Sehr viel besser. Irgendwann wirst du nicht mehr aufhören wollen. Schon gar nicht mit dem richtigen Partner.

9. DU SOLLTEST MIT DEM ZWEITEN MAL NICHT ZU LANGE WARTEN.

Jede Liebesnacht will gut überlegt sein. Vor allem sollte sie mit der richtigen Person statt-finden und daher nicht erzwungen werden. Aber allzu lange solltest du zwischen dem ersten und zweiten Mal auch wieder nicht warten, wenn du dich nicht wie eine wiedergeborene Jung-frau fühlen willst. Liegen nämlich ganze Jahre zwischen dem ersten und dem zweiten Mal, wird dir das zweite Mal sehr ähnlich wie das erste vorkommen (nicht unbedingt, was die Schmerzen angeht, aber definitiv, was die Nervosität be-trifft).

10. DU WIRST BEI EINEM NEUEN PARTNER IMMER EIN BISSCHEN NERVÖS SEIN.

Bist du kurz davor, zum ersten Mal mit einem neuen Partner zu schlafen, in den du Hals über Kopf verliebt bist, möchtest du natürlich nichts mehr, als dass alles wunderbar läuft, ihr euch miteinander wohlfühlt und das Erlebnis für euch beide unvergesslich wird (selbstverständlich im positiven Sinn). Du möchtest ihm gefallen und nichts falsch machen – da ist es völlig normal, dass die Nerven ein wenig in die Höhe schnellen.

11. DAS ERSTE MAL MIT EINEM NEUEN PARTNER IST KEIN ZUCKERSCHLECKEN.

Oft fühlt man sich, nachdem man zum ersten Mal miteinander geschlafen hat, desillusioniert. Zumindest als Frau. Man hat das perfekte Erlebnis erwartet und wurde bitter enttäuscht. Das ist völlig normal. Schließlich muss man sich erst aneinander gewöhnen und herausfinden, was der jeweils andere gern hat und was nicht. Abgesehen davon konnte man sich höchstwahrscheinlich nicht so sehr fallen lassen, wie man es gerne getan hätte, weil die Nervosität ihre Finger im Spiel hatte. Keine Sorge: Das zweite Mal wird besser werden!

12. DU SOLLTEST DICH MIT DEINER KÖRPERHYGIENE WOHLFÜHLEN.

Sonst stresst du dich vor und während dem Sex die ganze Zeit nur selbst, weil du über irgendwas nachgrübelst, was an dir eventuell gerade nicht passen könnte. Daher ist es grundsätzlich rat-

sam, ab dem Zeitpunkt, an dem du bereit für In-
timitäten bist (und diese auch in Aussicht stehen), immer für den Fall der Fälle vorbereitet zu
sein, d.h. geduscht (zumindest am selben Tag),
rasiert (sodass keine Härchen an unerwünschten
Stellen überraschen), und idealerweise auch
noch eingecremt (für das extra-samtige Wohl-
gefühl).

13. DU SOLLTEST DICH MIT
DEINER UNTERWÄSCHE WOHLFÜHLEN.

In sexy Unterwäsche fühlt man sich automatisch
sexier als in ausgeleierten Höschen, löchrigen
Höschen, Sport-BHs oder Shapewear. Sie muss
nicht mit Spitzen übersät sein und aussehen, als
hättest du sie im Porno-Katalog bestellt. Aber
sie sollte dir das Gefühl geben, deinen Körper
in ihr herzeigen zu wollen. Schon hast du einen
Nervositätsfaktor eliminiert.

14. FIGURTECHNISCHE SORGEN SIND
BEIM RICHTIGEN PARTNER UNNÖTIG.

Ästhetische Prä-Sex-Ängste, die den eigenen
Körperbau betreffen, sind in Wirklichkeit sinnlos. Wenn dein Partner mit dir zusammen ist, gefällst du ihm bereits. Und wenn er dich wirklich
liebt, bist *du* ihm ohnehin wichtiger als dein
Körper. Also steh doch zu dir. Wenn dich dein
Partner nicht genau *so* sexy findet, wie du bist,
oder dir gar das Gefühl gibt, nicht schön genug
zu sein, hat er dich sowieso nicht verdient. In
einem solchen (sehr unwahrscheinlichen) Fall:
Verlass ihn bitte, und zwar in Sekundenschnelle.

15. NIMM DIR ZEIT WÄHREND DEM SEX.

Beim Sex ist »Je schneller, desto besser« nicht unbedingt das empfehlenswerteste Motto. Schon gar nicht beim ersten Mal, doch später genauso wenig. Erstens eliminiert man dadurch den Entspannungsfaktor. Zweitens reduziert man dadurch den Genussfaktor. Sex ist nun mal (im Idealfall) kein 10-Minuten-Akt, sondern will auf allen Ebenen ausgekostet werden. Daher solltet ihr das Liebesspiel am besten zu einem Zeitpunkt starten, an dem ihr euch keine Gedanken darüber machen müsst, dass jeden Moment ein Mitbewohner unangemeldet durch die Türe spaziert kommen könnte. Stress und Zeitdruck (beziehungsweise Druck generell) führen eher zu Flirten mit Desaster als zu einem schönen Erlebnis. Lasst euch daher alle Zeit der Welt. Nehmt euch die Ruhe, euch gegenseitig zu verwöhnen, verschiedene Stellungen auszuprobieren und das Ganze als wunderschön und entspannend zu empfinden – nicht als Mittel zum Zweck.

16. NIEMALS OHNE VERHÜTUNG!

Dieser Rat scheint unnötig offensichtlich und ist meist gleich als Erstes zu hören, wenn es ums Thema Sex geht. Trotzdem schaffen es immer wieder ein paar Spezialisten, eines Tages als Teenager-Mütter wieder aufzuwachen. Daher kann das Wort »Verhütung« einfach nicht oft genug betont werden. Tatsache ist: Wer reif genug ist, Sex zu haben, sollte auch reif genug sein, verantwortungsbewusst mit dieser Entscheidung umzugehen. Heutzutage gibt es ja schon so viele verschiedene Verhütungsmittel, dass es ein Leichtes sein sollte, eine passende Methode für sich zu finden – sei es nun das Kondom, die

Pille, das Diaphragma oder eine andere Variante. Inzwischen kann man sogar schon die Wahl
zwischen »hormonell« und »hormonfrei« treffen.
Jeder Frauenarzt wird im Übrigen gern mit Rat
und Tat zur Seite stehen, als Informationsquelle dienen, Vergleiche schaffen und Fragen
beantworten. Spontan Blödsinn zu machen ist bei
diesem Thema mehr als fehl am Platz. Da gilt
es wirklich, lieber vorbereitet und sicher zu
sein, ehe man mit jemandem schläft, als das Risiko einzugehen, bald mit Babybauch durch die
Stadt zu laufen und zum Mahnmal für den ganzen
Freundeskreis zu werden.

17. OHNE HORMONE ZU VERHÜTEN
HAT VORTEILE.

Die Entscheidung zwischen hormonellen Ver-
hütungsmitteln (z.B. Pille) und hormonfreien
Verhütungsmethoden (z.B. Kupferspirale) ist
nicht leicht zu treffen. Das Gute an letzterer
Variante ist: keine Hormone = keine hormonbe-
dingten Nebenwirkungen wie Gewichtszunahme oder
Ähnliches. Außerdem musst du nicht jeden Tag
dran denken, immer genau zur selben Uhrzeit eine
Tablette zu schlucken. Weiterhin musst du nicht
darauf achten, dass du sie nicht unabsichtlich
wieder ausscheidest; die Pille kann dich nämlich
nicht mehr schützen, wenn du dich mal übergeben
solltest oder mit Durchfall auf der Toilette
sitzt. Im Gegensatz dazu werden Kupferteile einmal vom Frauenarzt eingesetzt und schützen dich
dann für mehrere Jahre, ohne dass du täglich an
irgendwas denken musst. So etwas ist für viele
die wesentlich entspanntere Methode.

18. OHNE HORMONE ZU VERHÜTEN HAT NACHTEILE.

In der Regel hat eigentlich alles, was Vorteile hat, irgendwo Nachteile. So auch hormonfreie Verhütungsmittel wie die Kupferspirale, die schon mal zu längeren und/oder schmerzhafteren Regelblutungen führen kann. Außerdem kann es ein Weilchen dauern, bis sich der Zyklus darauf eingestellt hat und nicht mehr »Ich mache, was ich will, und zwar wann ich will« spielt. Besonders günstig ist diese Variante übrigens auch nicht, denn du musst mit 300 Euro aufwärts rechnen, wenn du dich für eine hormonfreie Spirale oder Ähnliches entscheidest. Je sicherer und innovativer, desto mehr verlangen Gynäkologen natürlich für das kupferumwickelte Teil, das sie dir nicht ganz schmerzfrei in die Gebärmutter stecken. Andererseits rechnet sich diese einmalige Investition auf lange Sicht, da ja die monatlichen Kosten für die Pille wegfallen, die sich über die Jahre genauso summieren.

19. KEIN VERHÜTUNGSMITTEL IST ZU 100 % SICHER.

Keines. Kein einziges. Außer vielleicht Enthaltsamkeit. Kondome können reißen oder abrutschen. Die Pille kann vergessen oder unabsichtlich wieder aus dem Körper rausbefördert werden (abgesehen davon, dass sie auch bei braver Einnahme keinen vollkommenen Schutz garantieren kann). Selbst die Spirale kann keine Garantie abgeben; das eine oder andere Baby soll angeblich schon mit Spirale in der Hand aus Mamas Bauch rausgeflutscht sein – ätsch, sozusagen. Im Endeffekt bedeutet das: Du solltest dir zumindest der Tatsache bewusst sein, dass auch mit (theoretisch) korrekter Verhütung schon Babys entstanden sind. Wenn du dich daher wirklich so gut wie möglich absichern willst, ohne auf Sex zu verzichten, wäre es eventuell eine Überlegung wert, doppelt zu moppeln (sprich: Du tust brav deinen Teil, dein Partner seinen).

20. DIE MEISTEN JUNGS HASSEN KONDOME.

Erstens ist es lästig, das Ding mitten in der Action vom Nachttisch, aus der am Boden liegenden Jeanstasche oder aus dem Nebenraum holen zu müssen, ehe man es aufreißen und überstreifen kann.

Zweitens fühlt es sich (so meinen sie) einfach besser an, sich ohne Kondom zu vergnügen. Deshalb kommt es schon hier und da vor, dass die Herren der Schöpfung sich weigern, ihren Teil zur Verhütung beizutragen. »Macht ja eh sie.« Darauf musst du dich nicht einlassen. Wieso sollte denn die Verhütung alleine die Verantwortung der Frau sein? Da will er sich vor der einen Sicherheitsmaßnahme drücken, die er dem Spaß im Vorhinein beisteuern kann? Nein nein. Wer Spaß haben will, darf auch Verantwortung übernehmen. Das betrifft beide Beteiligten gleichermaßen. Abgesehen davon können immer mehr Männer bestätigen, dass Kondome heutzutage bereits derart gefühlsecht produziert werden, dass man den Unterschied sowieso kaum noch spüren kann. Also keine Ausreden!

WIESO SOLLTE DENN DIE VERHÜTUNG ALLEINE DIE VERANTWORTUNG DER FRAU SEIN?

21. WIRKLICH WICHTIG SIND NUR DIE FRUCHTBAREN TAGE.

Die guten Nachrichten: Du bist nur an ein paar Tagen im Monat empfänglich für eine potenzielle Schwangerschaft – und zwar an den Tagen rund um deinen Eisprung, der in etwa in der Mitte zwischen zwei Perioden stattfindet. Daher solltest du gerade in dieser Zeit verhütungstechnisch besonders vorsichtig sein. Es gibt sogar Frauen, denen dieses Wissen als Verhütungsmethode genügt. Sie errechnen ihre fruchtbaren Tage und leben ihre Gelüste in dieser riskanten Phase mit Kondom aus, während sie im restlichen Monat mehr oder weniger tun, was sie wollen. Das Problem dabei ist, dass es nicht gerade einfach ist, herauszufinden, um welche Tage genau es sich dabei handelt. Es gibt zwar Apps, Internetrecherche und eigene Formeln. Aber letzten Endes ist jeder Mensch individuell, und der Tag des Eisprungs kann nicht verlässlich vorausgesagt werden. Vor allem, wenn dein Zyklus nicht absolut regelmäßig ist (sodass du auf den Tag genau vorhersagen kannst, wann deine Regel kommen und gehen wird), ist die Menstruationskalendermethode eine extrem unverlässliche Schätzung, die ganz schnell nach hinten losgehen kann. Also sei dir zwar der beruhigenden Tatsache bewusst, dass im Großteil des Monats sowieso nichts passieren kann – aber verlass dich bloß nicht allein darauf; sonst könntest du es schon sehr bald bereuen, wenn dir die Füße anschwellen, die Finger anschwellen, der Bauch anschwillt und du nicht annähernd dafür bereit bist, Mama zu werden.

22. SCHÜTZ DICH VOR MEHR ALS »NUR«
EINER VIEL ZU VERFRÜHTEN MUTTERROLLE.

Herpes, Chlamydien, HIV – es gibt unzählige Arten von STDs (sexually transmitted diseases oder sexuell übertragbare Krankheiten). Sie werden durch den Geschlechtsverkehr übertragen und können dein Leben im schlimmsten Fall ganz schön ruinieren. Das ist nur ein weiteres Argument, das für die Verwendung von Kondomen spricht. Diverse Verhütungsmittel für die Frau schützen zwar vor Spermien, aber nicht vor Geschlechtskrankheiten. Der Gummi bietet zwar auch keine 100%ige Garantie, aber er ist noch der beste Schutz davor, einander beim Sex anzustecken.

23. EIN VIBRATOR KANN
GUTE DIENSTE LEISTEN.

Wenn du keinen Freund hast, der dir regelmäßig das gibt, was du brauchst (das heißt, sofern du es schon brauchst), ist überhaupt nichts dabei, wenn du dir einen batteriebetriebenen Kerl zulegst. Das tut so ziemlich jedes Mädel an irgendeinem Punkt ihres Lebens. Wenn du dich zierst, es aber gern mal ausprobieren möchtest, kannst du ja gemeinsam mit deinen Freundinnen einkaufen gehen oder alternativ einfach online bestellen. Achte dann nur vielleicht darauf, dass deine Eltern das Päckchen nicht vor dir öffnen.

24. STELL DIE FORM DEINER VAGINA NIEMALS INFRAGE.

Ein kleiner, aber wichtiger Tipp gegen Ende dieses Kapitels, weil viel zu viele Mädchen und Frauen dazu tendieren, ihren Körper – einschließlich ihrer Geschlechtsteile – infrage zu stellen. Dabei gibt es genauso wenig eine perfekte Vagina, wie es einen perfekten Menschen gibt. Die einen sind klein, die anderen groß; die einen haben lange Lippen, die anderen kurze; die einen sind dunkler, die anderen heller. Für den Sex ist das vollkommen egal, denn sie funktionieren alle ziemlich ähnlich. Wenn du dich also jemals dabei ertappen solltest, wie du diesen wichtigen Teil deines Körpers beurteilst, denk dran: Jedes Mädchen ist so, wie sie ist. Jeder Mensch und jeder Aspekt jedes Körpers ist individuell. Und für diese Individualität ist er schön. Auch Sexualpartner wird die Form oder Ausprägung der Geschlechtsteile herzlich wenig interessieren, denn die Vagina ist dafür da, dich Spaß haben zu lassen – und nicht dafür, einen Schönheitspreis zu gewinnen. Wenn jemals ein Partner behaupten sollte, ihm gefalle deine Vagina nicht, darfst du ihn sowieso umgehend in den Wind schießen; und am besten wirfst du ihm gleich das gesamte Bettgestell hinterher. Denn jeder Partner kann sich glücklich schätzen, ein so hübsches, tolles Mädel wie dich abzukriegen!

25. ZUM ABSCHLUSS:

JUNGS WOLLEN IMMER SEX.

Das ist kein großes Geheimnis. Sobald sie mal erkannt haben, wie viel Spaß sie im Bett haben können, zieht ihr Hirn ein paar Stockwerke tiefer und lebt fortan in der Hose. Entsprechend kann es schwierig sein, einen zu finden, der »Ich will Sex« nicht in Neonfarben auf der eigenen Stirn plakatiert hat. Deshalb sind unschuldig formulierte Angebote immer mit Vorsicht zu genießen. »Kann ich noch auf ein Bier / einen Kaffee / einen Tee / einen Kakao / oder ähnlich einfallsloses Äquivalent mit zu dir kommen?« »Willst du meine Münzsammlung / Briefmarkensammlung / sonst eine sinnlose Sammlung sehen?« »Willst du eine DVD ansehen / einen Film streamen / einen Haufen hirnloser YouTube-Videos durchklicken?« Übersetzt heißt das eigentlich alles in den meisten Fällen: »Ich will Sex.« Wenn er auf ein sexuelles Abenteuer aus ist, wird er dich das auf irgendeine mehr oder weniger kreative Weise wissen lassen. Doch auch, wenn der Vorwand noch so originell ist oder er alternativ tatsächlich den Mumm / Nerv / Todeswunsch hat, dir ganz direkt zu sagen, was er will – seine Frage / Annahme / Vermutung / Hoffnung verlangt keine positive Antwort. Du hast immer die Möglichkeit, Ja oder Nein zu sagen. Selbst wenn du dich schon den ganzen Abend lang von ihm beflirten / mit Getränken versorgen / beschmusen hast lassen und er dich vielleicht sogar noch nach Hause begleitet hat. Dann hast du in ihm zwar nicht ganz unverständliche Erwartungen geweckt, aber selbst dann kannst du noch verneinen. Wenn du ihm nicht direkt ins Gesicht sagen willst, dass er sich bitte lieber schleichen soll, kannst du ja immer noch auf altbewährte Taktiken zurückgreifen, wie »Ich bin müde«, »Meine Eltern / Geschwister / Hunde / sonstige Mitbewohner sind noch wach«, »Ich hab Kopfweh«, »Ich hab noch was zu tun« oder »Mein großer Bruder wartet mit geballten Fäusten im Wohnzimmer«. Er wird es ungern hören, aber er wird es akzeptieren. Wenn nicht, hast du sowieso ein Problem und solltest schleunigst verschwinden oder um Hilfe rufen. Idealerweise lässt du dich von vorneherein gar nicht erst von jemandem nach Hause bringen, wenn du ihm nicht entweder zu 100 % vertraust oder dir 100 %ig sicher bist, dass du seine Erwartungen erfüllen möchtest.

20. KAPITEL

25

Dinge,

DIE DU ÜBER HAARE WISSEN SOLLTEST

(NICHT DIE AUF DEINEM KOPF)

WER HAT JETZT WO HAARE?

1 ALLE HABEN UNERWÜNSCHTE HAARE.

Männlein wie Weiblein. Da ist keiner ausgenommen. Die einen haben mehr, die anderen weniger; die einen haben dunklere, die anderen hellere; die einen müssen hier mehr rasieren, die anderen dort. Also mach dir keinen Kopf, weil du deiner Meinung nach deutlich mehr oder wesentlich dunklere Feinde hast als andere Mädels. Die haben dafür an anderen Körperstellen, die du wahrscheinlich überhaupt nie zu sehen bekommst, ihre Problemchen. Macht doch nichts. Dann musst du eben deine Beine öfter rasieren, weil die Härchen da unten so dunkel sind, dass man sie schon sieht, sobald sie nur das Stoppelköpfchen herausstrecken. Ein anderes Mädchen muss sich vielleicht alle paar Tage das halbe Gesicht rasieren, um nicht mit einem Mann verwechselt zu werden. Mit unliebsamem Haarwachstum an unpassenden Stellen haben alle Mädels zu kämpfen – was bedeutet, dass sich keine einzige auch nur im Geringsten dafür schämen muss.

WELCHES WERKZEUG FUNKTIONIERT WIE?

RASIERER IST NICHT GLEICH RASIERER.

Gerade beim Rasieren lohnt es sich nicht, zu sparen. Die billigsten Einwegrasierer haben typischerweise höchstens zwei oder drei Klingen und einen äußerst unbequemen Griff – was eigentlich bereits genug über die Qualität dieser Möchtegern-Haarentfernungsgeräte aussagt. Kauf dir lieber einmal ein teureres, hochqualitatives Teil, dessen Klingenkopf du dann alle paar Wochen austauschst. Natürlich werden diese Klingenköpfe teurer, wenn sie mit mehr als drei Klingen bestückt sind und vielleicht auch noch mit Luxuszusätzen wie Rasiergelkissen brillieren. Dafür sind

EIN EPILIERER KANN WUNDER WIRKEN.

3

Ja, Epilieren tut weh. Zumindest beim ersten Mal. Aber diejenigen, die sich der Tortur des Haareausreißens anhand eines Geräts mit Metallzähnen schon öfter ausgesetzt haben, behaupten, die Folter habe echt einen Sinn. Einerseits gewöhnt man sich an den Schmerz (Wird der Körper dann einfach taub? Und wenn ja, ist das etwas Gutes oder etwas Schlechtes?). Andererseits soll das Gerät – zumindest langfristig gesehen – die Haarentfernung erleichtern, indem es dafür sorgt, dass mit der Zeit a) weniger Härchen nachwachsen, b) weichere Härchen nachwachsen, und c) langsamere Härchen nachwachsen. Wenn dir das viel zu häufige Rasieren auf die Nerven geht, könntest du dich ja mal ein wenig über diese schmerzhaftere, doch dafür effektivere Haarentfernungsmethode informieren. Vielleicht ist das Epilieren ja was für dich!

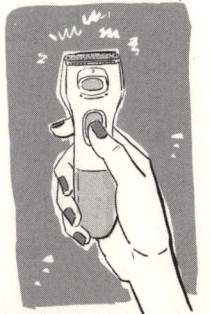

sie aber auch wesentlich angenehmer zu verwenden und deutlich effektiver als ihre günstigeren Kollegen. Im Endeffekt liegt es bei der Rasiererauswahl an dir, das für dich persönlich passendste und finanziell vertretbarste Produkt zwischen »billig & sinnlos« und »super, doch teuer« zu finden.

2

WAXING IST SINNLOS.

4

Gut, vielleicht nicht völlig sinnlos. Direkt nach dem Waxing oder Sugaring fühlt man sich glatt wie ein Aal. Das ist ein herrliches Gefühl! Allerdings ist diese Methode erstens sauteuer (weil das nur ein Experte richtig hinbekommt), zweitens sauschmerzhaft (weil dir die Haare buchstäblich ausgerissen werden), drittens saukurzlebig (weil die dämlichen Haare bereits nach zwei Wochen wieder nachgewachsen sind), und viertens sauunästhetisch (weil die Haare bis zur nächsten Behandlung wieder mehrere Millimeter lang sein müssen). Angeblich funktioniert das Waxing zwar ähnlich wie der Epilierer (bei dem ja auch die Härchen ausgerissen werden), indem es auf lange Sicht den Haarwuchs positiv beeinflusst. Doch die Frage ist, ob du dich auf den teuren und auf kurze Sicht eher frustrierenden Spaß so lange einlassen willst, bis er langfristige Wirkung zeigt. Wenn dich die Vorstellung von heißem Wachs auf deinem Körper reizt, kannst du es ja mal ausprobieren und dir ganz einfach dein eigenes Bild machen.

LICHT GEHT AUCH.

Die einzige Methode, um die lästigen Härchen endgültig loszuwerden, ist ein Lichtstrahl. Der zupft nämlich nicht dein Haar aus, sondern zerstört gleich die ganze Haarwurzel, sodass das Ding auch keine Chance hat, wieder nachzuwachsen. Ob Laser oder IPL (Intense Pulsed Light)-Variante – diese Behandlungen versprechen beide dauerhaft glatte Haut, was ja wunderbar klingt! Allerdings darfst du nicht vergessen, dass sie auch entsprechend den Geldbeutel plündern werden (denn auch bei diesen Haarentfernungsmethoden ist es ratsam, nicht selbst herumzuhandwerken, sondern einen Experten ranzulassen). Im Übrigen darf man von einer einzigen Sitzung keine Wunder erwarten, denn um auch wirklich alle Haarwurzeln an der gewünschten Körperstelle zu entwaffnen, sind mehrere Sitzungen in mehrwöchigem Abstand notwendig. Das heißt: Geld & Geduld sind gefragt, wenn man sich für (hoffentlich) immer von seinem unerwünschten Haarwuchs verabschieden möchte.

5

WO MUSS MAN SICH EIGENTLICH ENTHAAREN?

ACHSELN:

Immer. Rasier sie einfach immer. Es sei denn, du läufst nie (und das bedeutet wirklich nie) in ärmellosen oder fast ärmellosen Shirts herum. Am besten machst du deine Achseln einfach automatisch jeden Tag unter der Dusche mit; das dauert keine 10 Sekunden und du läufst niemals Gefahr, in peinliche Situationen zu geraten, wenn du deinen Pullover ausziehst.

6

UNTERSCHENKEL:

7

Fast immer. Rasier sie zumindest im Sommer so häufig wie möglich – wenn du in Shorts, Strandkleidchen, 3/4-Hosen, 7/8-Hosen etc. rumläufst. Oder, wenn du in einer Beziehung bist. Ganz nach dem Motto: Wenn jemand deine nackten Beine zu sehen bekommt, sollten sie nicht wie die von Chewbacca aussehen.

OBERSCHENKEL:

Seltener. Erstens haben die von Natur aus weniger Haare als andere Körperstellen. Zweitens wachsen sie langsamer nach (so fühlt es sich zumindest an). Und drittens sieht man sie wirklich nur dann, wenn du in Minikleidchen, Miniröckchen, Hotpants oder gleich im Bikini/Badeanzug durch die Gegend rennst. Oder wenn du einen Partner hast. Also gilt eigentlich dieselbe Regel wie für den Beinbereich unter den Knien: Bekommt jemand deine Schenkel zu sehen, dann sorge lieber dafür, dass keine Haare sichtbar sind. PS: Vor allem im Sonnenlicht aufpassen. PPS: Rasiere dich nicht nur bis genau dorthin, wo dein Rock endet – so sind schon manch peinliche Blicke entstanden, wenn der Rock im Sitzen plötzlich etwas weiter als erwartet nach oben rutschte und ziiiemlich behaarte Haut zum Vorschein brachte.

8

KNIE UND KNÖCHEL:

9

Am besten zugleich mit den Beinen angehen. Diese Stellen sind allerdings extrem schwierig zu rasieren, weil sie keine durchgehende Oberfläche bieten, an der man schön elegant entlangfahren kann. Es kann zwar helfen, das Knie beim Rasieren so weit wie möglich anzuwinkeln, aber behandle es lieber immer mit äußerster Vorsicht – sonst siehst du ziemlich schnell ein kleines rotes Rinnsal deinen Schenkel runterlaufen. Behandle deine Knöchel mit mindestens derselben (wenn nicht noch mehr) Vorsicht; denn wenn du mit denen nicht extrem behutsam umgehst, schneidest du dir so schnell in die Haut, dass du es nicht mal mitbekommst.

ZEHEN:

Nie bis fast nie. Zwar haben auch Zehen Haare. Bei manchen mehr, bei anderen weniger. Ob du es dir allerdings wirklich antun willst, auch diese Mini-Stellen regelmäßig zu rasieren, ist ganz dir überlassen. Verlangen kann das ehrlich gesagt niemand von dir.

10

INTIMBEREICH:

Je nachdem, ob du zum Pool/Strand willst beziehungsweise ein aktives Sexleben hast. Läufst du im Badeanzug oder Bikini rum, solltest du zumindest die Härchen entfernen, die rundherum auf den Innenseiten deiner Schenkel sichtbar werden könnten. Befindest du dich gerade in einer körperlichen Beziehung, solltest du dich noch konsequenter und gewissenhafter um deinen Intimbereich kümmern. Achte vor allem darauf, dass du auch wirklich alle Härchen in allen noch so versteckten Fältchen da unten erwischst – das ist gar nicht so einfach.

11

12 UNERWARTETE STELLEN:

Viele Mädchen und Frauen haben vereinzelte dunkle Härchen an Körperstellen, die eigentlich nur ein Augenrollen verdienen, denn da gehören die lästigen Dinger wirklich nicht hin. Doch leider verirren sich trotzdem hier und da ein paar Rebellen in Gebiete, in denen sie absolut nichts zu suchen haben, an denen man weibliche Körperbehaarung alles andere als erwartet und über die man daher sehr ungern spricht. Keine Panik – nimm einfach die Pinzette und zupf dir die widerspenstigen Dinger aus oder rasier sie gleich unter der Dusche weg, wenn du dich sowieso schon um alles andere kümmerst. Es sei denn es handelt sich um eine sehr sensible Stelle; dann sprich lieber mit einem Experten über die beste Herangehensweise an die Haarrevoluzzer, bevor du es mit Selbstexperimenten probierst.

WIE SOLL MAN SICH EIGENTLICH RASIEREN?

UNBEDINGT GEGEN DEN STRICH RASIEREN.

Wenn du dabei bist, mit dem Rasierer deine Beine oder Achseln zu enthaaren, wirst du leider nicht sonderlich weit kommen, wenn du nicht gegen den Strich rasierst. Erstens lässt du die halben Haare aus und musst jede einzelne Stelle mehrmals bearbeiten. Zweitens kommst du nicht so nah an deine Haut ran, dass du die Härchen wirklich an der »Wurzel« abschneiden könntest (natürlich befindet sich die eigentliche Haarwurzel ein schönes Stückchen unter deiner Haut). Das hat zur Folge, dass die Härchen spätestens 24 Stunden nach deiner Rasur wieder gleich lang sind, wie sie es vorher waren.

13

14 JA NICHT GEGEN DEN STRICH RASIEREN.

Wenn es um den Intimbereich geht, solltest du obigen Ratschlag ganz ganz zügig vergessen. Das, was für deine Beine funktioniert, ist für den Bereich zwischen deinen Beinen eine ganz blöde Idee. Dort ist »gegen den Haarwuchs« nämlich beinahe gleichzusetzen mit »Willst du dich jemals wieder unten ohne zeigen?«. Zwar gilt auch hier die Regel: Gegen den Strich rasieren resultiert in einer perfekteren Rasur, die länger hält – aber da endet die Geschichte nicht. Die Bikinizone reagiert äußerst toxisch auf solche Rasuren (zumindest im oberen und seitlichen Bereich); die Haut mag dadurch glatter werden, aber dafür können es die Intimhärchen gar nicht erwarten, sich beim Nachwachsen einzukringeln und so richtig schön unter der Haut einzuwachsen. Und eingewachsene Haare sind noch mal deutlich unästhetischer als nicht 100%ig perfekt abrasierte Härchen. An dieser Körperstelle gilt es daher, das geringere Übel zu wählen – von unten nach oben rasieren und lauter rote Pickelchen kassieren, oder von oben nach unten rasieren und dafür 24 Stunden später (je nach persönlichem Glattheitsbedürfnis) schon wieder den Rasierer in die Hand nehmen müssen.

NACH DEM RASIEREN EINCREMEN.

15 Rasierklingen sind nicht nur gemein zu Härchen, sondern auch zur umliegenden Haut. Sobald du daher mit deiner Hautenthaarungsaktion des Tages fertig bist, solltest du keinesfalls das »Eincremen danach« vergessen – zumindest, wenn du dir gerade eben die Beine oder die Bikinizone enthaart hast. Indem du deiner Haut an diesen Stellen gleich wieder Feuchtigkeit verpasst, vermeidest du einerseits, dass sie als Trotzreaktion auf die nicht erwünschte Trockenheit zu jucken anfängt oder sich richtig unangenehm rau anfühlt. Andererseits nimmst du ihr damit den Reiz, trotz korrekter Rasur an manchen Stellen (speziell im Intimbereich) rote Pünktchen auffahren zu lassen. Für diesen Zweck eignet sich in den meisten Fällen eine ganz normale, handelsübliche Lotion; für die Bikinizone ist aber so was wie eine fettige Baby-Haut-und-Wundschutz-Creme eine noch bessere Idee.

AM BESTEN UNTEN KAHL RASIEREN.

Ältere Generationen sind noch in einer Zeit aufgewachsen, in der man sich an intimen Stellen überhaupt nicht rasierte. Allerdings ist das vor langer Zeit (für unsere fortgeschrittene Gesellschaft unvorstellbarerweise) verehrte Buschwerk inzwischen eindeutig außer Mode geraten. Auch den Strich, das Dreieck und sämtliche andere Intimfrisuren kannst du dir, aus hauptsächlich praktischen Gründen, ebenfalls sparen. Erstens sind sie aufwendig; vor allem, wenn du nicht weißt, was du tust. Zweitens sind sie unnötig. Deine Vagina sollte zwar hygienisch und rein sein, muss jedoch kein Kunstwerk widerspiegeln, um ihren Zweck zu erfüllen. Selbstverständlich sollten persönliche Präferenzen immer gewahrt bleiben. Wenn du also deine künstlerische Ader mit dem Rasierer verwirklichen willst – nur zu. Solange du dich dabei nicht verletzt, kannst du machen, was du willst. Doch die mit Abstand zeitsparendste Methode der Intimrasur ist letzten Endes einfach die komplette Kahlrasur: Überall drüberrasieren, zick zack, blitzblank, glatt und fertig. **16**

WIE IST DAS EIGENTLICH MIT DEN MÄNNLICHEN HAAREN UND WIE GEHT FRAU DAMIT UM?

MANCHE JUNGS HABEN KEINEN BART.

17

Zumindest noch nicht. Oder zumindest keine durchgehende Gesichtsbehaarung, die alle relevanten Stellen gleichmäßig bedeckt. Manchmal wachsen an der einen oder anderen Stelle aus irgendeinem gottverdammten Grund einfach keine Haare. Solche kahlen Stellen sind ihnen oft unangenehm, weil sie sich noch nicht erwachsen genug fühlen. Der Bart ist für Jungs ein Zeichen dafür, dass sie jetzt keine Kinder mehr sind, sondern reife Männer. (Ja, du darfst jetzt laut loslachen.) Also sei lieber vorsichtig, wenn du einen Mann als »du siehst aber sehr jung aus« bezeichnest. Erst mit fortgeschrittenem Alter (also ab dem Zeitpunkt, wo sie sich mit Sicherheit keine Sorgen mehr über verspäteten Bartwuchs machen müssen) werden solche Aussagen als Komplimente aufgefasst.

MANCHE JUNGS HABEN EINEN BART.

Vollbart, Schnauzbart, Dreitagebart – alle paar Jahre scheint eine neue Art der Gesichtsbehaarung »in« zu sein. Und das kann ins Extreme gehen – vom Babypopogesicht bis zum Gandalfbart. Der Trend sowie die persönliche Vorliebe des Mannes kann sich dabei in relativ kurzer Zeit relativ drastisch ändern, wenn ihn plötzlich der Experimentierwahn packt oder wenn er in den entsprechend bärtigen Freundeskreis gerät. Das kann sich beispielsweise auch insofern auswirken, als dein Freund vom Urlaub zurückkehrt und du ihn kaum wiedererkennst, weil er vor einer Woche (oder noch schlimmer: vor zwei oder drei Wochen) den Rasierer bereits präventiv in die Schublade gesperrt hat, um sich den Enthaarungsstress in seinen Urlaubstagen zu ersparen.

18

MANCHE MÄDELS MÖGEN JUNGS MIT BART.

19

Natürlich hat jedes Mädchen seine eigene Vorliebe, was den Gesichtsschmuck von Jungs angeht. Den einen gefallen bärtige Jungs, die anderen wollen Bubigesichter, und dem Rest ist der männliche Bartwuchs ziemlich egal. Bist du ein absoluter Bartverfechter oder kannst du (im anderen Extrem) haarige Gesichter überhaupt nicht ausstehen, solltest du dich am besten von Anfang an nur mit solchen Jungs auf mehr als Freundschaft einlassen, die deinen haartechnischen Vorstellungen auch entsprechen. Einem Kerl erst nach Wochen des Flirtens beziehungsweise der Beziehung zu erklären, dass du seinen Bart eigentlich abscheulich findest, ist nicht unbedingt der fairste oder erfolgversprechendste Weg, dein Ziel zu erreichen. Sollte er sich allerdings nach Monaten des Zusammenseins plötzlich ohne jede Vorwarnung dazu entschließen, seinen Look radikal zu ändern (in welche Richtung auch immer), hast du sehr wohl ein Recht, ihn zumindest mal schockiert anzusehen oder zu fragen, was er sich denn dabei gedacht hat – sei es durch die Blume (»Hast du dein Gesicht nicht gewaschen?«) oder über den direkteren Weg (»Wollte sich dein Rasierer selbst verwirklichen?«).

20 MANCHE JUNGS MISSHANDELN IHREN BART.

Nun, im Idealfall (und glücklicherweise auch im Normalfall) kümmern sich Bartträger mit einer gewissen Regelmäßigkeit um ihre Gesichtsbehaarung und verhindern, dass sich Vögel, Fliegen, Ameisen oder sonstiges Getier darin einnisten. Leider kann es aber auch hier und da vorkommen, dass ein männlicher Bekannter / Freund / Liebhaber / Verwandter viel zu wenig Wert auf seine Gesichtshygiene legt. Das erkennst du hauptsächlich daran, dass der Bart stinkt / fettig wirkt / verfilzt aussieht / oder einfach den Eindruck macht, als würde der Träger darin den halben Wald mit sich herumtragen. Natürlich sind vor allem längere Bärte für diese Problematik prädestiniert, aber auch kurze Bärte können bei Zeiten ungepflegt aussehen. Beispielsweise, wenn der begeisterte Bartträger es einfach nicht schafft, sich gleichmäßig zu rasieren. Oder wenn er seinen Barthaaren eine Kontur verleiht, die nicht gerade als solche beabsichtigt aussieht, sondern eher so, als stamme sie von einem abgerutschten oder menschenfeindlichen Rasierer.

21 BEI MANCHEN JUNGS GIBT ES HOFFNUNG FÜR IHREN BART.

Manchmal kannst du etwas tun. Manchmal nicht. Ist der Bart höchstens wenige Millimeter lang und schafft es der Bartträger trotzdem, ihn ungepflegt aussehen zu lassen, dann ist jede Hoffnung verloren, denn sein Gesicht hat wohl überhaupt noch nie Wasser oder Seife gesehen. Ist dein Freund ein Kandidat, für den noch Hoffnung besteht, wirst du ihn wohl oder übel auf irgendeine Weise auf seine mangelnde Barthygiene hinweisen müssen. Wenn du dich nicht traust, ihn direkt darauf anzusprechen, könntest du es ja hintenrum versuchen und ihm einen Besuch bei einem Barbier vorschlagen. Ob er deine Kritik an seinem Äußeren trotz des Um-die-Ecke-Versuchs als solche wahrnimmt, hängt von seiner Frauenkenntnis und seinem eigenen Selbstbild ab. Fakt ist trotzdem: Barbershops haben ein Comeback gemacht und klettern die Trendleiter hoch. Du kannst die professionelle Rasur, die du ihm vorschlägst, ja als Wellnessbehandlung für sein Gesicht verpacken.

MANCHE JUNGS RASIEREN SICH DIE BEINE.

Zugegeben: Die meisten sind Radsportler, und ihre Gründe sind weniger ästhetisch als rational. Denn nach einem Unfall ist es so mühsam wie unangenehm, wenn erst mal die Haare entfernt werden müssen, bevor man die Wundversorgungsmaßnahmen starten kann. Daher rasieren heutzutage schon unheimlich viele Radfahrer von vornherein ihre Beine. Wenigstens bis zu den Oberschenkeln; sprich: Die Haare hören dort auf, wo die künstliche Schutzschicht aka Radhose endet. Das heißt für dich im Klartext, dass dein Freund (dessen Affenbehaarung dir auf die Nerven geht) nicht mit dem Argument zu kommen braucht, Männer haben grundsätzlich behaarte Beine und er könne ja nicht aus der Reihe tanzen.

22

23 MEHR ALS MANCHE JUNGS HASSEN DEN RASIERER (GENAUSO SO SEHR WIE WIR).

Die sind eher selten bereit, mit dem Rasierer länger als unbedingt nötig zu hantieren und ihren halben Körper zu glätten. Auch scheren sie sich eher selten, ihren Oberkörper zu rasieren, wenn sie nicht gerade in einer Sonnyboy-Surferdude- oder Ultimate-Sixpack-Phase sind, in der sie Mädels glatt wie ein Aal beeindrucken wollen. Ihren oft haarigen Rücken können sie (um fair zu sein) gar nicht rasieren, denn da kommen sie einfach nicht hin. Und der männliche Allerwerteste wird wohl immer haarig sein – das kriegen die ja höchstwahrscheinlich nicht mal mit.

24 MANCHEN JUNGS FEHLEN DIE HAARE AM FALSCHEN ORT.

Gerade bei Jungs (beziehungsweise Männern) ist es manchmal weniger so, dass sie zu viele Haare haben, die weggehören, als dass sie zu wenige haben, die wo hingehören. Das heißt, im Idealfall sind die erwünschten Haare auf ihrem Kopf. Allerdings nur, bis sie sich aufgrund eines nicht ganz nüchternen Abends / einer blöden Wette / sonstigen komischen Verknüpfungen im Hirn plötzlich einbilden, eine Glatze ausprobieren zu müssen. Oder bis die ersten Alterserscheinungen auftauchen (und das kann bei manchen schon unerhört früh der Fall sein). Hat ein Kerl schon in jungen Jahren keine Haare mehr auf dem Kopf, weil schon sein Vater und Großvater und seine Urahnen mit 20 keine Haare mehr übrig hatten, kannst du davon ausgehen, dass auch in späteren Jahren nicht mehr viele Haare dazukommen werden. Wenn du dir nicht absolut sicher bist, dass die mangelnde Haarpracht das

Resultat einer betrunkenen oder sonst wie fragwürdigen Aktion war, und er sich diesen Zustand selbst ausgesucht hat, solltest du es dir daher sehr gut überlegen, ob du ihn auf den haarlosen Aspekt seines Looks ansprechen willst oder lieber nicht.

MANCHE JUNGS HABEN DIE RICHTIGEN HAARE AM RICHTIGEN ORT UND MÜSSEN SIE TROTZDEM NICHT SO SEHR PFLEGEN WIE WIR.

25

Jungs haben es mit den Haaren (am Kopf) einfach leichter. Manche müssen vielleicht öfter zum Friseur (oder zumindest gleich oft wie wir Frauen), weil sie ihre Mähne sonst unmöglich bändigen könnten, aber ihre Friseurbesuche sind grundsätzlich kürzer, billiger und deutlich weniger aufwendig. Außerdem brauchen sie weder Conditioner noch Leave-in-Treatments noch Haarpackungen. Föhnen geht schneller (wenn überhaupt nötig), Färben steht sowieso kaum zur Debatte, und mit Haarspangen, Haargummis oder Glätteisen und Hitzesprays brauchen die auch nicht rum hantieren. Shampoo, Haargel, vielleicht noch eine Bürste – fertig ist die Haarpflege. Und zwar in weniger als fünf Minuten. Manchmal ist die Welt einfach ungerecht. Das müssen wir wohl so akzeptieren, während wir uns mit unserer eigenen Haarpracht herumärgern.

21. KAPITEL

HISTORISCHE EREIGNISSE,

über die du

WENIGSTENS GENUG WISSEN SOLLTEST,

um klug mitreden zu können

Dieses Kapitel kannst du gerne überspringen, wenn du entweder null Komma gar kein Interesse an Geschichte hast (und daran auch nichts ändern möchtest) oder all diese Ereignisse ohnehin schon so ausführlich von deinen Lehrern erklärt bekommen hast, dass du sie schon nicht mehr hören kannst. Falls allerdings doch ein gewisses Interesse in dir schlummert und du das Gefühl haben solltest, du wüsstest über viel zu wenig Historisches Bescheid (so soll es dem einen oder anderen ja oftmals gehen, vor allem in viel zu besserwisserischer Gesellschaft), kann dir diese mehr oder weniger willkürlich zusammengebastelte Liste spannender Aspekte der Geschichte möglicherweise gerade genug erzählen, a) um zu wissen, welche Themen du gern noch genauer recherchieren würdest, weil sie dich auf einmal brennend faszinieren oder b) um nicht mehr bloß stumm lächeln und mitnicken zu müssen, wenn eines dieser Themen in der Runde aufkommt.

1. Urknall:

Es ist etwa 14 Milliarden Jahre her, da gab es einen Knall. Einen großen. Einen richtig großen. Und aus dem Nichts (auch bekannt als der Urzustand namens »Singularität«) entstand – alles. Also wirklich alles. Das heißt: das komplette Universum. Heutzutage ist der Urknall wohl besser bekannt als »Big Bang«. Die danach benannte Fernsehserie ist übrigens für alle wissenschaftlich oder nicht annähernd wissenschaftlich interessierten Serienliebhaber wärmstens zu empfehlen.

2. Eiszeit:

Wir kennen sie gut. Sie kommt jeden Sommer, wenn die Eissalons ihre Pforten öffnen. Die weniger beliebten, dafür weltverändernden Eiszeiten (korrekter ist der Ausdruck »Kaltzeiten«) – die sogenannten

Glaziale – sind allerdings kein jährliches Phänomen und schon gar keines, das bloß ein paar Monate andauert. Sehr vereinfacht ausgedrückt, ist die Erde seit dem Beginn ihrer Existenz mehrmals zugefroren. Der wohl bekannteste Kälteeinfall, der unsere Erdkugel in eine Schneekugel verwandelte, wurde Theorien zufolge von einem Asteroideneinschlag in Mexico ausgelöst, der den Himmel so sehr verdunkelte, dass er danach jahrzehntelang keine Sonne mehr durchließ. Die Folge war das Aussterben unserer vierbeinigen Vorgänger. Den Dinos wurde es offenbar einfach zu kalt. Zumindest müssen wir uns über derartige Kälteeinbrüche heute keine großartigen Gedanken mehr machen – wir sind ja viel zu beschäftigt damit, auf unserem Planeten den ewigen Sommer einzuführen.

3. Trojanischer Krieg:

Etwas mehr als 1.000 Jahre vor Christus löste eine griechische Schönheit, die ihrem Ehemann entwendet und vom jungen Paris nach Troja gebracht wurde, einen 10-jährigen Krieg aus. Die griechische Armada, die ihr hinterher reiste, schaffte es nach langem Hin und Her durch Odysseus' Genie, ein hölzernes Pferd in die Stadt zu schmuggeln, dessen menschlicher Inhalt mitten in der Nacht aus dem »trojanischen Pferd« hervorgeklettert kam und alle Trojaner, die ihm in die Finger kamen, abschlachtete. Obwohl im Zuge der Kämpfe Achilles' Achillessehne mit einem Pfeil durchbohrt wurde, gewannen die Griechen letztendlich den Krieg. Ob es diesen Krieg nun tatsächlich gab oder nicht, sei mal dahingestellt – doch in jedem Fall war die Geschichte in Homers *Ilias* wohl spannend genug, um nicht nur ein Buch darüber zu schreiben, sondern auch einen Film darüber zu drehen.

4. Kreuzzüge:

Wer glaubt fester an seinen imaginären Freund? Christliche Kreuzfahrer wollten unbedingt die heilige Stadt Jerusalem von den Ungläubigen (also den Moslems) befreien. Moslems wollten inzwischen die heilige Stadt Jerusalem ebenfalls von den Ungläubigen (also den Christen) befreien und eroberten sie zurück. So wanderte Jerusalem x-mal hin und her, weil sich Christen und Moslems einfach nicht einigen konnten, wer nun der Ungläubige war. Benannt wurden die Kreuzzüge übrigens nach den Kreuzen, mit welchen die christlichen Ritter ihre Rüstungen und Schiffe kriegsbemalungstechnisch verzierten. Und sie dauerten ganze 200 Jahre, vom 11. bis zum 13. Jahrhundert.

5. Hexenverbrennung:

Rote Haare – schlecht. Antireligiöse Tendenzen – ganz schlecht. Alles, was auf irgendeine Art und Weise mit Magie in Zusammenhang gebracht werden konnte – richtig schlecht. Im Mittelalter (sowie einige Jährchen davor und danach) musste man schon gehörig aufpassen, um nicht aus irgendeinem verrückten Grund zur Hexe ernannt, als solche verfolgt und am Scheiterhaufen abgefackelt zu werden. Zum Beispiel, wenn man in der Lage war, im Winter Blumen zum Blühen zu bringen.

6. Entdeckung Amerikas:

1492. Christoph Kolumbus wollte eigentlich bloß einen Seeweg nach Indien finden. Da kam ihm plötzlich ein ganzer Kontinent in die Quere. Im Glauben, dass er sein ursprüngliches Ziel erreicht hatte, nannte er die Einheimischen dort kurzerhand »Indianer«. Und deshalb weiß man im Englischen bis heute nicht, ob eigentlich von Menschen mit Federn am Kopf oder von Curry-Liebhabern die Rede ist, wenn man von »Indians« spricht.

7. Reise um die Welt:

Die erste bestätigte Weltumsegelung Anfang des 16. Jahrhunderts brachte den endgültigen Beweis, dass es sich bei unserem Planeten um keine Pizzascheibe handelt, an deren Ende man ins Nichts hinunterstürzt, sondern um eine umsegelbare Kugel. Der Portugiese Ferdinand Magellan, der diese Reise vollbrachte, wurde allerdings auf den Philippinen von Einheimischen gekillt und konnte somit nicht lebend von seiner Reise zurückkehren.

8. Reformation:

Ein – je nach Sichtweise – geistig verwirrter (Perspektive der katholischen Kirche) oder geistig erleuchteter (Perspektive aller Gegner der katholischen Kirche) Martin Luther nagelte im 16. Jahrhundert 95 Thesen an die Kirchentür in Wittenberg und löste damit eine Kirchenspaltung aus, die zur Gründung der evangelischen Kirche führte. Übrigens tendierte er dazu, sich mitten in der Nacht, wenn er vom Teufel geweckt worden war, mit dem energischen Wurf seines Tintenfasses gegen Satan zu verteidigen.

363

9. Entdeckung Australiens:

Der Seefahrer James Cook bekam einst von der britischen Krone den wohl nicht ganz einfachen Auftrag, auf der Südhalbkugel einen Kontinent ausfindig zu machen, den sich Wissenschaftler als Gegengewicht zu Europa aus den Fingern gesaugt hatten. Im Jahr 1770 erreichte er tatsächlich einen neuen Kontinent, auf welchen Großbritannien daraufhin kurzerhand seine Kriminellen abschob. Das Resultat war eine vieler britischer Kolonien mit interessanten (um nicht zu sagen ziemlich fragwürdigen) Wurzeln. Fun fact: Sydney heißt deshalb Sydney, weil der britische Innenminister damals Sydney hieß und sich wohl unsterblich machen wollte.

10. Französische Revolution:

Die Rede ist von der großen Rebellion des französischen Volkes gegen König und Adel Ende des 18. Jahrhunderts – weil hungrig. Sie begann mit dem Sturm auf die Bastille (das Pariser Gefängnis) und endete mit Napoleon auf dem Thron sowie mit drei toten Revolutionsführern (Robespierre und Danton wurden zeitgemäß geköpft, und Marat wurde in der Badewanne erstochen).

11. Industrielle Revolution:

Das Rad wurde vor etwa 5.000 Jahren erfunden. Dann brauchte die Menschheit 4.800 Jahre bis zum nächsten nennenswerten Fortschritt. Anfang des 19. Jahrhunderts kam nämlich die Dampfmaschine. Und in den 200 Jahren seither kann der menschliche Geist fast nicht mehr mit den Entwicklungen der Technik mithalten. Inzwischen haben wir Zentralheizung, Internet, Smartphones, Flugzeuge, selbstfahrende (sowie fliegende) Autos und die ersten Roboter, die möglicherweise die Weltherrschaft übernehmen wollen.

12. Amerikanischer Bürgerkrieg:

Der Süden der USA war bis ins 19. Jahrhundert übersät von Sklavenhaltern, die ihre farbigen Mitmenschen zu unbezahlten Bediensteten (wobei das noch sehr harmlos ausgedrückt ist) degradierten. Als mit Abraham Lincoln ein Gegner der Ausbreitung der Sklaverei zum Präsidenten gewählt wurde, brach zwischen dem Süden und dem Norden der USA ein Bürgerkrieg aus, der glücklicherweise mit der Abschaffung der Sklaverei endete.

13. Als die Bilder leben lernten:

Die erste Produktion, die man als »Film« bezeichnen könnte, hieß *Roundhay Garden Scene* und dauerte ganze zwei Sekunden; man braucht also länger, um den Titel auszusprechen, als der Film eigentlich lang ist. Die ersten Filme, die es schafften, auch eine Geschichte zu erzählen, wurden Anfang des letzten Jahrhunderts gedreht. Fun Fact: Schon damals wurden Fellknäuel auf vier Pfoten zu Filmstars gemacht – eine Karriere, die sie bis heute in millionenfach geklickten Videos fortsetzen.

14. Erster Weltkrieg:

1914–1918. Ein Mann erschießt einen anderen und überall bricht Chaos aus. Anders gesagt, der österreichische Thronfolger wurde in Sarajevo erschossen, woraufhin Österreich Serbien den Krieg erklärte (»Serbien muss sterbien«; die Kriegserklärung wurde im Kaiserschloss in Bad Ischl verfasst). Kurze Zeit später befand sich mehr oder weniger ganz Europa im Krieg. Das Ergebnis waren die Friedensverträge von Versailles, im Zuge derer Österreich von einer Großmacht zu einem Kleinstaat degradiert wurde, während Deutschland unter anderem Polen verlor. Die Zeit der Kaiser und Könige war damit vorbei. Deutschland und Österreich landeten auf der Seite der Verlierer.

15. Zweiter Weltkrieg:

1939–1945. Ein größenwahnsinniger Österreicher scharte Deutschland um sich und färbte das ganze Land braun ein – unter dem Motto: »Wir holen uns das zurück, was uns im letzten Krieg genommen wurde.« Die wichtigsten Resultate des folgenden Nationalsozialismus und weltweiten Krieges werden von jedem Geschichtsbuch ausführlich beschrieben. Weit weniger bekannt, jedoch durchaus interessant sind allerdings die nebensächlichen Details, wie beispielsweise Adolf Hitlers Tendenz zur Namensgebung seiner Kreationen. So war sein Heer aus U-Booten in diesen Jahren als Unter-Wasser-Wolfsrudel aktiv, während der »Führer« auf festem Boden unzählige Ressourcen und Arbeitsstunden opferte, um den größten Panzer der Welt herzustellen (an dieser Stelle sei noch mal das Stichwort Größenwahn erwähnt). Dieser Panzer wurde ironischerweise »Maus« getauft und kam noch ironischerweise überhaupt nie zum Einsatz, wodurch er eigentlich jeden Sinn seiner Existenz verlor. Ach ja, und am Schluss des Krieges landeten Deutschland und Österreich wieder auf der Seite der Verlierer.

16. Hiroshima & Nagasaki:

Die Amerikaner warfen 1945 im Abstand von drei Tagen zwei Atombomben über den beiden Städten in Japan ab. Begonnen hatte der Streit mit dem Angriff der Japaner auf Pearl Harbor, bei dem sie fast die komplette US-Flotte versenkten. Nach dem Bombenabwurf kapitulierte Japan schließlich, und der Zweite Weltkrieg war offiziell zu Ende. Die beiden Bomben, die zwei ganze Städte zerstörten und über 200.000 Menschen das Leben kosteten, bekamen sogar Namen: Little Boy und Fat Man.

17. Kubanische Revolution:

Der verhasste Diktator Batista hatte Kuba bis Mitte des letzten Jahrhunderts fest in der Hand – bis er

Ende der 50er von Fidel Castro, der den Menschen ihre Freiheit und das Blaue vom Himmel versprach, im Zuge der kubanischen Revolution gestürzt wurde. Friedlich und harmonisch wurde die Situation unter Castro allerdings auch nicht, denn mit seiner rechten Hand Che Guevara verfolgte er stur seinen sozialistischen Kurs und nahm Aufmüpfigen ihr Leben, ihre Freiheit oder ihre Heimat. Die Folge waren unzählige Kubaner, die im Laufe der Jahrzehnte auf mehr oder weniger wasserdichten Flößen und Booten, welche sie in ihrer Verzweiflung selbst improvisiert und zusammengebastelt hatten, den lebensgefährlichen Weg zur Küste Floridas antraten, um in Amerika ein neues Leben aufzubauen.

18. Als Tibet seine Freiheit verlor:

Das Völkchen im Himalaya war wohl schon zu lange frei gewesen, als sich die Chinesen 1950 einbildeten, in Tibet einmarschieren und das Land brutal unter ihre Kontrolle bringen zu müssen. Der allseits beliebte und verehrte 14. Dalai Lama (Tenzin Gyatso) wurde schließlich 1959 unter anderem durch ein versuchtes Attentat dazu gezwungen, in einer gefährlichen Nacht-und-Nebel-Aktion sein Land über die Berge zu verlassen und nach Indien zu flüchten. Aus dem Exil setzt er sich seitdem auf friedliche Weise für sein Heimatland ein und bekam für seine Anstrengungen sogar den Friedensnobelpreis verliehen. Besetzt ist sein schönes Land aber bis heute.

19. Kalter Krieg:

Dabei handelte es sich um keinen Krieg im eigentlichen Wortsinn; der Krieg war eher psychischer Natur. Im Zuge eines jahrzehntelangen atomaren Wettaufrüstens zwischen Ost und West in der zweiten Hälfte des letzten Jahrhunderts wurden derart viele Atomwaffen gebaut, dass die Kugel damit mehrmals in die Luft gejagt werden könnte – weshalb die Angst davor, dass einer damit anfangen und der andere entsprechend zurückschlagen könnte, natürlich extrem groß wurde. Hauptkontrahenten: USA und UdSSR (vulgo Sowjetunion, also das heutige Russland). Albert Einstein war aus gutem Grund der Annahme, dass wir nach einem dritten Weltkrieg den vierten wieder mit Stöcken und Steinen ausfechten würden, weil nach einem Atomkrieg nichts anderes mehr übrig wäre. Das Endergebnis der jahrelangen Drohungen war schließlich der Atomwaffensperrvertrag.

20. Mondlandung:

Die Apollo-11-Mission. Was diesen großen Schritt der Menschheit im Jahr 1969 betrifft, könnte man sich so manche Frage stellen. Zum Beispiel, warum eigentlich ausgerechnet Armstrong und Aldrin auf dem Mond spazieren gehen durften, während der Dritte im Bunde (angeblich hieß er Collins) so lange in der Kapsel blieb, bis seine Freunde bereit waren, wieder einzusteigen. Oder wie es der nicht vorhandene Wind am Mond geschafft haben soll, die amerikanische Flagge zum Wehen zu bringen. Fragt man bei den Russen oder Verschwörungstheoretikern nach, waren die Amis wahrscheinlich gar nie oben.

21. Tschernobyl:

1986 kam es zu einer Explosion im Atomkraftwerk Tschernobyl, die nicht umsonst als Super-GAU (größter anzunehmender Unfall) in die Geschichtsbücher einging, der unzählige Menschen das Leben beziehungsweise die Gesundheit kostete. Die Folge war eine derartige Verstrahlung, die sich über ganz Europa verbreitete, dass eine Zeit lang weder Gemüse vom Feld noch Milch vom Bauern gefahrlos konsumiert werden konnte und schon gar nicht an Babys und Kleinkinder verfüttert werden durfte. Bis heute ist nicht sicher, wie viele Opfer dieser Atomunfall tatsächlich forderte.

22. Fall des Vorhangs:

Natürlich handelt es sich um keinen Vorhang im eigentlichen Sinn, sondern um die schwer bewachte Grenze, die sich während des Kalten Krieges durch den ganzen Kontinent zog und Europa in Ost und West trennte. Dem kommunistischen Osten ging es in diesen Jahren allerdings deutlich schlechter als dem demokratischen Westen, sodass sich unzählige DDR-Einwohner äußerst kreative Einreiseversuche in die BRD einfallen ließen, für die vor allem manipulierte Autos gute Dienste leisteten. 1989 fiel dann endlich der sogenannte »Eiserne Vorhang«, einschließlich Berliner Mauer, und alle jubilierten.

23. 9/11:

Im Zuge der historischen Terroranschläge am 11. September 2001 brachten zwei Flugzeuge die Twin Towers des World Trade Centers in New York zum Einsturz, während ein weiterer Flieger ins Pentagon gesteuert wurde. Mehrere Tausend Menschen kamen an jenem Tag ums Leben. Seitdem sind verschiedenste Theorien aufgepoppt, welche die genauen Hintergründe der Ereignisse in Frage stellen. Verschwörungstheoretiker sind beispielsweise der Ansicht, die US-Regierung habe die Anschläge entweder wissentlich zugelassen oder sogar selbst in Auftrag gegeben. Auch ist es schon interessant, dass 911 ausgerechnet die Nummer des amerikanischen Notrufs ist.

24. Weltfinanzkollaps:

Die erste Weltwirtschaftskrise, die mit dem New Yorker Börsencrash begann und mit der »Großen Depression« endete, ist bald 100 Jahre her. Die zweite weltweite Finanzkrise begann interessanterweise ebenfalls in New York, und zwar mit einer Immobilienkrise um 2007–2008. Sie führte zu hoher Arbeitslosigkeit, milliardenschweren Rettungspaketen für ganze europäische Staaten und einem weltweiten Schaden in 12-stelliger Höhe – außerdem zum Aufstieg der Kryptowährungen (Stichwort Bitcoin), nachdem das Vertrauen in die Bankenwelt bis ins Mark erschüttert worden war. Was nun die dritte weltweite Krise betrifft – die werden spätestens deine Kinder in ihren Geschichtsbüchern finden.

25. Das Zeitalter der Computer:

Die Geschichte der Computer lässt sich bis in die erste Hälfte des letzten Jahrhunderts zurückverfolgen. Doch seit der Erfindung der hallengroßen Geräte, die nicht viel mehr konnten als rudimentäre Rechenoperationen, hat sich viel getan. Extrem viel. Als die ersten mit heutigen Standards vergleichbaren PCs (Personal Computer) in den 80ern die Runde mach-

ten, gab es allerdings noch keine USB-Sticks, keine Cloud, kein Internet – schon gar nicht in Verbindung mit einem Handy. Dafür gab es Drehscheibentelefone, Disketten und Videokassetten. Ein beliebter Computer unter Teenagern war damals der C64 von Commodore, der einen Arbeitsspeicher mit ganzen 64 KB (ja, KILObyte) zu bieten hatte. Erst Anfang der 90er begann schließlich das Internet, sich auszubreiten – damals noch mithilfe von nervtötenden, minutenlangen, mehr oder weniger monotonen Bieptönen (auch bekannt als »Modem« oder »perfekter Apparat, um Leute in den Wahnsinn zu treiben«). Seitdem hat sich alles nochmals derart weiterentwickelt, dass man Handys und Computer kaum wiedererkennt. Das winzige Kästchen, das du heute mit dauerhaftem Internetzugang bequem in der Hosentasche mit dir rumträgst, kann wahrscheinlich mehr als die ganze Rakete, die vor ein paar Jahrzehnten zum Mond geschickt wurde.

22. KAPITEL

25

GROSSARTIGE TIPPS

UND WENIGER GROSSARTIGE TATSACHEN,

DIE DU ÜBER BEZIEHUNGEN WISSEN MUSST

Verliebt, verlobt, verheiratet – so einfach ist das Thema Liebe leider nicht. Die allermeisten Mädchen müssen viele Frösche küssen und anschließend gegen die Wand schleudern und noch viel mehr Tränen vergießen, bis endlich der Märchenprinz auf seinem weißen Gaul dahergeritten kommt. Doch unabhängig davon, ob dein nächster Freund lediglich ein Lebensabschnittspartner ist (sei es für drei Wochen oder drei Jahre) oder ob die Beziehung ewig hält – die folgenden Tipps und Tatsachen können vielleicht, eventuell, möglicherweise, also hoffentlich, ganz nützlich sein. Sie beruhen auf jahrelangen Erfahrungen und geben dir zumindest ein gewisses Grundverständnis für Beziehungen, das dir gewisse Entscheidungen erleichtern, gewisse Enttäuschungen ersparen, gewisse Aspekte des Liebeslebens verschönern und ganz allgemein deine Chancen zum Glücklichsein erhöhen soll. Kleine Notiz am Rande: Einige dieser Ratschläge sind praktischerweise für alle Partnerschaften – sowohl mit Männlein als auch mit Weiblein – anwendbar, während andere speziell die Beziehungen mit dem männlichen Geschlecht betreffen. Lies dir einfach das durch, was dich persönlich betrifft beziehungsweise interessiert.

1. Wenn beide gleich blöd sind, stehen die Sterne gut.

Du kannst dir gar nicht vorstellen, wie viel gleicher Humor in der Beziehung zwischen zwei Menschen ausmacht. Wenn der andere deinen Humor nicht schätzen kann und beispielsweise eingeschnappt reagiert, wenn du einen sarkastisch angehauchten Kommentar abgibst, solltest du dir ernsthafte Gedanken über eure Kompatibilität machen. Wenn du fliegende, pupsende Einhörner lustig findest und er dich nur schief ansieht; wenn du meinst, Leuten Kastanien an den Kopf werfen zu wollen, und er Angst vor dir bekommt; oder wenn du dir eine Wasserrutsche rund ums Haus wünschst, und er dich fragt, ob du irre bist – dann ist euer Humor eventuell zu konträr, um eine funktionierende Beziehung zu gewährleisten.

2. Die rosarote Brille ist real.

Der rosarot gefärbte Tunnelblick von auf Wolken tanzenden Pärchen ist kein Märchen, sondern Fakt. Er dauert mindestens drei Monate lang an. Eigentlich eher sechs, manchmal sogar acht Monate bis hin zu einem ganzen Jahr. In dieser Zeit solltest du keine (und zwar überhaupt keine!) grundlegenden oder lebensverändernden Entscheidungen treffen, denn dein Verstand ist in irreführenden rosa Nebel eingehüllt. Deine Gefühle haben die Oberhand und unterdrücken jegliche Rationalität. Du bist davon überzeugt, dass dein Freund der beste, tollste, liebste, attraktivste und perfekteste Traummann der Weltgeschichte ist. Außerdem hat er immer recht, und alle anderen reden Blödsinn. Das ist ganz normal; diesen Liebesrausch bekommst du ganz automatisch mit Amors Pfeil mitserviert. Dazu kommt, dass sich jeder am Anfang einer Beziehung wesentlich mehr bemüht als später. Wenn sich nun nach ein paar Monaten der Tunnelblick weitet und du die Brille abnimmst, wirst du erkennen, dass der Kerl, der vor dir steht, nicht ganz derselbe ist, in den du dich damals verliebt hast. Das heißt natürlich nicht, dass er auf einmal ein schlechterer Mensch ist oder dass du nicht mehr mit ihm zusammen sein solltest – keinesfalls! Es bedeutet lediglich, dass du deiner Verliebtheit nicht zu 100 % trauen solltest, solange du nicht weißt, ob du deinen Freund auch dann noch ausstehen kannst, wenn du sein wahres Ich mal erblickt hast. Wenn du nämlich später draufkommst, dass ihr (jetzt, wo er – um ein klassisches Beispiel zu nennen –

die Maske des fürsorglichen Romantikers abgelegt hat) doch nicht so gut zusammenpasst, wie du es dir anfangs eingebildet hast, und du bis dahin schon entschieden hast, ihm und seinem Studium nach Timbuktu zu folgen, wirst du diese Entscheidung sehr bald bereuen. Also mach dich lieber gleich drauf gefasst, dass sich nach ein paar Monaten sehr vieles ändern kann und du auf einmal Seiten an deinem Mr Perfect erkennst, die du nicht erwartet und die du dir schon gar nicht ersehnt hast.

3. Romantik ist ein temporäres Phänomen.

Genieße sie, solang du kannst. Wenn du auch nur ein klein wenig romantisch veranlagt bist und dir einen Freund wünschst, der wenigstens ab und zu mal romantisch agiert, solltest du mit deinen Hoffnungen und Erwartungen vorsichtig sein. Mach dir zum einen bewusst, dass Romantik viele Formen annehmen kann. Mit roten Rosen bei dir aufzutauchen ist nicht die einzige Art, wie jemand dir seine Gefühle offenbaren kann. Liebevolle Worte, gefühlvolle SMS, Kuscheleinheiten oder auch einfach mal der Griff nach deiner Hand – das alles sind emotionale Gesten, die du genießen, schätzen und vor allen Dingen auch zurückgeben solltest, wenn du möchtest, dass er sie beibehält. Doch auch, wenn du seine mehr oder weniger romantischen Tendenzen ausreichend würdigst, werden sie sich mit der Zeit verringern. Wenn du dir nicht ausgerechnet einen überzeugten und selbst deklarierten Romantiker geangelt hast, der ganz genauso viel Freude dran hat wie du, wird die Romantik nach einigen Monaten vermutlich sogar komplett verschwinden. Das bedeutet nicht, dass er dich nicht liebt – sondern einfach nur, dass er tief im Inneren einfach kein Romantiker ist und nie einer sein wird. PS: Wenn dir ein Kerl von Anfang an erklärt, er sei ein notorischer Antiromantiker, dann glaub ihm das. Versuch gar nicht erst, ihn zu ändern. Glaub auch nicht, dass es bei dir etwas anderes sein wird. Nicht mal dann, wenn er in den ersten Monaten eurer Beziehung mit Herzchen-Smileys, Blumen und Liebesbekundungen um sich wirft, als wäre er Amor höchstpersönlich. Wenn er sich selbst als Antiromantiker bezeichnet, hat er damit wahrscheinlich recht. PPS: Wenn du das Gefühl hast, er hat dich wirklich gern, ist aber einfach zu blöd für romantische Gesten, kann es helfen, deine beste Freundin mit ein paar Ideen auf ihn anzusetzen. Ist er clever, wird er auf sie hören. Dann war's zwar nicht seine Idee, aber zumindest hat er dich offenbar gern genug, um sich trotzdem an der Romantik zu versuchen.

4. Beziehungen sind zeitintensiv.

Sobald du dir einen Partner zulegst, schenkst du ihm einen sehr großen Teil deiner Freizeit. Im Normalfall tust du das freiwillig. Schließlich bist du rosarot bebrillt und würdest seine Gesellschaft am liebsten gar nicht mehr hergeben. Nicht mal für die Schule oder Arbeit. Gut, schon gar nicht für die Schule oder Arbeit. Aber nachdem sowohl Schule als auch Arbeit es nun mal so an sich haben, dass man sie recht selten einfach so hinschmeißen kann, weil man gerade verliebt durch die Wolken tänzelt, musst du die Zweisamkeit eher auf die freie Zeit verschieben. Das bedeutet, dass du die Dinge, mit denen du vor deiner Beziehung deine Freizeit verbracht hast, jetzt mehr oder weniger vergessen kannst – zumindest in dem Ausmaß, in dem du sie vorher getan hast. Doch das gehört eben dazu. Es ist etwas, was einfach jedem bewusst sein muss, bevor er seinen Single-Status aufgibt. Dazu ein kleiner Tipp am Rande: Wie gesagt sollte dieser Beschäftigungswandel vollkommen freiwillig (und im Idealfall auch noch mit großer Freude) geschehen. Wenn du dich dabei ertappst, wie du ungern deine Samstagsbeschäftigungen für deinen Freund aufgibst beziehungsweise zurückschraubst – ganz egal, ob du deine Wochenenden sonst gerne mit Sporteinheiten, Seriensüchteln oder Luftpolsterfolie-Zerdrücken verbringst –, dann solltest du vielleicht mal darüber nachdenken, ob du denn nicht als Single glücklicher wärst.

5. Ihr könnt ruhig zu zweit auftauchen.

Dein Partner ist unter anderem dafür da, dass du ihn überall mit hinzerren kannst, wo du ihn gerne dabeihättest. Sei es Omis Geburtstagsfeier samt Kirchgang und Blasmusikkapelle oder die Verabschiedung deines Lieblingsstraßenbahnfahrers – völlig irrelevant, um welches Event es geht. Wenn du willst, dass er mitgeht, frag ihn doch! Im besten Fall kommt er freiwillig mit – einerseits, um dir damit eine Freude zu machen, und andererseits, weil er so Zeit mit dir verbringen kann. Vielleicht auch, weil er neugierig auf deine Familie ist und die Menschen in deinem Leben kennenlernen möchte. Ist er weniger begeistert von der Aussicht, von deinen Eltern und Tanten bei Kaffee und Kuchen über seine Hobbys und (vorhandenen oder nicht vorhandenen) akademischen Erfolge ausgefragt zu werden, ist das auch bis zu einem gewissen Grad verständlich; vor allem, wenn ihr erst seit ein paar Wochen zusammen seid. Aber wenn er sich ständig weigert, irgendwohin mitzugehen, ist es vielleicht an der Zeit, seine Gefühle für dich ein klein wenig infrage zu stellen.

6. Du musst auch mal das tun, was er will.

Deine Netflix-Lieblinge werden für seine FIFA-Zockerei Platz machen müssen. Und du kannst nicht mehr allein entscheiden, wann du dich wo mit welchen Freunden triffst. Vor allem, wenn du ihn mitschleppen willst, kann es schon sinnvoll sein, ihm ein Mitspracherecht einzuräumen. Ab und zu könnte er dich ja auch mal mit zu seiner Familie oder seinen Freunden nehmen wollen. Oder er möchte, dass du ihm beim Fußballspielen (also beim echten) zusiehst. Oder er will sich im Kino nicht die neueste Schnulze, sondern den neuesten Actionknaller ansehen. Dann kommt es schon besser an, wenn du auch mal seine Wünsche erfüllst und an seiner Seite bist, obwohl du eigentlich viel lieber eine überfällige (oder auch weniger überfällige, aber eben doch immer irgendwie überfällige) Shoppingtour mit deinen Mädels machen würdest.

7. Versteh dich lieber mit seiner Familie.

Die hat dein Partner von vornherein im Handgepäck, und du wirst sie niemals wirklich loswerden, auch wenn sie dich noch so sehr nervt. Familie ist schließlich Familie. Die kann man sich nicht aussuchen. Und wenn die dich nicht leiden können, weil du zickig bist oder nicht hingreifst, wenn der Tisch abzuräumen ist, bescherst du dir selbst keine gute Ausgangssituation. Dabei solltest du vor allem auf die weiblichen Familienmitglieder achten.

Mutter-Sohn-Beziehungen können schon so manches Mädel vergraulen, wenn Mama ein Problem mit Schwiegertochter hat; zum Beispiel, weil sie nicht ihren Attraktivitätsstandards entspricht, oder weil Mama es sich zum Lebensziel gesetzt hat, ihren Sohn bis zu seiner Pension in seinem Kinderzimmer zu betüddeln. Auch bei seinen Schwestern, sofern er welche hat, solltest du die richtigen Knöpfe drücken. Am besten informierst du dich bei ihm schon vorher, welche Themen ihnen wichtig sind, sodass du sie dann gleich geschickt in ein Gespräch zu ihrem Lieblingsthema verwickeln kannst, und sie danach gar nicht anders können, als nur so von dir zu schwärmen. Wenn du mal die weiblichen Verwandten um den Finger gewickelt hast, kann dir schon nicht mehr viel passieren; wobei auch bei gewissen Vätern ein Wort der Warnung ausgesprochen werden sollte. Kann schon vorkommen, dass du plötzlich beim Familiendinner gefragt wirst, was du eigentlich für deine schlechteste Eigenschaft hältst und wie oft du denn deine Eltern bekochst. Je mehr du schon im Vorhinein über die gratis mitgelieferte Familie deines Lieblings weißt, desto besser kannst du dich auf sie vorbereiten. Idealerweise begegnest du ihnen mit zu ihnen passenden Gesprächsthemen, Freundlichkeit und Hilfsbereitschaft. Notfalls auch mit Abführpulver, das dir unabsichtlich über ihrem Kaffee auskommen könnte, wenn sie dich zu sehr geärgert haben.

8. Sei nett zu seinen Freunden.

Wenn du's dir mit denen verscherzt, hast du richtig schlechte Karten. Vermutlich noch schlechtere, als wenn dich seine Familie hasst. Denn auf seine Freunde hört er vielleicht. Bring sie daher lieber nicht dazu, dass sie dich ihrem Freund ausreden wollen. Beispielsweise, indem du die Leine zu kurz hältst und deinen Freund nicht mehr mit seinen Jungs fortgehen lässt. Sorg lieber dafür, dass sie der Meinung sind, ein cooles, lustiges, unkompliziertes Mädel in ihrer Mitte zu haben.

9. Nörgle nicht an ihm herum.

Männer wollen nicht verändert werden. Du möchtest doch auch, dass er dich so nimmt, wie du bist, statt dich erst wie eine Puppe aus Knetmasse zur Perfektion zu verformen – oder? Abgesehen davon werden Männer, so wie alle Menschen, einfach nicht gern kritisiert. Selbstverständlich solltest du mit ihm reden, wenn dich etwas stört. Aber wenn du seine Person und seinen Charakter so abgrundtief schrecklich findest, dass du ihm nur noch regelmäßig erklärst, was dir an ihm nun schon wieder nicht passt, wird es nicht lange dauern, bis du für ihn sowie für seine Freunde die »Zicke« bist, die ihn eigentlich nur nervt. Und wenn du eine so schlechte Meinung von ihm hast, dass du dich alle paar Tage bemüßigt fühlst, ihn zu beschimpfen – egal ob im direkten Austausch oder nur in deiner Vorstellung –, ist er vielleicht ohnehin der Falsche für dich. In einem solchen Fall solltest du dir wirklich überlegen, ob du denn überhaupt noch in ihn verliebt bist und mit ihm zusammen sein möchtest.

10. Vergiss deine Freundinnen nicht.

Nur weil du jetzt einen Freund hast, bedeutet das nicht, dass du keine Freundschaften mehr brauchst. Freunde gehören genauso (wenn nicht mehr) zu deinem Leben dazu wie dein neuer Liebster. In den ersten Wochen, vielleicht noch in den ersten Monaten, lassen es sich liebe Freundinnen schon mal gefallen, links liegen gelassen zu werden. Aber ewig werden sie das nicht mitmachen. Vergiss nicht: Partner kommen und gehen. Wahre Freunde bleiben – zumindest so lange, bis sie das Gefühl haben, ersetzt worden zu sein.

11. Vergiss die Schule oder Arbeit nicht.

Wenn du nur noch mit deinem Freund abhängst, auf alles andere pfeifst und folglich nicht mehr die erwünschten Erfolge nach Hause bringst, werden dich deine Eltern bald zu Hause einsperren. Und dann siehst du deinen Schatz gar nicht mehr. Also lass es lieber gar nicht erst so weit kommen.

12. Geschwister können dein Untergang sein.

Jüngere Schwesterchen oder Brüderchen sind nicht nur nervig, weil sie uneingeladen in dein Zimmer stürzen, in dem du gerade mit deinem Freund allein sein willst; sie sind auch sehr hellhörig und geschwätzig – eine fatale Kombination, wenn es um sensible Informationen geht. Sie meinen es ja gar nicht böse, wenn sie deinem Freund (oder auch gerne sonstigen Bekannten, Freunden und Verwandten) euphorisch erzählen, was du wo wann über deinen Freund gesagt hast. Aber zur Sicherheit solltest du die kleinen Quälgeister nichts mitbekommen lassen, was sie keinesfalls weitererzählen sollen.

13. Männer unter 25 wollen nicht an die Ewigkeit denken.

Kinder und Hochzeit sind aktuell nicht Teil ihrer Vision. Also erwarte nicht, dass dein Freund mit dir über eure gemeinsame Zukunft sprechen will. Oder wundere dich zumindest nicht, wenn du das Thema ansprichst und er aus heiterem Himmel über die Eigenheiten des blauen Himmels zu reden anfängt. Es ist schon wirklich selten, dass ein Kerl, der sich noch nicht einige Jahre lang ausgelebt hat, bereits darüber nachdenkt, mit der aktuellen Freundin zusammen alt werden zu wollen. Mit solchen Hoffnungen setzt du euch beide unter unnötigen Druck. Denn sei mal ehrlich: Das interessiert dich jetzt doch eigentlich auch noch nicht, oder?

14. Jungs brauchen Sex.

Je unreifer sie sind, desto wichtiger ist er ihnen. Eigentlich ist er sowieso der Mittelpunkt ihres Lebens. Der Sinn ihrer Existenz. Und deiner. Bei manchen Kerlen hat man schon wirklich das Gefühl, die Freundin hat ausschließlich die Funktion des Betthäschens. Wenn das für sie in Ordnung ist, dann passt das Pärchen zumindest in körperlicher Hinsicht nicht schlecht zusammen. Wenn das für sie aber nicht in Ordnung ist, sieht die Sache schon anders aus. Vor allem Jungfrauen müssen sich einer Tatsache bewusst sein: Irgendwann wird er nicht mehr warten wollen. Vermutlich wird es ihm eher früher als später reichen, ein »nein« zu hören. Doch genau darin liegt die Lektion, die dir alles über ihn verraten wird: Nimm dir die Zeit, die du brauchst. Lass dich unter keinen Umständen stressen und zu etwas überreden, was du nicht möchtest. Im schlimmsten Fall wird er irgendwann sagen: »danke, bye bye«. Aber so erkennst du zumindest, ob er dich wirklich mag. Ist ihm Sex wichtiger als du, wird er immer lästiger werden. Bist du ihm als Mensch wichtig, wird er dich nicht unter Druck setzen. Dann sind seine Gefühle für dich wirklich tiefgehend und nicht bloß oberflächlich. Das ist etwas Besonderes. Wenn er dir alle Zeit gibt, die du brauchst, hast du einen wahren Goldschatz gefunden!

15. Sex ist nicht alles.

Weder solltest du dir von ihm einreden lassen, dass Sex der Hauptbestandteil einer Beziehung ist (wenn er so denkt, ist er sowieso ein unreifer Clown), noch solltest du dich selbst daran aufhängen. Nicht jedes Pärchen ist so sexfixiert, dass selbst die vollgekotzte Toilette des Lieblingsclubs herhalten muss. Oder das Dach des Elternhauses. Oder das Stiegenhaus der Tiefgarage. Wenn ihr nicht diejenigen seid, die einfach immer und überall übereinander herfallen müssen, bedeutet das nicht, dass ihr keine Chemie oder körperliche Anziehung habt. Es zeigt höchstens, dass ihr saubere und intime Unterlagen bevorzugt – das ist auch schon alles. Abgesehen davon wird der körperliche Teil einer Beziehung ohnehin immer weniger, je länger ihr zusammen seid. Also mach dir keine Sorgen, wenn diese Prophezeiung eintreffen sollte – das ist völlig normal.

16. Kein Sex ist auch gefährlich.

Wenn er dich nicht unter Druck setzt, weil du noch nicht bereit dafür bist, eure Beziehung auf die körperliche Ebene zu heben, ist das wunderbar. Doch wenn du längst dafür bereit wärst oder ihr sogar bereits Sex hattet, er dir aber generell nicht den Eindruck vermittelt, dich ins Bett kriegen zu wollen, ist das auch sonderbar. Nähert er sich dir körperlich gar nicht oder deines Erachtens viel zu selten an, habt ihr möglicherweise Klärungsbedarf. Vielleicht hat er Hemmungen? Vielleicht will er dich nicht unter Druck setzen, obwohl du eigentlich schon so weit wärst? Vielleicht ist er auch nur gestresst? Oder vielleicht passt etwas in eurer Beziehung nicht, was dringend geklärt werden sollte. Wie dem auch sei: Sprich das Thema lieber mal an, bevor du ewig lang darauf herumkaust und dich selber irre machst.

17. Dein Bauchgefühl zeigt dir den Weg.

Hör ruhig auf deinen Instinkt, wenn er dir etwas einflüstert. Hast du jemals aus rational vollkommen unerklärlichen Gründen das Gefühl, irgendwas passt nicht, er verhält sich seltsam oder die Beziehung fühlt sich einfach nicht ganz richtig an, dann ist da wahrscheinlich was dran. Dein Bauch weiß oft früher Bescheid als du. Also gib ihm ruhig dein offenes Ohr und versuche, zu ergründen, was wohl dahinterstecken mag.

18. Hör auf deine Mädels.

Wenn deine besten Freundinnen deinen Freund nicht leiden können, hat das meistens einen guten Grund. Die Mädels kennen dich sehr gut. Sie wissen, wer nicht zu dir passt, auch wenn du es dir selbst vielleicht nicht eingestehen willst, weil die rosa Brille deine Wahrnehmung trübt und deinen Körper hormonvergiftet. Wenn dir deine Freundinnen einstimmig erklären, dass dich dein Neuer zum Negativen verändert oder dass er dich vorne und hinten ausnutzt, wäre es ein Fehler, sie zu ignorieren. Hör dir wenigstens ihre Argumente an und wäge sie für dich persönlich ab – und zwar so rational wie möglich. Haben sie nicht vielleicht recht?

19. Brich ihm nicht das Herz.

Und wenn du ihm das Herz brechen musst, tu es so sanft wie möglich. Erzähl ihm nicht, dass du dich in einen anderen verguckt oder ihn gar mit einem anderen betrogen hast. Und egal, was der Grund ist – auch, wenn du einfach nicht von ihm überzeugt bist und dir selbst nicht erklären kannst warum – beende die Beziehung lieber früher als später. Schleif ihn nicht mit, nur weil du den Beziehungsstatus »vergeben« genießt, oder weil deine Freundinnen auch alle jemanden haben und du keine Außenseiterin sein willst, oder weil du es einfach nicht übers Herz bringst, mit ihm Schluss zu machen. Je später du ihm das Herz brichst, desto schmerzhafter und schwieriger wird es für euch beide werden. Zieh das Pflaster ab und lass die Wunde heilen, ehe ein Pflaster nicht mehr genügt ...

20. Ehrlichkeit währt am längsten.

Sei ehrlich mit deinem Freund, und zwar was so ziemlich alles betrifft. Gut, mach ihm keine Angst mit Zukunftsvisionen von Heirat und sieben Kindern; *alles*, was du dir denkst, musst du ihm nicht auf die Nase binden. Aber wenn sich dir die Frage stellt, ob du ihm etwas ganz Bestimmtes – was ihn sowohl interessiert als auch etwas angeht – erzählen, verheimlichen oder überarbeitet berichten solltest, entscheide dich lieber für die Wahrheit. Wenn du ihn wegen irgendetwas anlügst, wirst du dich zum einen selber fertigmachen (liebe Grüße vom schlechten Gewissen); zum anderen kommt ohnehin jede Lüge irgendwann raus. Und dann wird's richtig ungemütlich! Also sag ihm lieber gleich, dass dein angeblich »bester Freund« dir Avancen gemacht hat oder dass du im Sommer ohne ihn auf Urlaub fahren willst. Er wird nicht begeistert sein; aber noch weniger begeistert ist er, wenn er es erst später und dann vielleicht noch über drei Ecken herausfindet.

21. Dein Freund ist dein bester Freund.

Zumindest sollte er das sein. Das heißt nicht, dass er deine besten Freunde oder Freundinnen ersetzen kann – nicht im Mindesten. Aber er sollte fortan auch zu deinen besten Freunden zählen. Nur wenn dein Freund jemand ist, dem du vollkommen vertraust, mit dem du über alles reden kannst und willst, hat die Beziehung eine Chance. Idealerweise ist er nicht nur dein Liebhaber, sondern auch dein Ansprechpartner, dem du ohne jede Zurückhaltung erzählen kannst, warum deine Eltern dich wieder mal die Wände hoch treiben, wie sehr du dich über deine schlechten Testergebnisse ärgerst oder dass deine Katze heute einen blau-rot gepunkteten Vogel auf deinen Teppich gekotzt hat.

22. Wandernde Augen gibt's für Verliebte nicht.

Wenn man mal jahrelang zusammen ist, kann man ja darüber diskutieren, ob es erlaubt ist, anderen hinterherzusehen oder zu flirten, um sich Appetit zu holen, solange man zum Abendmahl wieder nach Hause kommt. Aber in der Anfangszeit einer Beziehung ist eine solche Tendenz eher ein Zeichen dafür, dass etwas nicht stimmt. Wenn du dich dabei ertappst, wie du von einem anderen träumst, wie dir ein anderer richtig gut gefällt, wie du nostalgisch an dein Singleleben zurückdenkst oder wie du vielleicht sogar daran denkst, dass du offen für alles bist – dann solltest du dir überlegen, ob du in deiner aktuellen Beziehung wirklich glücklich bist.

23. Sei treu.

Wenn du gern mit einem anderen rumknutschen würdest, weil du betrunken bist und dir der Kerl an der Bar unheimlich gut gefällt, oder weil dich ein Fremder mit Flirtereien einschleimt, bis du hochrot anläufst, bist du von deinem eigenen Freund wohl ohnehin nicht ganz so überzeugt. Und dann solltest du wenigstens so weit sein, mit ihm Schluss zu machen, bevor du mit dem anderen was anfängst. Außerdem: Stell dir vor, euch fotografiert jemand und postet das Foto auf Instagram. Wenn dein Freund herausfindet, dass er betrogen worden ist, wird er nie wieder einem anderen Mädchen vertrauen. Zumindest nicht für sehr sehr lange Zeit. Sein Vertrauen in die Frauenwelt wird so erschüttert sein, dass er wiederum das nächste Mädchen verletzen wird und deren Glauben an die Männerwelt zerstört. Willst du ihm und deinen Nachfolgerinnen das wirklich antun?

24. Kommunikation ist der Schlüssel.

Zu sehr sehr sehr sehr vielem in einer Beziehung. Eigentlich zu fast allem. Wenn du dir sonst überhaupt nichts von dem merkst, was du in diesem Buch liest (zugegeben, manches ist ja auch Blödsinn), dann merke dir zumindest diesen einen Ratschlag: Rede mit ihm, wenn du ein Problem hast. Sag ihm, was dich nervt. Er kann keine Gedanken lesen. Er kann auch nicht zwischen den Zeilen lesen. Dafür sind Männer einfach zu blöd. Die denken völlig geradlinig, so in die Richtung: »Wenn sie sagt, es ist nichts, dann ist auch nichts. Danke. Fertig. Alles gut.« Die leichten Nuancen in deinem Tonfall oder deine dezent sarkastisch angehauchte Wortwahl reicht im Normalfall nicht aus, um ihm zu sagen, dass etwas nicht stimmt. Klar ist es oft seeeehr schwer, ein unangenehmes Thema anzusprechen. Du willst ja weder dich selbst blamieren noch ihn verletzen. Trotzdem muss es einfach sein. An solchen Gesprächen führt leider kein Weg vorbei, wenn Klärungsbedarf besteht. Ansonsten wird er nie schnallen, was denn dein Problem ist, oder (wenn er ein richtiger Nullchecker ist) dass du überhaupt ein Problem hast. Du wirst den ganzen Kram in dich hineinfressen und stumm dahinleiden, während er nicht die geringste Ahnung hat, was er falsch gemacht hat oder wie er es richtig machen soll. Um euch beiden Schmerz zu ersparen: Redet miteinander!

25. Öffne dich.

Wenn die Beziehung funktionieren soll, musst du dich ihr – emotional gesehen – komplett öffnen. Auch wenn du schon mal verletzt worden bist. Dein neuer Freund kann überhaupt nichts dafür, dass dir dein Ex ein rostiges Messer in den Rücken gerammt hat. Er hat es verdient, dass auch er seine Chance bekommt. Natürlich machst du dich damit gefühlsmäßig extrem verwundbar. So verwundbar, dass er dir von heute auf morgen das Herz rausreißen und darauf rumtrampeln könnte, so wie es dein Ex getan hat, und du absolut nichts dagegen tun kannst. Aber nur mit dieser Offenheit hat eure Beziehung eine Chance. Ansonsten wird er nämlich sehr schnell merken, dass du dich zurückhältst, dass du ihm nicht vertraust, dass du ihm dein Herz nicht wirklich mit vollem Glauben an euch beide übergibst. Das führt im besten Fall zu einem klärenden Gespräch – aber im schlimmsten Fall dazu, dass er sich ebenfalls zurückzieht, was dich wiederum verunsichern wird und noch tiefer in dein Schneckenhäuschen schickt. Diese Spirale des unausgesprochenen Grauens wird sich so lange weiterdrehen, bis eure Beziehung komplett daran zerbrochen ist. Das heißt: Wenn du ihn wirklich gern hast und mit ihm zusammen sein möchtest, öffne dein Herz und lass ihn hinein. Es gibt nun einmal keine Liebe ohne Risiko.

23. KAPITEL

25
DINGE,
DIE JEDES MÄDCHEN
IM ALLTAG
TUN SOLLTE

1 ▷ DANKBARKEIT ZEIGEN:

So selbstverständlich es auch klingen mag, so schwer fällt es leider viel zu vielen Menschen, »Danke« zu sagen. Bedanke dich am besten immer und für so ziemlich alles. Auch für Dinge, die dir selbstverständlich erscheinen. Wenn deine Mom dir das Mittagessen auf den Tisch stellt; wenn dein Dad dein Taschengeld verfrüht auszahlt, weil du es schon im Vorhinein in neue Klamotten versenkt hast; wenn deine große Schwester deine zickende Freundin für dich beschimpft; wenn dein Lehrer deine lahme Entschuldigung fürs Zuspätkommen mit rollenden Augen akzeptiert; wenn dein Onkel dir beim Strebern hilft; oder wenn dein Busfahrer noch mal für dich stehen bleibt, weil du wie eine Irre dem verpassten Bus hinterherrennst – dann kann eine ganz simple Dankesbekundung (entweder in Form des tatsächlichen Wortes oder in Form eines dankbaren Lächelns) den Unterschied machen zwischen »Na die ist ja nett, da tut man ihr gerne einen Gefallen!« und »Diese Bitch kriegt nie mehr irgendwas von mir …«. So erreichst du ein zweifaches Ziel: Zum einen freut sich die andere Person über deine Dankbarkeit und kann es kaum erwarten, dir den nächsten Gefallen zu tun. Super für dich! Zum anderen sieht dich der andere fortan als einen Menschen, der lieb, freundlich und wertschätzend ist; somit erarbeitest du dir einen schönen Ruf. Noch superer für dich!

2 ▷ SICH HELFEN LASSEN:

Du darfst ruhig um Hilfe bitten beziehungsweise angebotene Hilfe annehmen, wenn du überfordert bist. Von der Mathe-Hölle über Liebesprobleme und Cyber Mobbing bis zu dem kleinen komischen Pickel, der einfach nicht dorthin verschwinden will, woher er vor schon viel zu langer Zeit gekommen ist. Jeder braucht irgendwo mal Antworten, Ratschläge und Unterstützung von außen. Niemand kommt schon in allen Lebensbereichen perfekt ausgebildet zur Welt. Auch wenn dir dein Problem noch so peinlich sein sollte – deine Mom, Schwester oder beste Freundin wird dich kaum auslachen oder verurteilen, wenn du im Vertrauen oder voll Verzweiflung zu ihr kommst.

FOTOS AUFBEWAHREN:

3

Die Zeiten der Kamera mit Film, der erst im Fachgeschäft entwickelt (sprich: gedruckt) werden musste, ehe man sich die Fotos überhaupt ansehen konnte, liegen für dich natürlich schon im Steinzeitalter. Fotos macht und behält man heutzutage digital. Sehr praktisch – mit dem einen Nachteil, dass man sie sich dadurch nicht immer gleich ausdruckt und in Alben verarbeitet, um sie auch ja nicht zu verlieren, so wie es die Steinzeitmenschen (auch bekannt als die Generation deiner Großeltern) gemacht haben. Wenn alle Bilder nur noch am Handy, auf Instagram und in der Cloud rumhüpfen, hast du erstens irgendwann den Überblick verloren, und zweitens hast du nichts Gedrucktes in der Hand. Wenn dein Handy ins Klo fällt, sind die Bilder erst mal weg. Es sei denn, die Cloud gibt sie dir wieder zurück. Aber der Punkt ist eher der, dass Fotos für Erinnerungen stehen. Wenn du später mal an einen bestimmten Urlaub zurückdenkst und dir am liebsten die Fotos dazu ansehen würdest – willst du dann wirklich dein Handy mit seinen Millionen Dateien durchkramen? Wäre es nicht deutlich angenehmer, ein Fotoalbum durchzublättern? Vielleicht nicht, ganz deine Entscheidung. Aber du wirst dir in jedem Fall selbst dankbar sein, wenn du all dein Bildmaterial zumindest aufhebst, nach einem System ordnest (z.B. nach

Jahren und Themen kategorisiert) und auf einer Festplatte abspeicherst, damit du dein Zeug leichter wiederfindest, wenn du es mal brauchst.

4 ▷ PÜNKTLICH SEIN:

Wenn möglich. Wenigstens bei wichtigen Dingen. Also wenn du deinen Schwarm zum Eisessen triffst zum Beispiel. Wenn du es doch nicht schaffst, weil die Wimperntusche einfach nicht so hinhauen will, wie sie sollte, könntest du ja eine SMS schicken, mit der einfachen Botschaft: *Bin in fünf Minuten da. Wenn nicht, SMS bitte noch mal lesen.* Dann weiß der andere Bescheid und verliert somit zumindest einen Teil seines

WIE, DU HAST GEGLAUBT, DASS ICH PÜNKTLICH BIN? NICHT MAL ICH GLAUB MIR, WENN ICH SAGE, DASS ICH PÜNKTLICH BIN.

Rechts, auf dich sauer zu sein. Und wenn du dann tatsächlich eintriffst, kannst du ja immer noch ganz überrascht dreinblicken und frech sagen: »Wie, du hast geglaubt, dass ich pünktlich bin? Nicht mal ich glaub mir, wenn ich sage, dass ich pünktlich bin.«

AB UND ZU MAL ZAHLEN:

5

Beim Fortgehen darfst du gern die Typen, die dich unbedingt einladen wollen, für deine Getränke blechen lassen. Zumindest dann, wenn du dich dafür ein Weilchen mit ihnen unterhältst. Aber wenn du dich bei Tageslicht beziehungsweise nüchtern mit jemandem deines Alters triffst, kann es schon einen sehr sehr sehr guten Eindruck hinterlassen, wenn auch du mal anbietest, die Rechnung für den Kaffee zu übernehmen.

OMAS PLATZ MACHEN:

6

Es wird ja ohnehin überall plakatiert, durchgesagt oder auf sonst eine Weise allen Reisenden vermittelt: Steh auf, wenn jemand daherkommt, der deinen Sitzplatz dringender braucht. Im Bus, im Zug, in der U-Bahn, in der Straßenbahn, in der Sauna, am U-Boot – also einfach überall, wo eine limitierte Anzahl an Sitzplätzen vorhanden ist und du es überleben wirst, wenn du für die ältere Dame oder den älteren Herrn, den Jungen im Rollstuhl oder die Mutter mit dem Kinderwagen deinen Platz opferst. Manchmal winken sie ohnehin ab, aber meist werden sie dir dankbar sein. Und hey, Hilfsbereitschaft schafft gutes Karma. Vielleicht revanchiert sich das Universum ja bei dir; aber in jedem Fall erweckst du durch solche Aktionen den Glauben der Älteren an die heutige Jugend wieder.

7 ▷ FREUNDLICH SEIN:

Auch wenn du schlecht gelaunt bist und am liebsten alles und jeden beschimpfen würdest – für deine miese Stimmung kann der andere (meistens) nichts. Abgesehen davon bringt es dir deutlich mehr, wenn du zu anderen Leuten lieb bist. Zumindest, solange sie zu dir lieb sind; und am besten auch dann, wenn sie zu dir alles andere als lieb sind. Die beste Waffe gegen eine mürrische Fremde, die offenbar ihr eigenes Leben hasst, ist oft ein nettes Wort und ein freundliches Lächeln. Damit zeigst du ihr, dass sie dich nicht mit sich hinunterziehen wird – ätsch. Und vielleicht schaffst du es durch deine positive Ausstrahlung ja sogar, ihre Laune ein wenig zu heben. Denk dir einfach: »Jeder hat mal einen schlechten Tag.« Und vergib der sauren Leberwurst.

8 ▷ MÄDELSABENDE VERANSTALTEN:

Zeit mit Freunden (männlich wie weiblich) zu verbringen ist eine der allerbesten Methoden, um sich zu entspannen, Spaß zu haben und den restlichen Alltag zu vergessen. Doch *Mädels*abende im Speziellen haben etwas ganz Besonderes an sich. In einer Freundinnenrunde können Themen bequatscht werden, die man vor Jungs nicht mal erwähnen würde – außerdem kann man ohne Jungs viel besser über die entsprechenden Jungs spekulieren. Gerade wenn man an einem von ihnen interessiert ist, sind solche Was-tut-er-und-was-sagt-er-und-was-will-er-eigentlich-Gespräche samt umfassenden Interpretationen und Ratschlägen unter Mädchen äußerst hilfreich. Aber es kann auch einfach mal nur um private oder unangenehme Themen gehen; wenn man unter sich ist und einander vertraut, ist kein Thema zu doof. Daher ist es fast schon eine weibliche Pflicht, mit seinen Freundinnen regelmäßig was trinken, was essen, sporteln, chillen, seriensüchteln, shoppen oder Blödsinn machen zu gehen.

DEN ALKOHOL FÜR SICH BEHALTEN: **‹ 9**

Nicht zwangsläufig bei dir, aber zumindest für dich; es sei denn, es geht nicht anders. Ein leichter Damenspitz wird von vielen Eltern ja noch toleriert (beziehungsweise sowieso früher oder später erwartet). Aber vor deiner Familie zu torkeln, zu lallen oder Papa auf die Schuhe zu kotzen ist meistens nicht ganz so empfehlenswert. Auch ins Bett gehört der Inhalt deines Magens nicht. Die alkoholbedingte Magenentleerungsaktion auf deinen Hund, Kater oder Kanari zu schieben ist übrigens auch ein eher transparenter Plan; also überleg dir lieber eine glaubwürdigere Erklärung. Vielleicht warst das ja gar nicht du, sondern deine Freundin, die frühmorgens noch schnell aus dem Fenster gehüpft und nach Hause gelaufen ist, nachdem sie bei dir ihre Ladung abgegeben hat (wie viel glaubwürdiger diese Ausrede ist, hängt wohl von der Reputation deiner Freundin sowie der Leichtgläubigkeit deiner Eltern ab). Oder du hast dir durch irgendeine schreckliche Zutat beim gestrigen Abendessen den Magen verdorben (natürlich nicht ganz glaubwürdig, wenn das Zimmer am nächsten Morgen immer noch nach Alkohol stinkt).

EIN VORBILD SEIN: **‹ 10**

Es ist einfach toll, die Vorbildposition innezuhaben! Sei es als Schwester, als Freundin oder als Kollegin. Wenn jemand zu dir aufsieht, kann das zwar ab und zu lästig sein – beispielsweise, wenn das Zu-dir-Aufsehen in ein Dich-Kopieren ausartet –, doch im Endeffekt ist es etwas Schönes. Bewundern dich andere für so etwas Positives wie deine Freundlichkeit, deinen Optimismus, deine Leistungen oder deine Zielstrebigkeit, dann weißt du, dass du in deinem Leben vieles richtig machst. Und das ist nicht immer leicht. Oft ist es beispielsweise wesentlich einfacher, dem Gruppenzwang nachzugeben und sich anderen in ihrem Verhalten oder ihren Meinungen anzuschließen, als es ist, sich seine eigene Meinung zu bilden, nach dem eigenen besten Wissen und Gewissen zu agieren und sich gegebenenfalls gegen seine Freunde, Verwandten oder Bekannten zu stellen. Das beste Beispiel dafür ist Mobbing. Zu wissen, dass das, was geschieht, nicht richtig ist, und dennoch nichts dagegen zu tun oder (noch schlimmer) sich den Mobbern anzuhängen, entbehrt jeder Ethik, Gerechtigkeit und persönlichen Stärke. Gerade in einer solchen Situation hat man die Wahl: Zeigt man sich schwach und (man kann es einfach nicht anders ausdrücken) gemein, indem man sich auf die Seite der Angreifer schlägt oder sich wortlos aus der Sache raushält? Oder zeigt man sich stark, selbstbewusst, freundlich und gerecht, indem man sein Missfallen zum Ausdruck bringt und das unschuldige wie meist hilflose Opfer unterstützt? Trifft man erstere Wahl, mag das der einfachere, sicherere Weg sein; trifft man jedoch letztere Wahl und stellt sich gegen diejenigen, die nicht wissen, wie man andere behandeln sollte, so ist das mit Sicherheit der vorbildhaftere Weg – und somit der einzige, der zu Respekt, Vorbildfunktion und echter Freundschaft führen kann.

11. TRÄUMEN:

Jeder Mensch hat Träume. Manche sind realistisch, manche mögen eher unrealistisch sein (die Vision, eines Tages als Prinzessin aufzuwachen, im Lotto zu gewinnen oder im Peter-Pan-Stil durch die Lüfte zu segeln ist vielleicht ein klein bisschen realitätsfern) – dennoch sind Träume etwas Traumhaftes. Gerade Tagträumereien sind eine herrliche Methode, um sich von ungeliebten Themen abzulenken oder die Zeit zu vertreiben. Ist der Unterricht zu langweilig, bekommst du schon zum hundertsten Mal dieselbe stundenlange Predigt zu hören (»Jetzt räum endlich dein Zimmer auf! Du solltest endlich mal mehr lernen! Warum hängst du schon wieder am Handy?«) oder liegst du einfach nur wach im Bett und kannst nicht einschlafen, denk dich doch mal in dein Traumland. An den perfekten Ort, an dem alles genau so läuft, wie

du es dir ersehnst, und an dem du vollkommen glücklich und zufrieden bist. Mal dir aus, was du möchtest, denn im Traum ist alles erlaubt. Wenn es dir Spaß macht und dir die Realitätsferne nichts ausmacht, kannst du dich auch gern in eine Welt träumen, die dir magische Fähigkeiten verleiht oder dich ins Schlaraffenland beamt. Träume ruhig, denn Träumen beruhigt und entspannt, wenn alles rundherum nervenzehrend und anstrengend ist.

12 ⟩ DEM TRAUM FOLGEN:

Deine Träume – zumindest jene, die mit den Normen und Gesetzen dieser Welt vereinbar sind – könnten wahr werden, wenn du fest genug daran glaubst und alles daransetzt, sie in Ziele umzuwandeln. Wer sagt denn, dass es bei einem Wunschtraum bleiben muss? Du hast deine Zukunft selbst in der Hand. Bist du bereit, alles Nötige dafür zu tun, kann aus deiner Träumerei Wirklichkeit werden. Was ist es denn, wovon du träumst? Hast du vielleicht eine Vorstellung davon, was du in deinem Leben erreichen willst, wo du gerne leben oder hinreisen würdest, wie du später die Butter auf dein Brot verdienen möchtest, was du am liebsten könntest oder was du einfach nur mal ausprobieren willst? Was es auch ist – wenn es deine Leidenschaft weckt, so liegt es dir offensichtlich am Herzen. Und das bedeutet, dass du bestens gewappnet bist, um deinem Traum zu folgen. Trau dich. Versuch doch mal, deine Wünsche (also Ziele) auf einem Traumplakat zu visualisieren und die Collage an eine Wand zu hängen, an der du jeden Tag vorbeiläufst. Das könnte dir zumindest dabei helfen, sie nicht aus den Augen zu verlieren und dich zu motivieren. Nimm dir den ersehnten Klavierunterricht; schreibe ein Buch; male ein Bild; versuch dich im Taekwondo; erstelle ein YouTube-Video; kauf dir den Reiseführer für Amerika. Völlig egal, ob es dein großer Traum ist, Songs zu komponieren, Model zu werden, Frösche zu sezieren oder ein Billy-Regal aufzustellen – tu es. Mach den ersten Schritt und sieh zu, wohin er dich trägt. Vielleicht erreichst du dein Ziel anders als erwartet; aber nur, wer seinem Traum folgt, hat auch eine Chance, ihn wahr werden lassen.

DIE UMWELT BEDENKEN: ◀ 13

Leider bist du Teil der Generation, welche die Folgen der Klimabelastung als erste so richtig abbekommt. Heißere Sommer, schneearme Winter, Naturkatastrophen – das sind nur wenige Beispiele für die Auswirkungen der globalen Erderwärmung, die uns in Zukunft nur noch mehr zu schaffen machen werden, als sie es jetzt schon tun. Wenn dir deine Lebensqualität wichtig ist und du nicht ohnehin schon von allen Seiten über den Klimawandel informiert worden bist, dann fang lieber mal an, zu recherchieren. Sei es über Videos, Blogs, Bücher, Interviews – das Medium ist sekundär, denn dieses Thema ist inzwischen in so ziemlich allen Medien angekommen. Trotzdem gibt es immer noch Menschen, die sich weigern, bewiesene Tatsachen ernst zu nehmen, und die sich davon einfach nicht berühren lassen. Gerade deshalb hilft jeder, der mit gutem Beispiel vorangeht. Du kannst sehr viel erreichen, indem du Klimawandelentlastungsmaßnahmen in deinen eigenen Alltag integrierst und mit anderen über das Thema sprichst, sobald es sich ergibt (*siehe Kapitel »25 willkürlich gewählte Themen, über die du zumindest schon mal irgendwas gehört haben solltest – Globale Erderwärmung«*). Du musst gar nichts anderes tun, als das Vorbild zu sein. Man kann anderen auf subtile Art und Weise oft ein schlechteres

Gewissen machen als durch direkte Konfrontation. So ist es beispielsweise immer wieder faszinierend, mitzuerleben, wie sich Fleischesser bemüßigt fühlen, einer Veganerin zu erklären, dass sie »ja auch immer weniger Fleisch essen«; unter anderem, weil ihnen langsam, aber sicher bewusst wird, dass auch die Ernährung einen enormen Einfluss auf die Klimaerwärmung hat. Bei manchen Menschen mag man auf Granit stoßen – doch andere sind durchaus fähig, sich ein Beispiel zu nehmen.

14 ▷ NEWS MITBEKOMMEN:

Keiner kann von dir verlangen, dass du jeden Morgen die Zeitung von vorne bis hinten durchliest oder jeden Abend rechtzeitig zu den Nachrichten vor dem Flimmerkasten sitzt (wobei du dir die sogar on Demand ansehen könntest, wenn sie dich interessieren). Was schon ganz gern erwartet wird, ist, dass du zumindest eine gewisse Ahnung davon hast, was in der Welt gerade vor sich geht. Recht effektive und zeitsparende Varianten, um immer auf dem aktuellen Wissensstand zu sein, sind soziale Medien und das gute alte Radio. Dort bekommst du die Schlagzeilen; und wenn es dich interessiert, googelst du mal nach, um alle Details zu erfahren. Gehst du generell mit für News offenen Augen und Ohren durch den Tag, bekommst du schon im Vorbeigehen die wichtigsten Dinge mit, die heute schon wieder passiert sind – sei es nun der Politiker, der sich wieder mal zum Gespött der Nation gemacht hat, oder die aktuellste Naturkatastrophe, die noch tagelang die Medien für sich beanspruchen wird.

VON SICH AUF ANDERE SCHLIESSEN:

Gewissermaßen. Das heißt, behandle andere so, wie du selbst behandelt werden möchtest. Dieser Grundsatz hilft dir speziell in Situationen, in denen du nicht mehr klar denken kannst, weil du so abartig genervt bist. Wenn die Sitznachbarin heute schon wieder drei Kilometer gegen den Wind stinkt oder dich schon wieder ein Fremder in der U-Bahn belästigt, würdest du die Person vermutlich am liebsten einfach nur anmotzen. Doch überleg mal: Würdest du gerne angemotzt werden? Grundsätzlich wohl eher nicht. In überhaupt keiner Situation. Auch nicht, wenn du für den anderen noch so lästig bist. Du kannst dir ja gern ausmalen, was du der Nervensäge gerade am liebsten mit welchem Werkzeug antun würdest, aber sag's ihr zumindest nicht. Der höfliche Weg mag weniger befriedigend sein, bringt dich jedoch meist auch zum Ziel – und zwar, ohne jemand anderem den Tag zu versauen. Überleg dir einfach, wie du gern auf einen störenden Faktor an deiner Person hingewiesen werden würdest – und dann sagst du es dem- oder derjenigen genau so, wie es dir selbst im umgekehrten Fall am liebsten wäre. Ist dann zwar nicht automatisch immer und überall die richtige Methode (denn Menschen sind nun mal unterschiedlich, und der eine bevorzugt vielleicht eine sanftere oder direktere Herangehensweise als der andere), aber es ist zumindest mal eine hilfreiche Grundeinstellung.

NICHT VON SICH AUF ANDERE SCHLIESSEN:

Das heißt, nicht immer. In gewisser Hinsicht solltest du, wie gesagt, schon von dir auf andere schließen – aber nur dann, wenn diese Entscheidung die Situation verbessert oder zumindest nicht verschlimmert, und wenn sie kein Vorurteil in die Welt ruft oder als Beleidigung aufgefasst werden könnte. Von jemand anderem zu erwarten, dass seine Erfahrungen, geschmacklichen Tendenzen oder Fähigkeiten deinen eigenen gleichen, ist nämlich oft keine so gute Idee. Alle Menschen sind unterschiedlich. Wenn du dich am PC gut auskennst, heißt das noch lange nicht, dass deine Verwandte der älteren Generation ebenfalls weiß, wieso man freiwillig ein Nagetier auf seinem Schreibtisch haben würde. Wenn du in der Liebe nur schlechte Erfahrungen gemacht hast, bedeutet das nicht, dass deine schwer verliebte Freundin hören will, dass alle Jungs kacke sind. Und nur, weil du selbst Kitsch nicht ausstehen kannst, heißt das nicht, dass auch deine Oma die Definition von »Kitsch« versteht. Ihr symbolisch vor die Füße zu kotzen, weil sie sich voller Freude eine potthässliche Jesusfigur in die Vitrine gestellt hat, könnte möglicherweise auf der anderen Seite zu Unverständnis führen. Vor allem, weil Oma *natürlich* von sich auf andere schließt. Was ihr gefällt, kann doch nur jedem gefallen. Das ist eben Oma.

17 ▷ RABATTE NÜTZEN:

Man muss zwar immer ein bisschen die Augen und Ohren offen halten – dafür kann man ordentlich Kohle sparen, wenn man zu Sale-Zeiten einkaufen geht und sich Prozente holt, wo man nur kann. Das betrifft Supermärkte genauso wie Boutiquen und so ziemlich alle anderen Geschäfte. Es zahlt sich einfach aus. Ein tolles und auch noch passendes Kleidungsstück im Ausverkauf zu finden ist in vielen Fällen ein richtiger Glücksgriff. Das »Sale«-Schild bedeutet normalerweise lediglich, dass das Teil a) nicht mehr für die aktuelle Jahreszeit geeignet ist, b) noch nicht für die aktuelle Jahreszeit geeignet ist, c) ab sofort nicht mehr im Trend ist, d) nur noch in Größen oder Farben vorhanden ist, die keiner will, oder e) fehlerhaft ist. Die Jahreszeiten können dir grundsätzlich egal sein, denn die kommen oft innerhalb eines Jahres wieder. Der Trend sollte dir mindestens genauso sehr am Allerwertesten vorbeigehen. Die Größen- und Farbauswahl darf eine gewisse Rolle spielen, wenn dir das Stück auch wirklich passen und gefallen soll. Nach solchen Scherzen wie »hier fehlt ein Knopf, da löst sich die Naht und dort hat sich ein Filzstift verirrt« solltest du aber immer Ausschau halten. Sonst ärgerst du dich grün und blau, wenn du das saubillige Teil stolz anziehst und von einer Freundin darauf hingewiesen wirst, dass unter dem Ärmel ein Loch klafft, das allen Einblick in deine Unterwäschewahl des Tages gewährt. In dem Fall war der scheinbare Rabatt nämlich nicht viel mehr als ein Griff ins Klo.

BLÖDSINN MACHEN:

Man ist nie zu alt, um Schwachsinn zu machen. Wer kindisch ist, hat keinen Peter-Pan-Komplex, sondern legt höchstens ein absolut lebensnotwendiges Verhalten an den Tag. Das Leben wäre doch viel zu ernst (um nicht zu sagen fad), wenn man nicht hier und da auch einmal blöd sein dürfte. Man sollte jeden Blödsinn ausprobieren, solange er nicht gesundheitsschädlich (darin eingeschlossen: lebensgefährlich) ist. Gut, oft kann man im Vorhinein nicht so leicht feststellen, ob der Blödsinn so blöd ist, dass er der körperlichen oder seelischen Gesundheit schaden könnte. In dem Fall einfach mal machen und schauen, was passiert. Vorher vielleicht wenigstens eine andere Person fragen, ob die blöde Idee so blöd ist, dass sie keine gute Idee mehr ist, oder ob die blöde Idee gerade so blöd ist, dass sie eine super Idee ist. Tob dich

aus – Streiche spielen, Schwachsinn machen und kindisch sein macht höllischen Spaß!

19 ▷ SICH PROBLEME VON DER SEELE REDEN:

Es kann einfach nicht oft genug betont werden: Reden reden reden. Deine Freundinnen sowie deine Mama oder Schwester (sofern du dich mit selbigen gut verstehst) sind deine persönlichen Seelenklempnerinnen. Ganz klar. Da gibt es keine Widerrede. Das stand so in der Stellenbeschreibung. Es bedeutet: Was immer dich belastet, was immer dich verwirrt und worüber auch immer du gerne einfach mal reden würdest – die Frauen in deinem Leben, die du lieb hast und denen du vertraust, sind die beste Adresse. Sie bringen mit Sicherheit die meiste Geduld für dich auf und haben die passendsten Ratschläge für dein Problem parat. Und wenn dir eine mal nicht weiterhelfen kann – weil sie sich mit dem Thema einfach null auskennt oder dir nur Vorschläge macht, die du um nichts in der Welt in die Tat umsetzen wirst –, kannst du ja immer noch zur nächsten weiterwandern. Gewisse Themen sind bei Mama besser aufgehoben, andere erfordern unbedingt die Kompetenz Gleichaltriger, und wieder andere brauchen eine Zwar-mit-dir-verwandt-aber-doch-nicht-deine-Eltern-Perspektive. Hauptsache, du frisst deine Sorgen nicht in dich hinein, bis sie dir komplett den Hals zuschnüren, sondern sprichst über das, was dich beschäftigt.

PARTYS SCHMEISSEN:

◁ 20

Man braucht nur einen Anlass – so ein Anlass ist gar nicht schwer zu finden. Schmeiß doch mal eine »Heute ist Freitag«-Party, eine »Was ist der Sinn des Lebens?«-Party (PS: 42. Rätsel gelöst, Zeit zum Feiern.), eine »Wir haben eine Flasche Sekt gekauft, die gehört auch getrunken«-Party oder eine »Die Eltern sind weg, welchen Grund braucht man denn noch?«-Party. Home Partys können wesentlich lustiger sein als Fortgehabende. Erstens sieht man nur die Leute, die man auch sehen will (na ja, meistens). Zweitens ist es gemütlicher, und es gibt Übernachtungsmöglichkeiten, sodass keiner mehr fahren oder geholt werden muss. Drittens ist es deutlich günstiger, sich die Getränke im Supermarkt zu besorgen, als sie überteuert in 2-cl-Dosis an der Bar zu bestellen. Es hat den einen Nachteil, dass man die Eltern loswerden und am nächsten Tag aufräumen muss. Aber die Eltern sind ja sicher irgendwann auf Urlaub. Und das Aufräumen geht ziemlich schnell, wenn alle Partygäste zusammengreifen. Nur ein kleiner Tipp am Rande: Lasst vielleicht lieber die Finger von Papas Weinkeller. Und von seinem 20-jährigen Whiskey.

21 SELBSTSTÄNDIG AGIEREN:

Einfach so grundsätzlich. Wenn irgendwas mal nicht funktioniert (der Computer, das Handy, die Kaffeemaschine, der Fernseher, …), wirst du dir selbst dankbar sein, wenn du das Problem nicht gleich abgibst – sondern entweder selbst eine Lösung findest oder dir zeigen lässt, wie man das Ding wieder dazu bringt, das zu tun, was du von ihm willst. Dann weißt du beim nächsten Mal Bescheid und bist nicht auf Papas Hilfe angewiesen. Denn wer weiß? Was tust du, wenn der gerade in einer Besprechung sitzt, während dein Handy (also dein Lebensinhalt) plötzlich abschmiert? Übrigens: Bei den meisten elektronischen Geräten wirkt es oft Wunder, wenn man einfach mal den Stecker zieht und wieder einsteckt. AEG – Aus, Ein, Geht. Beim WLAN kann man auch einfach mal abwarten; manchmal heilt sich die Verbindung dann von selbst.

22 KÜSSEN:

Bei 140 km/h auf der Autobahn als Fahrer und Beifahrer vielleicht nicht ratsam. Auch mit dem Freund der besten Freundin nicht unbedingt anzuraten. Ansonsten aber gehört es wohl zu den schönsten Beschäftigungen des Lebens. Küssen, knutschen, schmusen. Egal, wie man es bezeichnet; egal, ob mit Zunge oder ohne; und noch mehr egal, ob man nun einen Jungen oder ein Mädchen küsst – Lippen gehören einfach auf Lippen, dafür sind sie da. Falls du dieses Gefühl noch nie erlebt hast und ein wenig nervös bist, mach dir keine Sorgen:

Erstens sind die meisten vor ihrem ersten Kuss nervös. Zweitens kannst du dich ganz einfach von deinem Kusspartner führen lassen, wenn du nicht weißt, wie du mit deinen Lippen und deiner Zunge umgehen sollst. Schalt dein Hirn aus. Denk nicht nach, mach einfach. Der andere wird gern die Führung übernehmen. Und wenn du dich mal sicherer fühlst (das wirst du vermutlich spätestens nach dem zweiten Kuss), kannst ja auch gern du mal anfangen, den Kuss in die Richtung zu leiten, die dir gefällt.

SPINNEN TÖTEN:

23

Achtbeiner entfernen muss nicht Männersache sein. Tatsächlich erleichterst du dir dein Leben enorm, wenn du dir angewöhnst, die behaarten Mitbewohner mit zu vielen Beinen selber zu erledigen. Außerdem zeigt es allen, dass du kein Mimöschen bist, sondern dir selbst zu helfen weißt. Wenn du dich zu sehr davor ekelst, sie vor die Tür zu setzen oder mit Klopapier abzumurksen und runterzuspülen, kannst du ja einfach zur bewährten (weil ziemlich effektiven) Staubsauger-Methode greifen. Und nein, die klettern da nicht wieder raus.

24 > SPIELE SPIELEN:

Spielen mit Freunden und/oder Familie macht einfach Spaß und ist mal eine andere Art der Freizeitgestaltung als das stündliche Handy-Betatschen, das tägliche Streamen, das wöchentliche Fortgehen oder das Einfach-nur-dasitzen-und-über-nichts-Quatschen. Erfahrungen bestätigen übrigens, dass auch ein selbst deklarierter Brettspielmuffel bloß das richtige Spiel finden muss, um seinen inneren Siedler-Spezialisten, Monopoly-Magnat, Risiko-Reiter, Dixit-Dude, Activity-Anhänger oder Trivial-Teamkämpfer zu entdecken. Für größere Runden eignen sich wunderbar diverse Werwolf-Varianten, für die nicht mal mehr als ein Zettel und ein Stift nötig sind. In Gesellschaft älterer Generationen kann man immer auf verschiedenste Kartenspiele zurückgreifen (Spielkarten zählen zur Grundausstattung jedes Haushalts und sind somit so ziemlich überall zugänglich). Für die richtige Spielerkombination bietet sich auch das gelegentliche Trinkspiel an, das meist – abgesehen von Gläsern und Flaschen (idealerweise gefüllt und alkoholhaltig) – nicht mehr Spielmaterial voraussetzt als Becher und Würfel, Becher und Tischtennisball, ein Kartendeck oder mal nur die eigene Fantasie.

25 > SPASS HABEN:

Das Leben ist anstrengend genug. Zwischen der pausenlosen Lernerei und der fordernden Arbeit – sei es Schularbeit, Hausarbeit oder eine sonstige Verpflichtung, der man mehr zwangsweise als freiwillig nachkommt – bleibt oft viel zu wenig Zeit, um sich einfach zu entspannen und zu amüsieren. Vor allem extrastressige Phasen, in denen alles von allen Seiten zusammenzukommen scheint, um die persönliche Freizeit zu verkürzen, können besonders belastend sein. Um mit all dem Druck einigermaßen klar zu kommen, ohne jeden Tag den Drang zu verspüren, diverse Objekte oder Menschen aus dem Fenster zu befördern, sind Entspannungszeiten überlebensnotwendig. Man braucht zwischendurch (das heißt, so oft wie möglich) die Freiheit, seine Zeit so zu verbringen, wie man es gerne *möchte*, statt so, wie man es tun *sollte*. Wann immer du es dir also mit halbwegs gutem Gewissen leisten kannst, dir eine Auszeit zu nehmen, nimm sie dir! Tu etwas, was dir Spaß macht. Triff dich mit deinen Freunden, mach einen Serien-Marathon, lies ein gutes Buch oder hol dir ein bisschen Family Time. Wie soll denn dein Hirn jeden Tag funktionieren, wenn du ihm nicht auch mal die Chance gibst, eine Pause einzulegen? Das Leben ist nicht dafür da, um es mit unerwünschten Tätigkeiten zu verbringen, sondern um es zu genießen. Den unerwünschten Tätigkeiten kommt man im Alltag leider nicht aus – doch der Spaß sollte deshalb auf keinen Fall zu kurz kommen. Nimm dir Zeit zum Glücklichsein!

24. KAPITEL

25

Powerfrauen,

von denen man sich
etwas abschauen
oder zumindest
etwas lernen kann

1. GOTT
(mehr oder weniger fiktive Gestalt)

Angeblich ist Gott allwissend. Dazu ist sie auch noch allmächtig und allgegenwärtig. Wie praktisch wäre das denn?
Alles zu wissen, ohne es sich erst mühsam erstrebern zu
müssen; alles zu können, was sonst überhaupt keiner hinkriegt; und an mehreren Orten gleichzeitig zu sein, um
endlos Freizeit zu gewinnen – das ist ja noch cooler, als
sich im Star-Trek-Stil durch die Weltgeschichte beamen
zu können. Vielleicht nicht allzu realistisch, aber durchaus erstrebenswert, oder?

2. GRETEL
(fiktives Gebrüder-Grimm-Märchen-Mädchen)

Von ihren Eltern – also eigentlich (märchengetreu)
von der Stiefmutter – aus erschreckend praktischen Gründen mitten im Wald ausgesetzt, werden
Gretel & Hänsel auch noch von der bösen Hexe in Ge-
fangenschaft genommen, bloß weil sie halb verhungert
von ihrem essbaren Häuschen genascht haben. Dennoch
gelingt es Gretel, die Hexe im eigenen Ofen abzufackeln,
Hänsel aus seinem Käfig zu befreien und schlussendlich
mit ihrem Bruder heil (und neuerdings stinkreich) wieder zu Hause anzukommen.

3. JANE EYRE
(fiktive Protagonistin von Charlotte Brontë)

Das arme Waisenmädchen wächst im England des 19. Jahrhunderts quasi im Aschenputtel-Stil mit einer schrecklichen Familie auf, kämpft sich durch eine mehr als fragwürdige Ausbildungsstätte, wird Gouvernante auf einem prächtigen Anwesen und verliebt sich schließlich in ihren aufbrausenden Boss – der nicht nur gesellschaftlich weit über ihr steht, sondern noch dazu ein schreckliches (zeitweise lebensgefährliches, weil dezent pyromanisches) Geheimnis auf seinem Dachboden versteckt. Aber durch all das Leid und die Schicksalsschläge hindurch bleibt sich Jane stets selbst treu. Sie ist eine starke, selbstständige Frau, die so sehr zu sich steht, dass sie sich nichts einreden lässt, was sie nicht überzeugt.

4. MULAN
(fiktive Walt-Disney-Adaption)

Disneys bekannte Chinesin ist ein Mädchen, das sich über die kompletten Konventionen ihrer Zeit hinwegsetzt. Sie wird ins klassische Frauenbild – im Sinne der möglichst schönen und möglichst die Klappe haltenden und möglichst bald verheirateten Brutmaschine – gequetscht, in dem sie sich ganz und gar nicht wohlfühlt. Dafür macht sie sich nicht schlecht, als sie im Gegenzug so unaufgefordert wie ungeniert den Platz ihres Vaters in der chinesischen Armee einnimmt, die körperliche Kraft der männlichen Soldaten mit ihrer Cleverness ausgleicht und letzten Endes ganz China vor den Hunnen rettet.

5. PIPPI LANGSTRUMPF
(fiktive Astrid-Lindgren-Erfindung)

Das stärkste Mädchen der Welt trägt Pferde durch die Gegend, hält einen Affen als Haustier, hat keinen Tau von Mathematik, lebt sorgenfrei in ihrer Villa Kunterbunt und schert sich nicht im Mindesten um irgendwelche Regeln; nicht mal um wissenschaftlich erwiesene – denn ja, natürlich kann sie auf dem Wasser gehen (sie muss es nur noch üben)! Trotz oder gerade wegen ihres skurrilen Charakters, der ihr immer und überall vollstes Vertrauen und überschwänglichen Optimismus beschert, schafft sie es unter anderem, ihren Vater zu retten, der auf einer einsamen Insel von Piraten in einen Turm gesperrt und beinahe zu Tode gekitzelt wird.

DIE BESTEN MENSCHEN SIND DIE, MIT FLAUSEN IM KOPF, DEM ARSCH IN DER HOSE UND DEM HERZ AM RECHTEN FLECK.

6. MOMO
(fiktives Kind, geschrieben von Michael Ende)

Ein kleines Mädchen, das selbst kaum etwas besitzt und in einem verfallenen Amphitheater lebt, rettet die Welt vor gruseligen grauen Herren, die den Menschen ihre Zeit stehlen wollen. Von diesem Mädchen könnte man noch sehr viel lernen.

7. PÜNKTCHEN
(fiktives Mädchen von Erich Kästner)

Das stinkreiche Mädchen ist mit dem armen Anton befreundet, der es im Leben alles andere als leicht hat. Daher hat das kleine Pünktchen nichts Besseres zu tun, als ungefragt für ihn betteln zu gehen, heimlich seine Schulkarriere zu retten, dem Jungen ungebetenerweise Geld zuzustecken und in völliger Ignoranz seines Stolzes sein ganzes Leben umzukrempeln. Indem das liebenswerte Mädchen aus purer Freundschaft handelt, gelingt es ihr tatsächlich, Anton in einen endlich wieder fröhlichen Jungen zu verwandeln. Mut, Selbstlosigkeit, Hartnäckigkeit und nicht zuletzt ein tiefgehendes Verständnis von Freundschaft – das sind Tugenden, die man schon mal anstreben könnte.

8. RAPUNZEL
(fiktive Walt-Disney-Abwandlung):

Das Mädchen mit den längsten Haaren der Welt ist ein hervorragendes Beispiel dafür, dass es manchmal besser sein kann, **nicht** auf seine sturen Eltern zu hören (und zwar völlig egal, ob es die biologischen Eltern sind oder nicht) – sondern seinem Instinkt zu folgen, Abenteuer zu erleben und dabei auch noch die wahre Liebe zu finden.

9. PRINZESSIN LEIA ORGANA
(fiktive George-Lucas-Kreation)

»Ein Prachtmädchen. Entweder bringe ich sie um, oder ich verliebe mich noch in sie.« (Zitat Han Solo aus **Star Wars Episode IV**) Die Tochter eines mordlustigen Schurken und gleichzeitig Schwester eines Jedi-Helden schafft es trotz ihrer nicht ganz beneidenswerten Ausgangssituation, sich zur Kämpferin, Senatorin, Generalin sowie zum Idol für alle hochzuarbeiten. Dazu zeichnet sie sich durch ihre Eigensinnigkeit genauso wie ihre enorme Zähigkeit aus; denn sie hält deutlich länger durch als alle anderen Charaktere, die im Laufe der scheinbar endlosen Filmreihe einer nach dem anderen abgemurkst werden.

*Es gibt auch sehr interessante
echte Frauen und Mädels ...*

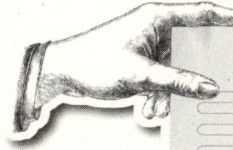

10. MARIA VON NAZARETH
(echte religiöse Persönlichkeit):

Angeblich war sie Jungfrau, wahrscheinlich eher nicht. Es gibt sogar die Theorie, dass Maria lediglich durch einen Übersetzungsfehler der Bibel von der eigentlich »jungen Frau« zur zukünftigen »Jungfrau« ernannt wurde. In jedem Fall ist sie als leibliche Mutter des Christkinds zu Weltruhm gelangt und wird nach wie vor angebetet. Auch nicht schlecht, oder?

11. MARIE ANTOINETTE
(echte Königin)

Die Tochter Maria Theresias wurde im 18. Jahrhundert mehr oder weniger freiwillig nach Frankreich verheiratet, wo sie sich als französische Königin furchtbar beliebt machte. Angeblich ließ sie dem Hunger leidenden Volk ausrichten: »Wenn sie kein Brot mehr haben, sollen sie doch Kuchen essen.« Sie wurde wenig später geköpft. Mag wahr sein oder nicht, doch jedenfalls lernt man daraus: Hochmut kommt vor dem Fall.

12. QUEEN VICTORIA
(echte Königin)

Man spricht nicht umsonst vom »Viktorianischen England«
des 19. Jahrhunderts. Victoria war nicht nur eine besonders erfolgreiche und beliebte, sondern auch die längste
Regentin Englands – bis Queen Elizabeth II den Rekord
brach – und drückte dem Reich während ihrer mehr als
60 Jahre andauernden Regentschaft in vielerlei Hinsicht
ihren Stempel auf. Unter ihr wuchs Großbritannien in ein
Reich, in dem (so sagte man) die Sonne niemals unterging.
Besonders interessant ist auch die unheimlich große Liebe,
die Victoria für ihren Ehemann Albert empfand (Stichwort:
Londoner Royal Albert Hall), und die man von einer Königin
– vor allem vor all den Jahren – nicht unbedingt erwartet
hätte.

13. SISSI
(echte Königin & Kaiserin)

Ort: Habsburgerreich. Jahrhundert: ebenfalls vorletztes.
Elisabeth vulgo Sisi/Sissi wurde viel zu jung verheiratet,
ihrem geliebten Bayern entwendet und in die Wiener Hof-
burg gesperrt. Dafür war ihre Ehe zu Kaiser Franz Josef
vulgo Franzl eine der wenigen zu dieser Zeit, die tatsächlich auf Liebe basierte, selbst wenn diese Liebe nicht ewig
erhalten blieb. Unabhängig davon, ob sie nun wirklich der

allseits beliebte Engel war, den Romy Schneider in der Filmreihe darstellt, oder die egoistische Frau, wie andere sie präsentieren – seine Familie und Freiheit aufzugeben, um sich in die Rolle der Kaiserin zwängen zu lassen, muss schon enorme Kraft erfordern, für die man Sissi eigentlich nur bewundern kann. Auch wenn sie schließlich 1898 mit einer Feile erstochen wurde.

14. BERTHA VON SUTTNER
(echte Pazifistin)

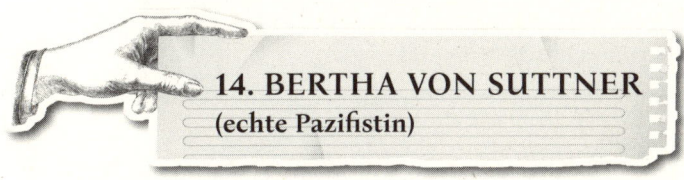

Im Jahr 1905 wurde sie als berühmte pazifistische Schriftstellerin und Friedensbotschafterin zur Friedensnobelpreisträgerin gekürt. Und Friede ist doch per definitionem super, oder? Weltfrieden – das wär schon was.

15. MARIE CURIE
(echte Wissenschaftlerin)

Sie lebte ebenfalls um die vorletzte Jahrhundertwende. Eindrucksvollerweise wurde sie gleich zweimal zur Nobelpreisträgerin gekürt; erst in Physik für die Entdeckung der Radioaktivität, dann in Chemie für die Entdeckung zweier Elemente. Nachdem sie ihre ebenso bahnbrechenden wie verstrahlten Laborarbeiten allerdings über viel zu viele Jahre hinweg mit viel zu wenigen (also keinen) Schutzmaßnahmen verrichtet hatte, starb sie in den 1930ern schließlich an den gesundheitlichen Folgen ihrer wissenschaftlichen Arbeit. Diesen Aspekt ihrer Lebensgeschichte sollte man nicht unbedingt nachmachen.

16. MARILYN MONROE
(echte Schauspielerin)

Als Norma Jeane Baker geboren, erkämpfte sie sich über die Jahre eine Filmkarriere, die prunkvoller aussah, als sie es in Wirklichkeit wohl war. Das zu erreichen, was sie erreicht hat, ist durchaus bewundernswert; es ihr nachzumachen hingegen ist wohl nicht die allerbeste Idee. Viele Mädchen haben irgendwann einmal den Wunsch, ein Star zu werden. Doch wenn man sich das Schicksal all der Stars vor Augen führt, die eigentlich für den Großteil ihres Lebens unter Beobachtung stehen, für jede Kleinigkeit be- und verurteilt werden, und letzten Endes oft in die Alkohol- oder Drogenschiene abrutschen, weil sie mit all der Berühmtheit nicht umgehen können, wird es doch relativ deutlich, dass wir uns als Normalos sehr sehr glücklich schätzen dürfen. Immerhin können wir so ziemlich alles tun, was wir wollen, ohne im nächsten Schundblatt mit überinterpretierten Augenringen oder erfundenem Babybauch auf dem Titelblatt aufzutauchen.

17. ROSA PARKS
(echte Gerechtigkeitskämpferin)

Man merke sich – wenn man sich für Gleichberechtigung einsetzt, kann man in die Geschichtsbücher eingehen. So wie Rosa, die sich 1955 als schwarze Frau im Amerika der Rassentrennung stur weigerte, ihren Sitzplatz im Bus für einen weißen Fahrgast aufzugeben, und damit einen ganzen Busboykott auslöste. Das Thema Gleichberechtigung für alle sollte sowieso überall großgeschrieben werden; doch die Kraft, sich als Einzelperson gegen die Mehrheit zu stellen, wenn man sich persönlich ungerecht behandelt fühlt, muss man auch erst mal aufbringen.

18. HILLARY CLINTON
(echte Fast-Präsidentin)

Hillary wurde in den vergangenen Jahrzehnten mehrfach berühmt – in den 90ern vom US-Präsidenten betrogen, 2008 nicht zur US-Präsidentin gewählt (dafür wenigstens zur Außenministerin ernannt) und 2016 schon wieder nicht zur US-Präsidentin gewählt (sie hatte zwar die Stimmenmehrheit, aber der berühmte Choleriker mit Hang zu alternativen Fakten hat leider aufgrund des fragwürdigen Wahlsystems trotzdem gewonnen). Trotz alldem ließ sie sich niemals unterkriegen, sondern verfolgte ihre Ziele weiter. Hinfallen, aufstehen, Krone richten, weitergehen – ein solches Motto könnte uns wohl allen guttun.

19. ANGELA MERKEL
(echte Politikerin)

Sie ist eigentlich Physikerin. Warum sie trotzdem in die Niederungen der Politik wollte, mag für den einen oder anderen schwer nachzuvollziehen sein. Doch sie hat ihren Job offensichtlich ausgesprochen gut gemacht! Sie kletterte die Karriereleiter empor und wurde vom Time Magazine als »Person of the year« ausgezeichnet. Endlich haben wir gesehen, was eine Frau an der Spitze erreichen kann.

*Es gibt noch mehr bewundernswerte
Frauen und Mädels ...*

20. DIE STARKE FRAU
(symbolische Titelträgerin)

Hinter jedem erfolgreichen Mann steht eine starke Frau – mit eisernen Nerven. Es ist ja allgemein bekannt, dass Männer eigentlich sehr oft nicht wissen, was sie wollen, bis ihnen eine Frau sagt, was sie wollen. Also kann man davon ausgehen, dass alle (im positiven Sinne) bedeutenden männlichen Gestalten ohne die Frauen an ihrer Seite möglicherweise nicht das erreicht hätten, womit sie sich rühmen. Was wiederum bedeutet, dass du so ziemlich alles erreichen kannst, was du willst. Und wenn du nicht selbst im Rampenlicht stehen willst, wirst du sicherlich einen Mann finden, der für dich das erreicht, was du willst.

21. DIE MUTIGE FRAU
(symbolische Titelträgerin die Zweite)

Unzählige Mädels und Frauen haben sich im Laufe der Jahre für die Rechte der Frau sowie für den Respekt, den Frauen verdienen, stark gemacht. Sei es im Zuge der Frauenrechtsbewegung, die uns das Wahlrecht erkämpfte, oder im Zuge der inzwischen aktuelleren #MeToo-Bewegung, die Frauen dazu aufrief, sich ihren Ängsten zu stellen und sich die Macht zurückzuholen, die ihnen einst genommen wurde.

All diese beeindruckenden Kämpferinnen erhoben ihre Stimmen, bewiesen ihren Mut und motivierten unzählige andere Damen dazu, sich ihrer Mission anzuschließen. Diese Willenskraft und Entschlossenheit kann man nur bewundern – und wertschätzen, indem man unter anderem das schwer errungene Wahlrecht regelmäßig nützt und auch selbst den Mut findet, für seine eigenen Rechte aufzustehen.

22. SO ZIEMLICH JEDE FRAU
(echte oder fiktive Person)

In Wirklichkeit kann man sich von den meisten Frauen auf dieser Welt irgendetwas abschauen. Jede Frau hat etwas, wofür man sie bewundern kann – sei es eine große Leistung, ein beneidenswerter Charakterzug, eine motivierte Lebenseinstellung oder eine inspirierende Denkweise. Wenn man genau hinsieht, wird man in der Persönlichkeit und/oder Lebensgeschichte jeder einzelnen Frau beziehungsweise jedes Mädchens etwas finden, was sie besonders auszeichnet und wovon man vielleicht etwas lernen kann.

23. DEIN IDOL
(auch gern echte oder fiktive Person)

Es ist gut, ein Vorbild zu haben, dem man nacheifert. Jemanden, den man bewundert – wofür auch immer. Wenn du nun gerne so wärst wie deine fleißige Schwester, deine dauerfröhliche Cousine, deine allseits beliebte Freundin, deine unglaublich kluge Lehrerin, deine talentierte Lieblingssängerin oder die täglich gestalkte Influencerin, dann nimm sie dir nicht nur gedanklich als Beispiel. Lass dich von dem inspirieren, was du an ihr so toll findest, und finde deinen eigenen Weg, um deinem Idol näher zu kommen. Wer sagt denn, dass du nicht mindestens genauso toll sein kannst?

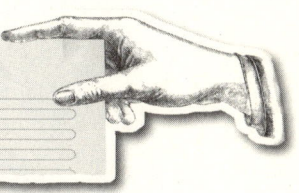

24. DEINE MUTTER
(hoffentlich nicht fiktive Person)

Mama, Mami, Mutti, Mom – wie auch immer du sie nennen magst und unabhängig davon, ob du sie als gute Mutter betrachtest oder nicht: Sie hat Unglaubliches geleistet. Ein Kind zur Welt zu bringen und über viele Jahre großzuziehen bedeutet, sich selbst hintanzustellen, das Wohl des Kindes zur allerhöchsten Priorität zu machen und alles in der eigenen Macht Stehende zu tun, um dafür zu sorgen, dass es dem Sprössling gut geht. Manche Mütter schaffen das besser als andere; manche Mütter haben strengere Erziehungsstile als andere; und manche Mütter zeigen ihre Zuneigung offener als andere. Doch jede Mutter liebt ihr Kind bedingungslos. Mutter zu sein ist eine Aufgabe, die Geduld, Kraft, Zeit,

Geld und des Öfteren kleine wie große Opfer erfordert. Und auch, wenn man es ihnen nicht ansehen mag – selbst Mütter haben Ängste, Sorgen und Probleme. Auch sie brauchen Ermutigung, Dank und Wertschätzung. Sie tun, was sie können. Und sie freuen sich über jedes »Danke« oder »Ich hab dich lieb«.

25. DU
(ganz echte Leserin):

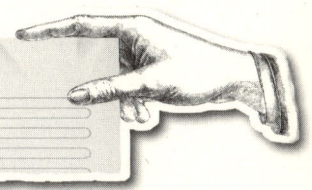

Du bist großartig. Und »großartig« hat keine genaue Definition. Man kann großartig sein, indem man gute Noten schreibt, fleißig arbeitet, andere unterstützt und zu allen freundlich ist. Man kann großartig sein, indem man eine gute Freundin, Tochter, Schwester oder Kollegin ist. Man kann großartig sein, indem man zu Hause mithilft, Ordnung hält, für Harmonie sorgt und anderen das Gefühl gibt, dass sie gemocht werden. Aber man kann genauso großartig sein, indem man ganz einfach nur überlebt; indem man schwierige Zeiten übersteht, mit Problemen fertig wird und sich nicht unterkriegen lässt. Egal, was du in deinem Leben schon oder noch nicht erreicht hast – das, was du bisher geleistet hast, ist ein großartiger Erfolg! Den einen mag das eine leichter fallen, den anderen das andere. Doch jeder meistert sein Leben, so gut es ihm den Umständen entsprechend möglich ist. Das tust auch du. Und darauf solltest du stolz sein!

25. KAPITEL

25

GRÜNDE,

WARUM DAS LEBEN ALS TEENAGER SUPER IST — UND WIESO ES SCHON IN ORDNUNG IST, DASS ALS ERWACHSENER ALLES ANDERS WIRD

Man hat es als Teenager oft nicht leicht. Und doch hat das junge Leben unzählige Vorzüge, die mit steigendem Alter langsam oder manchmal auch rasant dahinschwinden. Es gibt genügend Aspekte des Alltags, die als Erwachsene nicht mehr ganz so angenehm sein werden, wie sie es jetzt sind – und die du gerade deshalb vollstens auskosten solltest, solange du noch als Teenager durchgehst. Genieße das Jetzt, denn so wird es nicht immer bleiben. Aber behalte im Hinterkopf, dass alle Veränderungen auch Vorteile haben. Zwar hast du später beispielsweise mehr Verantwortung, doch damit auch mehr Freiheit. Bloß weil das Leben als Erwachsener nicht mehr mit dem Leben als Teenager vergleichbar ist, bedeutet das noch lange nicht, dass es deswegen schlechter wäre. Im Gegenteil, beides ist toll, auf seine eigene Art und Weise. Man merke sich also: Das Glas ist nicht halb leer, sondern halb voll – jetzt und später!

JOB

1

Momentan brauchst du vermutlich noch keinen Job. Zumindest keinen Vollzeitjob, sondern höchstens eine Ferien- oder Nebenbeschäftigung, mit der du dir ein wenig Kleingeld dazuverdienen kannst. Und selbst, wenn du schon jetzt ins Berufsleben hineinschnupperst, musst du im Normalfall keine großartige Verantwortung übernehmen. Diese arbeitstechnisch entspannten Monate und Jahre solltest du unbedingt genießen, bis es an der Zeit ist, voll ins Erwerbsleben einzusteigen. Dann wirst du vermutlich erst einmal das eine oder andere ausprobieren müssen, bis du deinen Traumjob gefunden hast, mit dem du wirklich glücklich bist. Die guten Nachrichten sind allerdings, dass dir jeder Job, mit dem du nicht vollkommen zufrieden bist, Erfahrungen bringen wird, die du wiederum für den nächsten brauchen kannst. Und irgendwann wirst du dann hoffentlich den Großteil deiner Woche mit einer Arbeit verbringen, die du richtig gerne machst.

2 WOHNSITUATION

Solange du im Hotel Mama wohnst, hast du den enormen Vorteil, dass alles da ist, was du brauchst, und du dir recht wenige Gedanken machen musst – außer vielleicht über die Dekoration deines Zimmers und die gelegentliche »Räum endlich mal zusammen«-Beschwerde. Eine herrliche Situation, wie dir später mal bewusst werden wird! Wenn du erst mal ausgezogen bist und dir deine eigene Wohnung oder WG gesucht hast, musst du plötzlich über viel mehr nachdenken. Welche Möbel passen? Welche Putzmittel brauche ich? Welche Lebensmittel sollte ich immer zu Hause haben? Wie funktioniert der Fernseher? Wie, ich muss waschen und bügeln?! Und wer richtet mir was, wenn es kaputt ist? Andererseits hast du dann den Vorteil, erst aufräumen zu müssen, wenn du selbst vor lauter Staubhäschen keine Luft mehr bekommst oder vor Chaos das Fenster nicht mehr erreichst – oder wenn sich Oma kurzfristig für einen Nachmittagskaffee mit der Enkelin ankündigt (dann aber lieber flott den Staubsauger rauskramen!). Ein weiterer Vorteil ist, dass du in der eigenen Wohnung deine Ruhe und Privatsphäre hast, sofern du dir keine wahnsinnigen Mitbewohner aussuchst. Du kannst einladen, wen du möchtest. Du kannst tun, was du möchtest. Außerdem wann du möchtest, wie du möchtest und so oft du möchtest.

DER VORTEIL IST, DASS DU IN DER EIGENEN WOHNUNG DEINE RUHE UND PRIVATSPHÄRE HAST, SOFERN DU DIR KEINE WAHNSINNIGEN MITBEWOHNER AUSSUCHST.

3 GELD

Wenn deine Eltern dir Taschengeld auszahlen oder generell, wann immer du etwas brauchst, für dich die Geldbörse zücken, musst du dir um das Thema Kohle glücklicherweise keine großartigen Sorgen machen. Schön, oder? Einfach zum richtigen Zeitpunkt ein bisschen jammern, und Mama oder Papa oder Oma rückt ein Scheinchen raus. Später mal fällt sowohl die wandelnde Geldbörse weg als auch die Freiheit, den Zaster für so ziemlich alles auszugeben, was dir gerade beliebt. Dann darfst du die Scheine nämlich selbst verdienen und dir auch noch vorschreiben lassen, was du damit bezahlen darfst; zum Beispiel Miete, Handyrechnung, Versicherung, Steuern, fahrbarer Untersatz oder auch Abos, deren monatliche Kosten sich recht schnell summieren, wodurch beispielsweise das gemütliche Serien-Streamen ganz rasch ungemütlich werden kann. Dafür hast du aber – sofern du dein Geld nicht für Luxusgüter zum Fenster rausschleuderst und fleißig arbeitest – deutlich mehr zur Verfügung als jetzt. Das heißt, hoffentlich bleibt dann auch noch ein bisschen was übrig, was du erst wieder für Blödsinn deiner Wahl ausgeben oder (vermutlich die bessere Idee) sparen kannst, um dir irgendwann mal etwas richtig Cooles zu gönnen.

FREUNDSCHAFT 4

Als Teenager ist es extrem einfach, neue Leute kennenzulernen – du hast die freie Wahl zwischen Schule, Jugendgruppe, Sportverein, Fortgehen und diversen Hobbys. Wenn du Glück hast, entstehen sehr innige Freundschaften, die hoffentlich ein Leben lang halten werden. Als Studentin ist es immer noch relativ leicht, Freunde zu finden. Aber spätestens nach dem Studium ergeben sich deutlich weniger Gelegenheiten, soziale Kontakte zu knüpfen. Dafür kannst du dich schon jetzt darauf freuen, dass Freundschaften im Studenten- beziehungsweise Erwachsenenalter noch mal wesentlich tiefgehender und widerstandsfähiger werden. Ab einem gewissen Alter gibt es nämlich kein Drama und Gezicke mehr, das aufgrund von Kleinigkeiten oder oberflächlichen Auseinandersetzungen ganze Freundschaften zerstört oder zu Dauerstreit und Krisen führt. Auch wird es grundsätzlich einfacher, mit unterschiedlichsten Leuten Freundschaften zu schließen, weil mit Abschluss der Schule fast magischerweise die Andere-ausschließen-und-mobben-und-ärgern-Mentalität verloren geht. Älter werden heißt in dem Fall wirklich reifer werden. Und die paar Deppen, die das selbst nach der Schule nicht begreifen wollen, werden spätestens im Berufsleben sehr schnell sehr hart auf die Schnauze fallen.

SORGEN

5

Deine größten Sorgen zur Zeit gehen vermutlich in die Richtung, dass dir dein Schwarm nicht zurückschreibt, deine Freundin auf dich sauer ist, dein Insta-Post nicht genügend Likes bekommt, die Eltern oder Geschwister wieder mal nerven, du zwei Tests in einer Woche hast, deine Hausübung viel zu schwierig ist, dein Lehrer dich schief angesehen hat und du nicht weißt, was du am Freitag beim Fortgehen anziehen sollst. So seltsam es klingt: Genieße diese Sorgen! In 10 Jahren wirst du dir deutlich größere Sorgen machen; zum Beispiel, weil dein Lebenspartner dich betrügt, deine Freundin auf einen anderen Kontinent zieht, du fünf Prüfungen in einer Woche hast – die alle das Auswendiglernen mehrerer fetter Schinken voraussetzen –, die Arbeit dich ins Burnout treibt oder du sehr genau auf deine Ausgaben achten musst, um dir überhaupt Klamotten kaufen zu können. Gut, das sind natürlich extreme Beispiele. Aber der Punkt ist, dass die Sorgen mit wachsendem Alter auch mitwachsen. Das muss man eben so akzeptieren, wie es ist. Ein sorgenfreies Leben haben nicht mal die reichsten Leute der Welt, denn die machen sich wahrscheinlich viel zu viele Sorgen darum, ihren Reichtum wieder zu verlieren. Der Mensch ist nun einmal ein Sorgetier.

LIEBE & DIE BIOLOGISCHE UHR:

6

Du hast aktuell nicht den geringsten Stress. Du kannst dich liebes- und beziehungstechnisch vergnügen, denn du musst noch nicht den Partner für den Rest deines Lebens gefunden haben. Jetzt erwartet noch keiner von dir, dass du ein Kind in die Welt setzt – eher im Gegenteil. Ab Mitte 20 geht die Fruchtbarkeitskurve allerdings langsam bergab, und bald ist es an der Zeit, dir um deine kinderreiche oder nicht so kinderreiche Zukunft Gedanken zu machen. Wenn du eigene Kinder möchtest, wirst du spätestens in den 30ern langsam mal deinen Babypapa gefunden haben müssen. Wenigstens hast du bis dahin schon eine sehr gute Ahnung davon, welchen Typ Partner du keinesfalls brauchst und wie dein Traumpartner wirklich aussehen sollte (Erfahrungswerte!). Dieses Wissen wird es dir wesentlich erleichtern, jemanden zu finden, mit dem du noch lange glücklich sein wirst. Solltest du bis dahin übrigens noch keinen Partner gefunden haben und gelegentlich von der Torschlusspanik überwältigt werden – auch kein Problem. Steck einfach mal deine Nase in das Buch *How to Survive als Single* (rein zufälligerweise von der Autorin des Buches verfasst, das du gerade in den Händen hältst).

WENN DU EIGENE KINDER MÖCHTEST, WIRST DU SPÄTESTENS IN DEN 30ERN LANGSAM MAL DEINEN BABYPAPA GEFUNDEN HABEN MÜSSEN.

ZEITEINTEILUNG

7

Im Moment hast du eigentlich ein ziemlich freies Leben – mehr als ausreichend Zeit für Handy, Freunde und Seriensüchteln. Auf jeden Fall im Vergleich zu später. Dann musst du Studium, Freunde, Arbeit, Familie, Haushalt, Freizeitaktivitäten und weiß der Himmel was noch alles unter einen Hut bringen, der sich auf einmal wesentlich enger anfühlt. Dann bist du froh, wenn du mal fünf Minuten am Tag findest, in denen du kurz durch Instagram scrollen kannst. Mit gutem Zeitmanagement ist das alles glücklicherweise kein allzu großes Problem – abgesehen davon, dass du deine Prioritäten ein wenig (oder gewaltig) umordnen musst. Im besten Fall bringst du alles einigermaßen unter, teilst dir alles selber ein und hast viel Spaß dabei. Du hast zwar mehr zu tun – doch dafür kommen nicht deine Eltern daher und wollen dir vorschreiben, was du wann zu tun hast. Wenn du den Müll jetzt gerade nicht rausbringen willst, machst du es eben morgen (es sei denn er stinkt). Und wenn du jetzt gerade keine Lust auf ein Familienessen hast, kannst du stattdessen auch mit Freunden die Stadt unsicher machen, ohne dich dafür großartig rechtfertigen zu müssen.

ALTERSERSCHEINUNGEN

8 Du kannst aktuell mehr oder weniger tun und lassen, was du willst, denn dein Körper verzeiht dir noch sehr vieles (sofern du mit dem Blödsinn rechtzeitig wieder aufhörst). Bestes Beispiel: Heute brauchst du nach einer durchzechten Nacht wahrscheinlich nicht mal einen Tag, um dich auszukurieren. Die Regenerationsphase dauert mit zunehmendem Alter gefühlt exponentiell länger. Das heißt, jetzt denkst du dir noch: »Party unter der Woche? Super, bin dabei!« Ein Gedanke ans Auskurieren wird gar nicht erst verschwendet. Später mal denkst du dir eher: »Feiern am Freitag?! Warum tut ihr mir das an? Dann muss ich mir Montag freinehmen!« Wenigstens brauchst du später oft weder einen Fake-Ausweis noch einen echten, wenn du unterwegs bist; dann versperrt dir kein Security mehr die Tür zu einem Club, und kein Bartender weigert sich, dir Alkohol zu verkaufen. Bist du mal erwachsen, bezweifelt keiner mehr, dass du alt genug bist, um das zu tun, was du tun willst. Da hörst du dann eher so Sachen wie: »Bist du nicht ein bisschen zu alt dafür?« Aber die kannst du getrost ignorieren; das innere Kind darf man ruhig auch als Erwachsener noch rauslassen, wenn es die Situation erfordert.

9 WORTE HABEN KONSEQUENZEN

*Derzeit kannst du relativ unbekümmert reden, wie dir der Schnabel ge-
wachsen ist. Es ist mehr oder weniger egal, wer gerade dabei zuhört.
Das ändert sich mit fortgeschrittenem Alter. Wenn du deinen Lehrer in
der Schule anmaulst, ist das Schlimmste, was dir passieren kann, dass
du zum Direktor zitiert und abgemahnt wirst (außer du machst das
Ganze regelmäßig). Tust du dasselbe später bei deinem Chef, der vielleicht auch noch einen schlechten Tag hat oder generell eine humor-
befreite Mimose ist, könnte die Situation ganz schnell ganz anders
ausgehen. Da kommst du nicht mehr mit einer Verwarnung davon
oder darfst 100 x auf die Tafel schreiben: **Ich darf meinen Chef nicht
beleidigen.** Im schlimmsten Fall fliegst du gleich in hohem Bogen
aus der Tür (und deinem Job). Aber wer weiß, vielleicht bist du bis
dahin sowieso selbst in der Chefposition und kannst erst wieder
reden, wie dir der Schnabel gewachsen ist; dann dürfen sich alle
anderen deine Launen gefallen lassen.*

URLAUB & FERIEN **10**

Als Schülerin hast du über 10 Wochen Ferien im Jahr. Das ist ganz schön viel.
Noch dazu haben deine Freunde zum selben Zeitpunkt frei wie du, was es
relativ einfach macht, die freie Zeit gemeinsam auszunützen, statt einsam und
gelangweilt zu Hause rumzusitzen. Koste diese ausgedehnte und gemeinsame
Freizeit lieber aus, solange du kannst, denn als Erwachsener hast du nur noch
fünf Wochen Urlaub – und zwar nicht zwangsläufig zur selben Zeit wie die
Leute, mit denen du gerne verreisen würdest. Dafür kannst du sie dir dann (zumindest nach Absprache mit dem Chef) genau so einteilen, wie du möchtest.
Dir wird selten vorgeschrieben, in welchen Monaten wie viele Wochen Freizeit
anstehen. Dadurch wird es auch möglich, in der günstigeren Nebensaison fort-
zufahren, in der man nicht von vorne bis hinten abgezockt wird. Abgesehen
davon muss man nur eine halbwegs gute und vorausschauende Planerin sein,
um sich den Urlaub so zu legen, dass man Feiertage und Fenstertage effektiv
nützt, um seine Reise möglichst lange ausdehnen zu können.

VERSICHERUNGEN

Heute musst du lediglich dein Hirn oder deinen Taschenrechner befragen, wie hoch die (theoretische) Wahrscheinlichkeit ist, dass bei fünf Würfeln dreimal ein Dreier gewürfelt wird, um im Mathe-unterricht zu bestehen. Später mal darfst du dir eher ausrechnen, mit welcher (sehr reellen) Wahrscheinlichkeit dein Kind den Was-serhahn laufen lässt, den Abfluss verstopft oder die Katze in die Waschmaschine steckt, während du im Nebenraum bist – und du schließlich statt eines Wohnzimmers eine Unterwasserversuchsstation betrittst oder einen Anruf von der Nachbarin bekommst, dass dein Sohne-mann den Sportplatz abgefackelt hat. Dann (das heißt, idealerweise im Vorhinein) musst du dir Gedanken darüber machen, welche Versicherun-gen du brauchst, um im schlimmsten Fall nicht vor den Trümmern deiner Existenz zu stehen. Sich um diesen Kram zu kümmern ist gar nicht so leicht. Was brauchst du versus was will dir der nette Versicherungsmakler nur verkaufen, um seinen Profit zu maximieren? Wenigstens hast du bis dahin ein wesentlich besseres Gefühl (= Realitätssinn) dafür, was eventuell passieren könnte; du kannst dich besser darauf vorbereiten und dann schneller, sinnvoller und effektiver reagieren.

WÄSCHE WASCHEN 12

Hast du eine Mama, die für dich wäscht? Egal, wie viele Klamotten du brauchst – auf magische Weise sind sie ein paar Tage später wieder sauber und gebügelt im Kasten zu finden? Schön! Dass dir dabei ein Haufen Arbeit entgeht, merkst du allerdings erst viel später. In der eigenen Wohnung funktioniert diese Magie komischerweise auf einmal nicht mehr. Da suchst du dann das Teil, das du vor zwei Wochen anhattest und heute unbedingt anziehen musst; du findest es erst, nachdem du verzweifelt deinen ganzen Schrank durchkramt hast und irgendwann zum Schmutzwäschekorb gelangt bist – wo das Shirt immer noch dreckig und zerknittert zwischen einem Haufen Stinkesocken liegt. Vorteil: Dadurch ziehst du Dinge an, die du sonst nicht anziehen würdest, denn du hast ja keine andere Wahl. Und vielleicht wird das Notfalloutfit ja sogar zu deinem neuen Lieblingsstück, sobald du darin ein nettes Kompliment bekommst oder deine neue Liebe findest. Im Übrigen kannst du zwar nicht dem Waschzwang, aber zumindest dem Bügelzwang auch weiterhin ganz gut entkommen, indem du dir bloß noch bügelfreie Shirts zulegst.

KULINARIK 13

Hast du eine Mama, die für dich kocht? Schon schön. Und lecker. Und echt praktisch, sich nicht darum kümmern zu müssen, dass der Kühlschrank voll ist und ein warmes Essen auf dem Tisch steht. Später mal darfst du selbst regelmäßig einkaufen gehen, wenn du nicht eines Tages vor einem Kühlschrank stehen willst, dessen Inhalt sich auf eine Zwiebel, zwei Essiggurken und eine Tube Senf beschränkt.

Ach ja, das letzte Stück Brot hast du ja auch gestern gegessen. Und heute haben die Geschäfte zu. Scheiße. Wenn der Tiefkühler nun auch noch leer ist, hast du ein Problem. Dann kannst du entweder zur Tankstelle fahren, dort irgendwas einkaufen und dich am Improvisationskochen probieren oder wieder mal den Lieferservice kontaktieren. Dafür hast du wiederum den Vorteil, dass dir niemand vorschreibt, was es an welchem Tag zu essen gibt. Du bekommst nichts vorgesetzt, sondern kannst dir nach Lust und Laune aussuchen, wonach dir gerade ist. Du kannst die komischsten Dinge ausprobieren und dich einfach mal durchkosten. Und du musst nicht mal kochen können. Die meisten jungen Erwachsenen wissen sowieso nicht, was sie in der Küche eigentlich tun. Die werfen Zeug in die Pfanne und hoffen auf das Beste. Oder sie sehen sich ein paar YouTube-Videos an und versuchen, das nachzukochen, was im Video soooo einfach aussieht, jedoch in der Praxis eine Küchenexplosion zur Folge hat (nebenbei ein ganz ganz wichtiger Tipp: eine brennende Pfanne niemals mit Wasser löschen; lieber Geschirrtücher drüber werfen, sonst fackelst du wirklich noch die Küche ab). Aber wer weiß – vielleicht hast du ja Glück und kommst gar nie in den Genuss, selbst kochen lernen zu müssen; vielleicht findest du ja einen Mitbewohner oder Partner, der sich liebend gerne in der Küche verwirklicht und dich tagtäglich mit gutem Essen verwöhnt.

VERSTÄNDNIS

14

Die Schule hat jeder mitgemacht. Da waren alle schon mal. Das heißt, die meisten wissen zumindest annähernd, wovon du sprichst, wenn du dich über Geo, Bio, Mathe, Deutsch oder sonstige mehr oder weniger sinnvolle Unterrichtsgegenstände beschwerst. Folglich können sie dir mit Rat und Tat zur Seite stehen, wenn du Hilfe brauchst. Im Beruf ist das schon anders. Wenn du nicht gerade im Familienunternehmen einsteigst, hast du ziemlich gute Chancen, dass du mit einem Job betraut wirst, den vor dir noch keiner deiner Bekannten und Verwandten gemacht hat. Ergo: Wenn du erwachsen bist, hat keiner mehr einen blassen Schimmer davon, wovon du eigentlich redest. Mit Ausnahme deiner Kollegen. Und wenn gerade die das Problem sind, wäre es möglicherweise auch ungünstig, dich bei ihnen über dein Problem – also sie – zu beklagen; oder empfehlenswert, je nachdem. Doch abgesehen davon, dass deine Freunde und Familienmitglieder keine eigene Erfahrung mit deinem Berufsfeld, daher wenig Verständnis für deine Problemchen und wahrscheinlich auch kein Interesse an den für dich gerade aktuellen Themen mehr haben, geht es ihnen auch irgendwann ziemlich auf den Wecker, wenn du nur über deine Arbeit sprichst. Das kann natürlich auch ein Vorteil sein, denn als Erwachsener wird es dir wesentlich leichter fallen als jetzt, Privates und Berufliches (beziehungsweise Akademisches) zu trennen. Wenn du nicht über deine Arbeit quatschen willst, werden deine Eltern kaum so lange nachfragen, bis du ihnen endlich in allen Details berichtet hast, warum du gerade mit welchem Projekt nicht vorankommst. Die Arbeit in der Arbeit zu lassen ist schon deutlich einfacher, als die Schule in der Schule zu lassen.

DEINE MEINUNG

15

Noch kannst du dir die blödesten Meinungen bilden, die du dir gerade einbildest – ziemlich egal, denn leider werden sie von Erwachsenen viel zu selten ernst genommen. Wenn du jetzt Blödsinn laberst, kannst du diesen Blödsinn später mal mit »Da war ich ja noch jung« entkräften. Aber je älter du wirst, desto ernster werden deine Ansichten genommen. Daher solltest du dir später sehr gut überlegen, welche Meinungen du bildest und vor allem äußerst. Auf der anderen Seite hast du bis dahin aufgrund deiner Erfahrungen und deines angereicherten Wissens generell sehr fundierte Meinungen zu unterschiedlichsten Themen, die nicht mehr auf reinem Nachplappern basieren, sondern auf deiner echten Überzeugung.

AUSBILDUNG

Das Schulleben hat schon etwas für sich. Es gibt fixe Stunden-pläne, fixe Hausaufgaben und noch fixere Prüfungstermine. Auf der Uni bist du auf dich allein gestellt. Statt dem behü-teten Schulgebäude, in dem dir ziemlich genau gesagt wird, was denn nun wann zu tun ist, befindest du dich plötzlich auf einem riesigen Campus, auf dem du überhaupt erst mal die richtigen Gebäude finden musst, ehe du dir genauestens ausklügeln darfst, wann du am besten welche Kurse nimmst und welche Prüfungen ablegst. Du wirst sehr vieles selbst in die Hand nehmen und organisieren müssen. Das heißt: Selbstdisziplin ist gefragt! Andererseits hat das Unileben den großen Vorteil, dass du weniger unter Beobachtung stehst und im Grunde tun und lassen kannst, was du willst. Zumindest kurzfristig gesehen. Langfristig gesehen solltest du schon irgendwann mal gedenken, dein Studium abzuschließen, wenn du nicht zur ewigen Studentin werden willst. PS: Falls du jemand bist, der strengere Regeln braucht, weil er sich einfach schwer damit tut, sich selbst Regeln aufzuerlegen, könntest du dich ja eher in Richtung Fachhochschule bewegen – die ist der Schule deutlich ähnlicher als die Uni.

16

DRUCK VON DEN LIEBEN VERWANDTEN

Du kannst jetzt noch getrost von einer Beziehung (oder Nicht-Beziehung) in die nächste hüpfen und einen Job (oder ein Praktikum) nach dem anderen ausprobieren. Keiner wird dir einen Vortrag darüber halten, dass du doch langsam mal darüber nachdenken solltest, deine Gene weiterzugeben und deine Karriere zu starten. Erreichst du mal die Mitte deiner 20er, wirst du nicht nur selbst irgendwann beginnen, dir Druck zu machen, sondern höchstwahrscheinlich auch von außen unter Druck gesetzt werden. Vor allem Großeltern neigen dazu, relativ ungenierte Kommentare über ihre Sehnsucht nach Ur-enkeln loszulassen – völlig egal, ob du überhaupt einen Partner hast oder nicht. Wäh-renddessen können Eltern karrieretechnisch ganz ordentlich meckern, wenn du Pech hast – vor allem, wenn sie das Gefühl haben, du chillst durchs Leben und/oder hast noch nicht den Job gefunden, der dir ausreichend Kohle und Prestige einbringt. Dafür hast du, wenn diese großen Lebensentscheidungen mal getroffen und kommuniziert wor-den sind, endlich deine Ruhe und kannst deinem Lebensplan ohne allzu blöde Kommentare folgen. Im Idealfall hat dich der Druck (von innen oder außen) sogar dazu gebracht, überhaupt erst die Motivation aufzubringen, das zu finden, was dich wirklich glücklich macht. Schließlich kann man Ziele auch erst dann erreichen, wenn man sie sich mal gesteckt hat.

17

FREIZEITPLÄNE

18

Derzeit kannst du dir deine Freizeit noch relativ leicht einteilen. Du kannst Zeit mit Familie, Freunden oder mit dir alleine verbringen – ganz wie du möchtest. Mit Partner wird das schon schwieriger. Denn der will einen (hoffentlich ziemlich großen) Teil deiner Zeit für sich beanspruchen. Dazu kommen noch Familienfeiern von zwei bis vier Seiten (je nachdem, ob alle Eltern noch verheiratet sind oder im Patchwork-Stil leben), die man irgendwie unterbringen muss. Und spätestens mit Kindern folgt sowieso eine Herausforderung auf die andere. Dann gehört deine Freizeit fast zu 100 % den kleinen Zwergen. Dazu kommt, dass die kleinen Zwerge auch noch kleine Freunde haben, zwischen denen du sie hin und her kutschieren darfst, wenn du nicht selbst Full-House-Mama für den halben Kindergarten spielen willst. Im Klartext heißt das: Jetzt freust du dich darauf, dass die Ferien endlich beginnen; hast du mal Kinder im Schulalter, kannst du es kaum erwarten, dass die Schule endlich wieder losgeht. Aber man kann das Ganze auch positiv sehen. Du hast einen Haufen Feiern am Terminkalender, die richtig viel Spaß machen (sofern du die Familienmitglieder ausstehen kannst). Und du ersparst dir die Arbeit, selbst deine Freizeitpläne auszuklügeln, denn meistens ist sowieso irgendwo gerade irgendwas los, wo du dich blicken lassen solltest (beziehungsweise wo sich dein Partner – also du – oder deine Kinder – also du – blicken lassen sollten). Du hast jedenfalls immer jemanden, mit dem du deine Freizeit verbringen kannst. Allein daheim sitzen gibt es dann nur noch, wenn du es darauf anlegst, weil du endlich wieder mal ein bisschen Zeit für dich brauchst.

19 DIE GROSSE LIEBE

Als Teenager die Liebe seines Lebens zu finden ist zwar möglich, aber ehrlich gesagt sehr unwahrscheinlich. Vielleicht hast du dieses Glück. Aber du solltest nicht grundsätzlich davon ausgehen, dass dein erster Partner auch dein letzter Partner bleiben wird. Die guten Nachrichten: Die Wahrscheinlichkeit, den Richtigen zu finden, wächst mit steigendem Alter. Allerdings ist es in jedem Alter eine komplizierte Frage: Wie weiß man denn überhaupt, dass man verliebt ist? »Bin ich verliebt? Bin ich nicht verliebt? Bin ich ein bisschen verliebt?« Manchmal ist man sich einfach nicht sicher, wie man seine eigenen Gefühle interpretieren soll. Man hat jemanden kennengelernt, den man sehr gern hat, mit dem man gern Zeit verbringt und mit dem man sich mehr als Freundschaft vorstellen könnte – aber bedeutet das, dass Verliebtheit oder gar Liebe im Spiel ist? Nun, auf diese Frage gibt es oft keine eindeutige Antwort. Und genau darin liegt die Antwort. Denn in Wirklichkeit ist es relativ einfach: Wenn du dir die Frage überhaupt stellen musst, kannst du sie höchstwahrscheinlich mit »Nein« beantworten. Bist du wirklich in jemanden verliebt, wirst du keine Zweifel an deinen Gefühlen haben. Du wirst so beschäftigt damit sein, an nichts anderes als den anderen Menschen zu denken, auf seine SMS zu warten, von ihm zu träumen und bis über beide Ohren durch die Welt zu strahlen, dass du gar keine Gelegenheit haben wirst, dich überhaupt zu fragen, ob du denn verliebt bist oder nicht. Verliebtsein ist das schönste Gefühl der Welt, und jedes Mädchen sollte erfahren, was Liebe bedeutet!

KARRIEREVISION

Du musst nicht jetzt schon wissen, mit welcher Karriere du den Rest deines Lebens verbringen willst. Du kannst noch so viele Berufstests machen – das, was du später mal wirklich gerne tun wirst, findest du erst im Laufe der Jahre heraus. Die meisten fertigen Studenten haben kaum einen Tau, was sie eigentlich wollen. Viele wechseln den Studiengang mindestens einmal, weil sie draufkommen, dass sie high gewesen sein müssen, als sie sich für Chemie, Geografie oder sonst einen Schwachsinn entschieden haben. Schullehrer tendieren zwar manchmal dazu, Schülern diesbezüglich schon sehr früh Druck zu machen, doch im Endeffekt zählt einfach nur das, was dich interessiert. Dem solltest du nachgehen, wenn es um die Wahl deines Studienganges geht. Dann wirst du schon merken, ob sich daraus ein tatsächlicher Beruf entwickeln kann oder nicht. Also kein Stress! Zumindest jetzt noch nicht. Und wenn es mal so weit ist, entscheide dich bitte nicht bloß des Geldes wegen für einen Job, den du nicht leiden kannst (zumindest nicht, wenn du eine Wahl hast). Wenn du deine 40-Stunden-pro-Woche-Beschäftigung nämlich nicht gerne machst, wird sie dir früher oder später so schöne Dinge wie graue Haare, Kummerfalten, Burn-out und vielleicht noch einen Nervenzusammenbruch bescheren. Hinweis: Spätestens, wenn du anfängst, darüber nachzudenken, ob du für deine Arbeit jeden Monat eigentlich Gehalt oder Schmerzensgeld überwiesen bekommst, solltest du mal anfangen, deine Berufswahl zu hinterfragen.

20

ZUFRIEDENHEIT

21

Im jüngeren Alter ist man wesentlich einfacher zufrieden zu stellen als später. Gute Noten, check. Freunde, check. Neues Outfit, check. Familienharmonie, check. Später kommt der Job und in den meisten Fällen eine Partnerschaft dazu. Dann noch die Wohnsituation und allgemeine Lebensziele, die du dir gesetzt hast. Es geht vielmehr darum, wie gut du dein Leben als Ganzes im Griff und welche Ziele du schon erreicht hast. Zufriedenheit ist daher schon etwas schwieriger zu erreichen – aber dafür hast du sie selbst besser in der Hand. Im Übrigen ist die Zufriedenheit als Erwachsener oft beständiger. Wenn die Eckpfeiler des Lebens (z.B. Beziehung, Wohnen, Arbeit und Familie) an einem Tag passen, werden sie vermutlich am nächsten Tag auch noch passen. Es muss schon etwas sehr Schlimmes passieren (Stichwort Kündigung oder Scheidung), um wirklich einen tiefen Einschnitt im Zufriedenheitslevel zu erleben. Zur Zeit bist du vielleicht schon unzufrieden, wenn du mal eine schlechte Note nach Hause bringst oder die Freundin gerade anstrengend ist; später mal bringen dich solche Kleinigkeiten kaum noch aus der Ruhe, geschweige denn auf die Palme.

HERAUSFORDERUNGEN

22 Das ganze Leben ist voll damit. Die bleiben, leider. Die hören nicht irgendwann mal auf. Aber sie werden dafür immer schöner, immer interessanter, immer intensiver, immer wichtiger für dich. Unter anderem, weil das Ergebnis nicht immer nur dich selbst betrifft, sondern auch andere. Sei es eine Herausforderung in deiner Beziehung, in deinem Job, in deinen Freundschaften – stell dir vor, du erwartest ein Kind oder wirst befördert oder findest neue Freunde. Solche Herausforderungen mögen anfangs ein wenig beängstigend wirken, doch in Wirklichkeit sind sie großartige Chancen. Chancen, die dein Leben umso schöner machen können, wenn du sie wahrnimmst. Freu dich auf diese Chancen, die dir erlauben, selbst zu bestimmen, in welche wundervollen Richtungen sich dein Leben weiter entwickelt!

23 MAMAS RAT

Deine Eltern werden dir immer Ratschläge geben; vor allem Mamas lassen sich selten das Recht nehmen, ihre Meinung zu den mehr oder weniger irrsinnigen Ideen und Plänen ihrer Kinder zu äußern. Denn auch, wenn du erwachsen bist – für deine Mama wirst du immer »ihr Kind« bleiben (dagegen kann man ja nicht mal argumentieren). Aktuell nehmen diese Ratschläge vielleicht noch die Form von Anweisungen oder Vorwürfen an, wenn dir Mama erklären will, was du tun oder lassen sollst. Später mal tarnen sich dieselben Aussagen in sogenannte »Meinungen«. Dann sagt sie halt nicht mehr »du darfst nicht«, sondern: »Na wie du willst, aber ich würde dir schon raten, dass. ....« – gern kombiniert mit einem vielsagenden Unterton, der recht eindeutig ausdrückt, dass das eben Gesagte eigentlich auch deine Meinung sein sollte. Das Gute daran ist, dass du dich immer auf deine Mama verlassen kannst. Ganz egal, wie alt und reif und erwachsen (oder auch nicht) du bist, Mama wird dir immer zu Hilfe eilen, wenn es ihr möglich ist. Und ihre Ratschläge können schon sinnvoll sein, weil du dadurch Fehler vermeiden kannst, die deine Eltern einst selbst machen mussten.

VERHÄLTNIS ZU ELTERN & GESCHWISTERN:

24

Die Beziehung zu Eltern und Geschwistern verändert sich im Laufe der Jahre – spätestens, sobald man das Elternhaus verlassen hat und sich die Leben langsam in verschiedene Richtungen entwickeln. Man befindet sich plötzlich nicht mehr jeden Tag im selben Haus. Man sieht sich seltener. Dafür ist die Zeit, die man miteinander verbringt, intensiver, weil es immer etwas zu erzählen gibt und man die gemeinsamen Stunden richtig zu schätzen lernt. Vor allem wird die Beziehung oft viel besser. Erstens, weil man sich auf einmal nicht mehr mit seinen kleinen Geschwistern wegen Kleinigkeiten zankt (»Du hast mit meiner Barbie gespielt / Du hast ohne Fragen mein Kleid ausgeliehen / Du hast mein Erdbeershampoo geleert«) oder mit seinen großen Geschwistern wegen Kleinigkeiten zankt (»Du hast mich an einen Baum gefesselt / Du hast mich mit Brennnesseln gejagt / Du hast mich im Wald ausgesetzt«). Zweitens, weil man nicht mehr von den Eltern gerügt oder bestraft wird, weil man sich nicht an ihre Regeln hält (z.B. indem plötzlich das WLAN gekappt oder das Handy abgemeldet wird, weil man mehr Zeit mit seinem Smartphone als mit seinen Schulbüchern verbringt). So entsteht zusätzlich zur familiären Beziehung auch noch eine freundschaftliche Ebene, auf welcher man mit Geschwistern und Eltern über so ziemlich alles reden kann, was man als Teenager vielleicht lieber noch für sich behalten oder ausschließlich mit den besten Freundinnen besprochen hat. Wenn man nicht mehr unter einem Dach wohnt und sich nicht mehr jeden Tag sieht, wird die Beziehung einfach lockerer, freiwilliger und in gewissem Sinne auch harmonischer.

25 DU BIST DU. DAS IST SUPER. JETZT UND SPÄTER!

Dein »Ich« wird sich im Laufe der Jahre verändern. Je nach Gesellschaft, äußeren Einflüssen und inneren Überzeugungen. Wichtig ist nur, dass du dich dabei nicht für andere verbiegst. Du solltest dich immer mit dir selbst wohlfühlen, selbstbewusst in den Spiegel schauen können und nicht das Gefühl haben, im Spiegelbild eine Fremde zu sehen. Bleib dir selbst treu, hab Spaß, genieß dein Leben und lass es einfach auf dich zukommen, ohne dir zu früh zu großen Druck zu machen. Sei zufrieden mit dem, was du erreichst. Denn nur, wenn man mit dem glücklich ist, was man bereits hat, kann man aus seinem Leben noch viel mehr machen. Völlig egal, welche Charaktereigenschaften du hast, wie du aussiehst oder worauf du Wert legst – du bist du, und du bist ein toller Mensch! Sicher wird man sich immer wieder mal selbst infrage stellen, doch das ist ganz natürlich. Du musst nicht perfekt sein. Du darfst auch Schwächen haben, dich an anderen anlehnen und um Hilfe bitten, und in deinem eigenen Tempo arbeiten. In jedem Fall darfst du mit dir selbst zufrieden sein. Du darfst Selbstvertrauen haben und selbstbewusst durchs Leben gehen. Denn du hast es verdient. Du bist es wert. Dein Wert hängt nicht von der Meinung eines anderen Menschen ab, sei es nun eine (angebliche) Freundin, ein Partner, ein Kollege oder sonst jemand, der sich auf ungebetene Art und Weise in dein Leben einmischen will. Du bist wertvoll – ganz genau so, wie du bist! Und nur wer das sieht, hat es verdient, ein Teil deines Lebens zu sein. Du musst dich nicht mit Leuten abgeben, die dich nicht als den Menschen schätzen, der du bist; die dich bekritteln oder dir das Gefühl geben, nicht gut genug zu sein. Denn du bist mehr als gut genug. Du bist großartig! Wenn du mit diesem Wissen durchs Leben gehst, kommt die Lebensfreude ganz von selbst.

Danke!

Ich möchte Martin Brinkmann und Oliver Schwarzkopf für die tolle Möglichkeit danken, dieses Buch zu schreiben. Ich hoffe, auf diesem Wege einigen Mädels dabei helfen zu können, das meiste aus ihrer Jugend herauszuholen und die Herausforderungen des Lebens als Teenager gut – und vor allem glücklich – zu meistern.

Mein ganz spezieller Dank gilt meinem großen Schatz, der mir im Laufe der Monate, in welchen dieses Buch entstanden ist, mit einer Engelsgeduld und bedingungsloser sowie endloser Unterstützung zur Seite gestanden hat.

Auch meinen guten Engeln, Martina N. und Wolfgang N., bin ich unendlich dankbar für ihre hilfreichen Kommentare, ihr positives Feedback und die viele Zeit, die sie sich fürs Testlesen meines Manuskripts genommen haben.

Außerdem danke ich meiner Probeleserin Babsi S. und all den lieben Teenies, die meine Fragen über das heutige Leben als Teenager so geduldig und ehrlich beantwortet haben.

Selbstverständlich möchte ich auch dir, meine liebe Leserin, ein herzliches Danke ausrichten. Ich hoffe, dir die herausfordernde Lebensphase, die sich Pubertät nennt, mit meinen Tipps und Ratschlägen ein wenig erleichtern zu können und nebenbei für ein bisschen Lesespaß gesorgt zu haben.

ICH BIN DAGEGEN –
UND DAS AUS PRINZIP!

Wilma Bögel & Sarah Tkotsch:
ICH BIN DAGEGEN – UND DAS AUS PRINZIP!
Überlebenstipps für die Pubertät:
der Survival-Guide für Teenager
336 Seiten, Taschenbuch
ISBN 978-3-86265-084-2
Preis 9,95 €

Die Pubertät stellt einen vor viele Fragen und noch mehr Probleme: Plötzlich ist alles anders und irgendwie doof. Die Familie macht nur noch Stress, der Hintern wird immer größer und ebenso die eigene Unsicherheit. Wer bin ich? Was kann ich? Und was will eigentlich der Rest der Welt von mir?

Die aus *Gute Zeiten, schlechte Zeiten* bekannte Schauspielerin Sarah Tkotsch und die Autorin Wilma Bögel haben sich diese Fragen als Teenies auch gestellt. In ihrem erfrischenden Ratgeber für junge Mädchen erzählen sie von ihren eigenen Erfahrungen mit den Querelen in der Clique, Null-Bock-Tagen und der ersten Liebe und geben die Ratschläge, die sie selbst damals gern bekommen hätten.

Ein echter Seelentröster und großer Spaß für Teenies – von zweien, die es heil überstanden haben: das große Abenteuer des Erwachsenwerdens.

100 DINGE, DIE MAN TUN SOLLTE, BEVOR MAN 18 WIRD

Katharina Weiß & Marie Michalke:
**100 DINGE, DIE MAN TUN SOLLTE,
BEVOR MAN 18 WIRD**
192 Seiten, Klappenbroschur,
durchgehend farbig
ISBN 978-3-89602-594-4
Preis 14,95 €

SPIEGEL-Bestsellerautorin Katharina Weiß und Marie Michalke wagen einen spektakulären Selbstversuch: zwei Teenager, eine Idee und 100 Aktionen, die das Leben verändern! Ein spannender Jugendratgeber mit zahlreichen Fotos und To-do-Listen zu jedem Punkt!

Wie wird die Teenagerzeit so, dass man sich später mit einem Lächeln an sie erinnert? Und was muss man erlebt haben, ehe man erwachsen ist? In 100 schonungslos ehrlichen Erfahrungsberichten erzählen die 17-jährigen Autorinnen von Wagnissen, die sich lohnen, und unglaublichen Erfahrungen, die sie für immer prägen werden.

Sie genießen den ersten Kuss, leiden während eines Survivaltrainings, brechen die Regeln – und lernen ganz nebenbei, was es heißt zu leben. 100 Dinge, die man tun sollte, bevor man 18 wird ist der ideale Begleiter für die Jahre bis zum 18. Geburtstag – damit sie die aufregendsten des Lebens werden.

HOW TO SURVIVE NERVIGE ELTERN

WENN ELTERN EINEN STÄNDIG AUF DIE PALME BRINGEN: EIN RATGEBER FÜR JUGENDLICHE UND IHRE ELTERN, DER FÜR WENIGER STREIT UND EINE ENTSPANNTERE PUBERTÄT SORGT

Nana Schmid
HOW TO SURVIVE NERVIGE ELTERN
Wie man den Alltag als Teenager überlebt,
bis man endlich ausziehen kann
216 Seiten, Taschenbuch
ISBN 978-3-942665-43-8
Preis 9,99 €

Eltern sind einfach nervig. Sie haben peinliche Angewohnheiten, sorgen für unangenehme Situationen und haben immer einen blöden Spruch auf Lager, was einen schon mal zur Weißglut treiben kann. Was aber dagegen tun, wenn man noch nicht alt genug ist, um auszuwandern?

Der lustige Ratgeber »How to Survive nervige Eltern« hilft nicht nur Jugendlichen, mit Eltern und deren Verhalten umzugehen, sondern auch Erwachsenen, ihre Kinder nicht so oft auf die Palme zu bringen.

Die 18-jährige Nana Schmid lebt noch zu Hause und kennt sich bestens aus mit nervigen Eltern. In ihrem Buch beschreibt sie den alltäglichen Wahnsinn mit anstrengenden Erzeugern, deren peinlichen Angewohnheiten und fragwürdigem Erziehungsstil.

Sie gibt in diesem Buch hilfreiche Tipps – humorvoll, ironisch und ehrlich.

KATRIN NUSSHOLD, geboren 1987, fand ihre Begeisterung fürs Schreiben im Volksschulalter. Sie studierte Literaturwissenschaft in New York, bevor sie in Österreich als Übersetzerin und Korrektorin zu arbeiten begann. Heute ist sie Communications Manager für eine amerikanische IT-Firma.

Katrin Nusshold
625 DINGE, DIE EIN MÄDCHEN WISSEN MUSS
UND GETAN HABEN SOLLTE, BEVOR SIE ZUR FRAU WIRD
Mit Illustrationen von Jana Moskito

ISBN 978-3-86265-823-7
© Schwarzkopf & Schwarzkopf Verlag GmbH, Berlin 2020

VERLAG
Schwarzkopf & Schwarzkopf Verlag GmbH
Kastanienallee 32, 10435 Berlin
Telefon: 030 – 44 33 63 00
Fax: 030 – 44 33 63 044

INTERNET | E-MAIL
www.schwarzkopf-schwarzkopf.de
www.facebook.com/schwarzkopfverlag
info@schwarzkopf-schwarzkopf.de